LE JANSENISME

DEMOLI JUSQU'AUX FONDEMENS,

LETTRE HISTORIQUE,

CRITIQUE, POLEMIQUE

ET DOGMATIQUE.

PREFACE

ET PREMIERE PARTIE.

M. DCC. XXIII.

LE JANSENISME

DEMOLI JUSQU'AUX FONDEMENS.

PREFACE

ET PREMIERE PARTIE.

I. LES Ennemis de l'Eglife de nos jours, ne peuvent à l'exemple des Heretiques de tous les fiecles, trouver d'autres moyens pour fe retrancher dans l'erreur, ou fe parer des coups qu'on leur lance de toutes parts avec cette force naturelle à la verité, fur tout lorfqu'elle eft employée par des mains illuftres, également habiles & fçavantes, qu'en abandonnant l'état de la queftion qui s'agite : Leur parti le plus fûr pour y réuffir eft de faire une diverfion importante, en embraffant tout à la fois avec une horrible confufion une infinité de matieres, qui n'ayant entr'elles que des raports fort éloignez, font propres à donner le change à ceux qui entreprennent de les combattre, à les écarter du vrai champ de bataille, pour fe deffendre avec plus d'avantage ; s'ils ne font vigilans fur leurs rufes, attentifs à leurs fubtilitez : car c'eft en cela uniquement que confifte toute la force de l'Heretique.

Je laiffe à la vehemence du zele lumineux de tant d'illuftres Prélats, l'ornement éternel de l'Eglife de France, la gloire entiere d'une conviction complette fur les points les plus importans & les plus difficiles, expliquez dans leurs fçavans Ecrits avec tant de netteté & d'élevation : Je laiffe à la force du torrent des Theologiens habiles & profonds, le foin de les combattre enfeignes déployées dans le grand champ de l'Eglife, & de les vaincre à leur éternelle confufion à la face de tous les Fidéles : Je laiffe enfin à l'Eglife, cette mere tendre, qui cherche depuis fi long tems avec une charité perfeverente, des enfans fugitifs, pour les ramener dans fon fein, irritée par leur audacieufe rebellion, celuy de les foudroyer par fes Jugemens, de les furcharger de fes juftes anathémes. Pour moy je ne me charge ici que de les pourfuivre dans leur déroute ; de les forcer dans ces petits retranchemens que leur fineffe leur a préparez de longue main pour favorifer leur retraite ; où en orgueilleux vaincus ils fe ménagent non feulement des marques fpe-

A

cieufe de victoire aux yeux des fimples, qu'ils n'ont eu le crifte talent de féduire que parce qu'ils les ont trouvé malheureufement tout préparez à fe livrer à la féduction ; retranchemens ruïnez & tant de fois razez ; mais où ils ont la temerité de fe croire victorieux , parce qu'ils fe flattent de n'être pas entierement défaits ; qu'à la faveur de la mauvaife chicane ils préfument de pouvoir tenir du tems , fans être contraints de rendre les armes à la verité , ou de ceder le champ de bataille à l'Eglife contre laquelle ils exercent tant d'hoftilitez.

II. Pour remplir mon deffein je donne à cét Ouvrage le Titre de Lettre Hiftorique , Critique , Dogmatique & Polemique , ou de Janfenifme démoli jufqu'aux fondemens.

Je l'apelle LETTRE HISTORIQUE , parce que j'y décris l'Hiftoire & les avantures du Livre des Reflexions Morales depuis fon origine jufqu'à fa condamnation , en demontrant qu'il n'a jamais été un feul inftant fans être contredit. Je la crois neceffaire pour répondre à une objection qui m'a été faite par une Dame , qui quoique puerile femble cependant avoir quelque chofe de vray , par-confequent d'impofant à quiconque n'eft point inftruit du fait dont il eft queftion.

„ *L'affaire de la Conftitution* , dit elle , *n'eft qu'une querelle perfonnelle ,*
„ *& l'effet d'une pure jaloufie contre les Oratoriens. Ce font les Jefuites qui*
„ *ont remué les Evêques de Luçon & de la Rochelle , qui les ont gagné pour*
„ *déclarer la guerre au Livre des Reflexions Morales , l'objet de la pieté univer-*
„ *felle , Livre où l'on ne trouve qu'un langage plein de l'onction de l'Efprit de*
„ *Dieu , & de penfées édifiantes : Livre auquel on a rien dit dans l'Eglife*
„ *depuis tant d'années qu'il y eft en ufage , auquel on ne diroit rien encore*
„ *fans le credit & l'artifice des Jefuites qui ont tout mis en œuvre , qui*
„ *n'ont rien épargné pour en obtenir de Clement X I. la condamnation , qu'il*
„ *n'a pû refufer aux preffentes follicitations de Louys X I V. & de quelques*
„ *Prelats qu'ils ont eu foin de mettre dans leurs interêts. Que les Jefuites*
„ *& les Oratoriens s'accommodent s'ils veulent , je fuis trés contente de mon*
„ *Livre , il fait ma confolation , je l'ay lû , je le lis encore , & je le liray*
„ *toûjours malgré la conteftation , avec d'autant plus de fureté que mon Evê-*
„ *que n'a pas jugé à propos de recevoir la Conftitution : A fon exemple je*
„ *refteray dans une poffeffion autórifée par un filence de 40 années , fi on a*
„ *caché cela au Pape tant pis pour luy , pourquoy écoute t'il les Jefuites , qui*
„ *mettent fon autôrité en compromis.*

J'avouë que je fus tres étonné de me voir payer d'une prefcription également fpecieufe & maligne , que je ne devois pas attendre d'une femme ; perfuadé cependant qu'elle ne l'avoit pas inventée , il me fut aifé de reconnoître dans ce langage la voye de Jacob & la main d'Efaü : Je fentis dans le moment la force de cette nouveauté , & l'impreffion qu'elle pouvoit non feulement fur un petit efprit , fur celuy d'un ignorant qui fe payent de tout ce qu'on leur donne ; mais encore fur un efprit éclairé , frapé d'entêtement , qui s'aplaudiffoit d'avoir en main une mauvaife raifon toute prête à le fervir pour le tirer promptement d'embaras. Comme l'Eglife eft invariable dans fes dogmes, qu'elle n'a jamais crû ni enfeigné d'erreurs , qu'elle ne s'eft jamais retractée , parce que jamais elle n'a avancé faux : je compris aifément le deffein qu'on avoit formé dans le Parti d'en impofer aux Efprits du caractere tels que je les fupofe, en leur fourniffant une deffenfe de cette nature. Il eft évident que c'eft vouloir infinuer avec adreffe de deux chofes l'une , ou que l'Eglife a été durant 40 ans préoccupée des erreurs du Livre des Reflexions fans s'en apercevoir, dont elle auroit fait enfuite abjuration par la Conftitution de Clement XI. ce qui eft renverfer abfolument la Foi de l'infaillibilité de l'Eglife, fondée fur les promeffes de Jefus-Chrift ; ou condamner Clement XI. comme Hérétique ayant par un jugement fouverain profcrit un Livre qui renferme une Doctrine cruë & enfeignée dans l'Eglife durant tant d'années , qui par conféquent auroit prévariqué dans la difpenfation du miniftere infaillible de Jefus-Chrift dont il eft le dépofitaire , qui auroit été fuivi par autant d'Apoftats qu'il y a eu de Prelats & de Fidéles qui fe font foûmis à fon Jugement : & que par une confequence contraire le parti des Janfeniftes , Quénéliftes ou Apelans, eft le feul parti Catolique ; qu'il s'eft confervé conftamment dans la foy ortodoxe ; parce qu'il fuit, croit, enfeigne & défend une doctrine reçûë dans l'Eglife durant 40 ans, fans aucune conteftation ou contradiction : doctrine que l'on prétend n'être que la pure doctrine de S. Paul & de S. Auguftin.

Ces préventions jointes aux calomnies & aux blafphèmes vomis contre la Conftitution, accufée de renverfer le fimbole , les preceptes divins, les loix de la penitence, la force de la grace toute puiffante de Jefus-Chrift , la feverité de l'ancienne difcipline , n'ont pas peu contribué à corrompre des faux devots , à féduire les fimples & fortifier les entêtez ; en un mot à tout entraîner à la rebellion & à l'apoftafie avec une rapide violence.

Tel eft l'artifice de tous les Heretiques d'inftruire leurs Profelites des moyens de fe deffendre en peu de mots des attaques des Catôliques , foit en leur infinuant quelque fauffe maxime ou principe ; foit en leur faifant apprendre quelque paffage de la fainte Ecriture affez mal entendu , encore plus mal appliqué , qui neanmoins ne laiffent pas d'impofer filence à la plufpart de ceux qui fe croyent affez forts avec la verité feule pour les entreprendre fur le fait de la Religion ; fe voyant ainfi repouffez avec une arme fi belle ; mais dont ils ne fçavent pas fe fervir, ils deviennent fouvent de demis Apoftats en fuccombant en partie, ou du moins donnant à des errants armez d'un peu de babil des éloges qui n'ont d'autre fondement que l'ignorance des agreſſeurs , beaucoup moins inſtruits dans la deffence de la verité , que ceux qu'ils attaquent le ſont dans la deffenſe de l'erreur. C'eſt un reproche qu'on a ſouvent fait aux Catôliques , qui n'étant que tres foiblement inſtruits des principaux myſteres de nôtre Religion , de ceux mêmes qui ſont les plus combatus par les Heretiques contemporains , s'expoſent indiſcrettement à être vaincus par ceux qu'ils voudroient perſuader. On a vû dans le Calviniſme des petites femmes , même des petits enfans , poſſeder toute leur Religion à fond ſans aucune lecture , preparez aux objections qu'on pouvoit leur faire , avec des principes de controverſes tres courts , des maximes tirées de l'Ecriture , des paſſages citez à propos , couper la parole & ſuprimer toute replique a des Catoliques qui paroiſſoient aſſez éclairez. Ces petites victoires remportées ſur l'ignorance plûtôt que ſur la verité , leur ont tellement enflé le courage , augmenté leurs préventions en faveur de leur mauvaiſe cauſe , qu'ils ont quelquefois hazardé de faire tête aux plus habiles , ou au premier qui ſe preſentoit , ſans s'informer de ſa capacité.

III. J'en rapporterai ici quelques exemples qui pouront faire plaiſir à ceux qui voudront bien ſe donner la peine de lire cét Ouvrage. Me trouvant un jour de ſolemnité dans un Bourg aſſez proche de la ville de M**. reflechiſſant dans les dehors ſur ce que j'avois à dire pour l'inſtruction du peuple ; je fus ſurpris de trouver pluſieurs pelotons ou cercles de perſonnes de differentes conditions , aſſiſent prés des hayes, ſous des arbres , ſur le gazon auprés des chemins , & par tout un profond ſilence ; aprochant de l'Egliſe au ſon de la cloche , & ne voyant remuer perſonne de ſa place ; je me hazardé d'adreſſer la parole à une compagnie qui me parut aſſez honorable , je me plaignis en forme de reproche de l'indevotion qui me ſcandaliſoit ; qu'il n'étoit pas édifiant de voir des Chrétiens dans un jour ſi ſacré abandonner les Egliſes , & de témoigner une indifference ſi criminelle pour le ſervice Divin , dans un jour ſi propre à renouveller toute la ferveur des devoirs de la pieté chrétienne. Une femme prit la parole pour tout le cercle , & me répondit d'un ton ſerieux & piquant : *Monſieur nous ne jugeons perſonne , & celui qui juge ſera jugé luy même.* A cette réponſe je reconnus que toutes ces troupes étoient Religionnaires. *A ce mot du guet , je juge que vous êtes Calviniſtes :* repliquai-je : *je crois que je juge bien , & vous dis avec Jeſus Chriſt que c'eſt vous même qui vous jugez par vôtre incredulité ; en vous retirant de la foi de vos Ancêtres Catholiques qui ont bâti toutes ces Egliſes , & dont on voit encore les Noms dans les Epitaphes ; par vôtre apoſtaſie de leur Religion vous les jugez ou ils vous jugent , vous les croyez damnez , ou il faut que vous le ſoyez vous même ?* La Dame rougit & ne répondit que par un profond ſilence , que nul de la compagnie n'oſa in-

terrompre ; ne s'attendant pas à une replique puisée dans la même fource que fa prétenduë défenfe, dont l'application & l'emploi fe trouvoit
juftifié par l'antiquité & les marques de la Religion de fes Peres.

Quelque peu de jours aprés me trouvant dans une compagnie où
beaucoup de perfonnes de diftinction venoient auffi pour feliciter une
Dame tres-âgée, qui avoit fait pour la premiere fon devoir de Catolique & de fon plein gré ; une de fes parentes encore Religionnaire auprés de laquelle j'étois affis, me dit en foupirant : *Madame de C ** a
fait ces jours paffez fa premiere Communion Catholique ; mais pour nous il y
a trente ans que nous ne l'avons faite dans M **** :* Ce langage l'an-
nonçoit affez, feignant cependant de ne la pas comprendre, je luy dis
froidement. Madame eft-ce la faute de vôtre Confeffeur ou la vôtre ?
Monfieur me prend aparemment pour une Papifte ; non je ne la fuis pas. Vous
êtes donc Proteftante, lui dis-je ? elle l'avoua ; je repris & luy dis :
De quoi vous ferviroit la participation d'un Sacrement vide ou figne
fterile, dans lequel felon vôtre croyance ne recevant ni le corps ni le
fang de J. C. vous ne recevez point par confequent les graces attachées à
l'un & à l'autre : *Voilà une des calomnies des Papiftes qui nous en impofent,* repliqua t-elle ; *nous croyons & confeffons que dans la fainte Cene nous recevons réellement le vrai Corps & le vrai Sang de Jefus-Chrift,* Je fus
tres furpris de cette Confeffion de Foy Calvinifte. Vous croyez donc
que le Corps & le Sang de J. Chrift fon réellement prefens dans le
fimbole ou Sacrement ? *Non,* répondit elle. Vous ne le croyez pas, luy
dis-je, eh comment fe peut il donc faire que vous receviez réellement
& veritablement le Corps & le Sang de J. Chrift, qui ne font contenus
ni en verité ni en realité dans la fainte Cene ; mais feulement en figure
comme vous venez de le dire ? Elle répondit qu'elle recevoit le vrai
corps & le vrai fang réellement par foi. Je la preffé encore & luy dis,
Eft-ce la realité qui eft le fondement de vôtre foy, ou fi c'eft vôtre
foy qui opere la realité ? Si c'eft la realité qui fait le fondement de
vôtre foy, vous êtes Catolique comme nous quant à cét article de nôtre croyance ; mais au contraire fi c'eft vôtre foi qui opere la realité &
que vous le prétendiez, vous vous trompez groffierement : car quelque
foi que vous puiffiez avoir vous ne rendrez jamais le Corps ni le Sang
de J. Chrift prefents dans la fainte Cene. Si nôtre foy avoit cette vertu
par raport au miftere de l'Euchariftie, elle pouroit l'avoir auffi par la
même prétention à l'égard de tous les autres mifteres de la Religion ;
il n'y a pas plus de raifon pour les uns que pour les autres ; en confequence le miftere de l'Incarnation du Verbe Divin ne fera veritable
qu'autant que vous le croirez ; il n'y aura de Trinité, de Perfonnes
en une feule effence, que parce que vous voudrez bien le croire : & fi
tout l'univers s'accordoit à ne rien croire de tout ce que nous croyons

il ne feroit rien des misteres de la Trinité, de l'Incarnation, de la Redemption, de l'Eternité de la récompenfe pour les juftes, ni de l'Eternité des peines pour les méchans.

Je luy repeté mon dillemme, l'obligeant de répondre pofitivement à l'une des deux queftions ; luy demandant derechef fi, c'étoit le miftere du Corps & du Sang de J. Chrift rèellement prefens dans la fainte Cene qui fervoit de fondement à fa foy, qui en faifoit l'objet, fi elle le croyoit parce qu'il étoit, ou fi c'étoit fa foy qui donnoit verité au miftere, operant la prefence réelle du Corps & du Sang, & s'il n'étoit que parce qu'elle le croyoit ? Elle fut obligée de me répondre conformément à fa croyance, que c'étoit fa foy qui rendoit J. Chrift prefent à la reception des fimboles dans lefquels il n'étoit contenu en aucune maniere, apportant pour preuve l'exemple des mauvais qui ne reçoivent que le figne fans recevoir le Corps ni le Sang de J. Chrift, parce qu'ajoûta-t-elle par le peché on perd la foy, & que Judas le perfide ne communia pas comme Pierre. Je repris en m'écriant : O la Foy puiffante ! qui a la force, la vertu, l'efficace de conftituer trois Perfonnes en un feul Dieu, de faire defcendre des Cieux le Verbe Divin, de le faire incarner dans le fein d'une Vierge ; mais en même tems Foy cruelle qui le livre entre les mains de fes ennemis, & luy fait fouffrir une mort également honteufe & douloureufe. O Foy bienheureufe ! qui eft le principe fouverain de nôtre Redemption, & de tous ces inftrumens facrez par lefquelles nous nous en faifons à nous mêmes l'application ! O l'excellente & feconde Religion, qui par fa foy feule opere tous les myfteres qu'elle juge à propos de croire, qui ne fubfiftent qu'autant qu'ils font crûs ! Religion par confequent purement fanatique, dont les misteres ne font redevables de leur exiftance qu'à l'idée & à la croyance arbitraire des hommes : Religion purement humaine, qui ne fut jamais de la fondation d'un Dieu. Et c'eft en vain que l'on veut employer les Ecritures pour démontrer ou confirmer ce que l'imagination de l'homme opere elle feule felon fon gré & fa credulité : Religion veritablement payenne, ou formée fur le modéle de l'établiffement du Paganifme, l'auteur & l'inventeur des fables qui faifoient tout le miftere de la fuperftition.

V. Cette Dame fut obligée d'avouer qu'elle n'étoit pas affez habile pour comprendre ce que je luy difois, ni par-confequent pour y répondre ; mais que fi je voulois convenir d'un jour elle feroit venir dans une maifon catolique à mon choix un de leurs anciens Miniftres, revenu depuis peu de Berlin pour recueillir quelques petits biens, à condition cependant que je luy garderois le fecret. Comprenant ce qu'elle vouloit dire je luy répondis, que le Roy ne m'avoit pas fait l'honneur de me charger de l'execution de fes Edits, que fon Miniftre étoit en fureté

avec

avec moy. Le jour affigné je me rendis dans la Maifon deſtinée à nous fervir de champ de bataille ; la compagnie fe trouva plus nombreuſe que je ne m'y étois attendu , & compoſée de tout ce qu'il y avoit de plus confiderable parmi les Religionnaires. Le Miniſtre arriva des derniers , je vis un venerable vieillard , âgé de 76 ans , d'une phifionomie fort fpirituelle , il fut reçû comme un homme divin par toute cette aſſemblée. J'ai remarqué dans tous les païs Proteſtans que j'ai parcourus , que ces pauvres errans ont infiniment plus de refpect pour des Miniſtres qui les affermiſſent dans l'aveuglement , & les conduiſent à la damnation , que les Catoliques n'en ont pour les Prêtres. Cette veneration étoit beaucoup augmentée à l'égard de celui ci , par l'idée de la grande reputation qu'il s'étoit acquiſe dés les premieres années de fon exercice par fon merite & fon rare talent pour la Prédication , dans laquelle mêlant tres-peu de controverſes , il fe faiſoit fuivre des Catoliques comme des fiens. J'avouë que je friſſonné un peu Je profité pour prendre mon parti & me raſſurer contre ma premiere frayeur du tems que ce Vieillard me donna en s'occupant à répondre aux complimens dont on l'accabloit. Prenant la parole je luy fis le mien enſuite , lui parlant ainſi : En verité , Monfieur , je fuis touché de voir tant d'honnêtes gens précipitez dans un fi mauvais parti , encore plus touché qu'un homme de vôtre âge & de vôtre merite ait travaillé fi longtems à les confirmer dans l'aveuglement où ils ont eu le malheur de naître , malgré les connoiſſances interieures & les reproches fecrets de la verité que vous avez combattuë , que vous éprouvez peut-être encore. Voici les débris de vôtre Eglife , travaillons enſemble à les réchaper du naufrage éternel , fuite inévitable de celuy de l'erreur ; vous n'avez plus d'intereſt à les tromper , ils ne font plus à vous ; rendez vous-même gloire à la Verité , elle vous rapelle fous fes étendarts , que vous avez abandonnez en fortant de la feule Eglife , fondée par Jefus-Chriſt ; combattant enſemble les guerres du Seigneur , remportons avec le fecours du Ciel les mêmes victoires que vos Peres & les nôtres ont remportées fur les efforts de l'erreur , par la conſtance & la fermeté de leur foy. Vous voila de retour dans vôtre patrie , que ce foit pour y recueillir des biens immortels , une éternelle felicité : Les cendres de vos ancêtres Catoliques crient & redemandent les vôtres que l'injuſtice de l'erreur s'efforce de leur fuprimer , vôtre carriere eſt prête de finir , une tête blanchie par des travaux immenſes , courbée par la pefanteur des années , femble les leur promettre , & c'eſt par vôtre retour à leur foy que vous aurez le bonheur de les mêler avec les leurs. Vous ſcavez auſſi bien que nous le lieu de leur fepulture ; vous avez même engagé vos amis à s'oppofer au dérangement que l'on vouloit y faire , on l'a ménagée à leur confideration ; rempliſſez donc le droit que vous y avez ;

B

c'eſt un tître de Nobleſſe que vous prétendez conſerver à vôtre poſterité, à la bonheure ; mais aprenez-luy par vôtre exemple à la garder à tître de Religion. Pourquoi fugitif du tombeau de vos biſayeulx, en ſuivant les routes d'un fanatique, que le libertinage & l'ignorance ont crû ſur ſa parole, quand il s'eſt dit ſuſcité de Dieu d'une façon extraordinaire pour reédifier l'Egliſe de J. Chriſt, tombée en ruïne & en deſolation ; voudriez vous chercher un azile dans une terre étrangere : ne liſez-vous pas comme nous dans l'Evangile, que l'Egliſe eſt fondée ſur un roc immobile, que la nacelle de Pierre peut être agitée par les vents, battuë par les flots ; mais que les portes de l'Enfer ne peuvent prévaloir contr'. elle, & que ſi l'Egliſe eſt tombée en ruïne, comme vous l'enſeignez, il faut que la verité éternelle nous ait trompez.

Ce vieillard m'écouta avec autant de patience & de phlegme que je parlois avec vivacité, bien perſuadé que lorſque j'aurois épuisé mon feu il me feroit garder le ſilence à ſon tour. Aprés que j'eus beaucoup dit, il ſe contenta de me demander fort civilement de ce dont j'avois à me plaindre. Je me ſuis ſuffiſamment expliqué. M. lui dis-je, c'eſt de voir tant d'honnêtes gens avec vous dans l'erreur. "Dans l'erreur, reprit-il „ avec feu : en quoi ſommes-nous dans l'erreur ? „ Je commencé alors le détail de la converſation que j'avois euë avec une Dame de ſa Com-munion ; je luy marqué l'endroit où nous avions fini, ayant renvoyé le reſte de la difficulté à ſa capacité, aprés luy avoir fait un dilemme qui l'avoit extrémement embaraſſée & mis hors d'état de répondre. Je le luy repeté, en luy demandant : Si dans le miſtere de la Cene c'étoit la Foi du fidéle qui rendoit Jeſus-Chriſt réellement preſent dans l'uſage du ſimbole, ou ſi c'étoit la preſence réelle de Jeſus-Chriſt dans le ſim-bole même ou accompagnant le ſimbole dans la Communion, qui don-noit lieu à nôtre foi ; en un mot ſi nous recevions réellement J. Chriſt parce que nous le croyons, ou ſi nous le croyons parce qu'en effet nous le recevons. Il me répondit comme ſon éleve, que c'étoit uniquement par la foi qu'on mangeoit le corps & qu'on bûvoit le ſang de J. Chrît. Quiconque n'a pas la foy ne reçoit donc rien que le ſimbole ? "Non, répondit il encore ; C'eſt donc la foi de vôtre fidéle qui opere tout vôtre miſtere ; puiſque vous êtes ainſi par vôtre foi les maîtres d'operer les miſteres, Calvin a eu tort de réduire à la ſimple figure ce qu'il pou-voit par une foi plus vive étendre juſqu'à la verité : Il ne luy en auroit pas plus coûté d'operer le changement des ſubſtances. "Cela ne dé-pendoit pas plus de luy que de nous „ repliqua le Miniſtre. „ Pourquoy non ? ſi par la vivacité de ſa foy & de la vôtre vous avez la vertu de rendre Jeſus-Chriſt preſent réellement dans l'uſage actuel du ſimbole, il pouvoit également le rendre réellement preſent dans le ſimbole com-me l'a crû Luther, qui en cela a eu plus de foi que Calvin : ou changer la fubftance du pain au corps , la fubftance du vin au fang de J. Chrift, felon la croyance des Catoliques , dont la foi excede encore celle de Luther ; fi Calvin a eu moins de foi que Luther , il faut dire auffi qu'il a eu moins de Religion que luy , comme Luther en a eu moins que nous. Ainfi tout le brillant de la Réforme de la Religion Prétenduë confifte à fuprimer la grandeur des Mifteres par la fupreffion de la foy qui les opere. "Nous croyons , dit le Miniftre , que nous participons au vrai Corps & au vrai Sang de J. Chrift , réellement & fpirituellement par foi ; parce que cela eft ainfi indépendamment de ce que nous croyons „ Et moi , je vous démontre que c'eft vôtre foi qui opere abfolument le Miftere qui ne fubfifte qu'autant que vous le croyez , ou bien vôtre croyance eft contradictoire, par confequent fauffe. N'enfeignez vous pas que c'eft par foi que vous recevez réellement le Corps & le Sang de J. Chrift : "Cela eft ainfi, répondit le Miniftre. N'enfeignez vous pas encore que celuy qui perd la foy ne reçoit point le Corps & le Sang de Jefus-Chrift ? Ouï, cela eft ainfi. „ N'enfeignez-vous pas , en troifiéme lieu que celuy qui péche perd la foi , & qu'en confequenc'e Judas ne communia pas comme Pierre ? " Oui c'eft nôtre croyance , dit le Miniftre. „ Donc c'eft la Foi feule qui établit le Miftere ; comme c'eft la fupreffion de la foi qui fuprime toute fa verité : Si la premiere propofition eft fauffe, la feconde qui eft la vôtre doit l'être auffi: & comme il feroit faux de dire que la foi ne fait point le miftere , il feroit également faux de dire que l'infidelité & l'incredulité le détruifent ; ou fi cette derniere propofition eft vraye , l'autre le doit être auffi : Car comment concevoir que l'infidelité & l'incrédulité détruifent le Miftere , fans fupofer en même tems qu'il eft rétabli par leur contraire , je veux dire par la foy. Ainfi J. Chrift ne fe reçoit ou ne fe reçoit pas réellement dans la Cene , qu'autant que celuy qui reçoit le fimbole croit ou ne croit pas. Ainfi c'eft la foi de celuy qui croit qui opere tout le Miftere ; comme c'eft l'infidelité de celuy qui ne croit pas qui l'anneantit.

VI. Un jeune homme de l'affemblée luy dit fort refpectueufement : "Monfieur , il me paroît que fi comme vous le dites , la Foi n'opere rien , dans le Miftere , l'infidelité par quelque endroit qu'elle puiffe „ venir , foit par l'incrédulité , foit par le peché , ni peut rien „ non plus par que la raifon des contraires, & qu'ainfi tant pour celuy „ qui a la foy que pour celuy qui ne l'a pas , Jefus-Chrift doit être réel- „ lement dans l'ufage du fimbole. Le Miniftre luy répondit que non , & que l'infidéle ne recevoit rien. Je repris la parole & luy dis : Voici une confequence qui fuit de vôtre fiftème : Si l'infidéle ne reçoit rien dans l'ufage du fimbole , il ne fait donc pas de Communion indigne : car l'on ne peut participer indignement au Corps & au Sang de J. Chrift qu'en

recevant indignement l'un & l'autre : Or felon vous l'infidéle dans l'u-
fage du fimbole ne participe point au Corps ni au Sang de J. Chrift;
ils ne s'y trouvent pas pour luy : Donc il ne fait jamais de Communion
indigne. Si cette doctrine a lieu , & que vous puifliez la perfuader , S.
Paul a donc eu tort de nous avertir que celuy qui mange ce Pain ou boit
le Calice indignement , eft coupable du Corps & du Sang de J. Chrift.

Il me repliqua que c'étoit fe rendre coupable du Corps & du Sang
de J. Chrift que d'abufer du fimbole , de fe priver en confequence du
fruit attaché à la Communion. Mais ce fimbole , repliquai-je , ne fignifie rien pour celuy qui le reçoit fans la foi , n'étant point alors une participation du Corps & du Sang de J. Chrift , que ce fimbole n'annonce
point , & qu'il ne renferme point même fpirituellement fans la Foy :
On ne peut être coupable par-confequent de la privation d'un fruit que
l'on ne peut en efperer , puifqu'il ne peut y être renfermé fi-tôt qu'ilne
fignifie plus le Corps & le Sang de J. Chrift pour celuy qui manque de
foi ; Ou fi vous le prétendez , il faut auffi conclure que les pecheurs qui
mangent du pain & boivent du vin , fe rendent coupables de prophana-
tion envers le Corps & le Sang de J. Chrift. "Ils ne le font point dans
l'idée de reprefenter la fainte Cene du Seigneur, dit le Miniftre. „
Donc l'idée de la reprefentation forme parmi vous le Miftere , il ne faut
que ce le figurer & voilà le Miftere dans fa perfection : Donc il n'eft
queftion que de croire ou ne pas croire pour recevoir ou ne pas recevoir.
D'ailleurs l'Apôtre ne nous parle point de l'abus d'un fimbole ni de la
fimple privation du fruit que le communiant doit retirer de la Cene , il
parle précisément du Corps & du Sang de J. Chrift. Voici comme il
s'exprime fur le témoignage du Seigneur dont il a apris la Doctrine :
Rendant grace , il prit le Pain , le benit , le rompit , difant : Prenez &
mangez CECI EST MON CORPS , *qui fera livré pour vous* , &c.
Il eft donc évident que quand S. Paul dit aux Fidéles quiconque mange
de ce Pain ; il parle de ce Pain qui devoit être livré pour nous , de ce
Pain vivant defcendu du Ciel dont parle S. Jean , & qui étant mangé
indignement fous les mêmes efpeces qu'il prefenta à fes Apôtres , ils
encourent le même anathéme que Judas qui le livra , & que les Juifs
qui répandirent fon Sang. Judas ne livra point un fimbole ni une figure , ce fut J. Chrift même ; les Juifs ne crucifierent point une figure
ou un fimbole ; mais le vrai Corps de J. Chrift : c'eft ce même Corps ,
c'eft ce même Sang que J. Chrift donna à fes Apôtres à boire & à manger qui fut livré , qui fut crucifie ; c'eft ce même Corps , c'eft ce même
Sang que nous recevons tous les jours fous les efpeces du pain & du vin,
dont les fubftances font miraculeufement changées en l'un & en l'autre
par la vertu toute puiffante de la Divine Parole , que nous employons
fous fon autorité & par fon commandement ; Quel raport y auroit-il

entre le Miftere de la Cene & celuy du crucifiement , fi la Cene n'é-
toit qu'une action fans réalité ? Etant fans réalité : comment J. Chrift
auroit-il dit : Prenez & mangez , ceci eft mon Corps, qui fera livré pour
vous ; Prenez & bûvez , c'eft le Calice de mon Sang qui fera répandu
pour vous ? Etoit-il neceffaire enfin que S. Paul fut inftruit fpecialement
par le Seigneur touchant cet augufte Miftere , s'il ne confiftoit que
dans une fimple figure , fi aisée à concevoir ? le témoignage d'un Dieu
auroit été inutile pour nous affurer de ce que la raifon humaine peut
fe perfuader fans effort. J. Chrift auroit il fait alors une plus grande
diftinction de la condition de fes Apôtres , qu'il flatta de ne plus traiter
en domeftiques à qui l'on ne confie pas les fecrets d'une Maifon ; mais
de les appeller du nom d'amis , à qui on s'ouvre cœur à cœur , pour les
faire les dépofitaires d'une fimple figure , qui comme elle peut être
connue de tout le monde, elle peut auffi leur être confiée fans fecret ?
Ce divin Teftateur plus fage que tous les hommes auroit-il manqué d'i-
dées affez nettes , & de termes affez clairs pour exprimer fes dernieres
volontez fur le point de mourir ? ou aimant fes Apôtres comme il les
aimoit, auroit-il pris plaifir de les précipiter dans le trouble, dans l'embaras ; en s'exprimant d'une maniere fi propre à les jetter dans l'erreur ?
Il eft évident que s'il vouloit leur faire comprendre le changement
miraculeux des efpeces en fon Corps & en fon Sang , il ne pouvoit
s'expliquer avec plus de précifion & plus de clarté : S'il a prétendu au
contraire leur faire entendre que les fubftances du pain & du vin étoient
fimplement des figures de fon Corps & de fon Sang , il ne pouvoit
s'exprimer avec plus d'ambiguité , ni d'une maniere plus propre à les
tromper. J'ajoûté enfin que s'il n'étoit queftion pour fe rendre coupable
du Corps & du Sang de J. Chrift , que de fe priver du fruit de l'un &
l'autre , on pouvoit dire la même chofe de celuy qui par indevotion ou
par irreligion , ne communie point du tout, que c'étoit bien abufer du
figne que de le méprifer ; que de fe priver d'un Sacrement qui eft un
inftrument de grace & de falut ; que conftamment ce ne fut jamais là
l'efprit de S. Paul , qui fait tomber le Jugement uniquement fur celuy
qui mange de ce Pain & boit de ce Calice indignement , puifque c'eft
la participation ou communion du Corps & du Sang de J. Chrift.

V I I. Ce Miniftre rusé pour faire écouler le tems avant la fin de la
difpute , & fe dégager fpecieufement voulut aller en preuve par les fentimens des Ss Peres ; je l'arrêté tout court , en luy difant que comme
luy je m'arrétois au feul témoignage de la fainte Ecriture, que je reconnoiffois comme feule Juge de nôtre different ; ou que s'il vouloit
reconnoître l'autôrité des Ss Peres j'étois tout preft d'y confentir à deux
conditions : la premiere que je luy avouërois tous ces paffages , toutes
fes interpretations ou explications , me contentant de l'attendre aux

confequences ; pourvû que de fon côté il m'accordât les miens fans autre explication que celle de la traduction du latin en françois pour l'intelligence de la compagnie. La feconde que reconnoiffant l'autôrité des Ss Peres fur la queftion agitée , je prétendois qu'il l'a reconnut dans tous les points controverfez entre fa Communion & mon Eglife. Il me répondit que je luy demandois l'impoffible , il fe leva , rompit l'affemblée & la difpute , fous prétexte du peu de tems qui luy reftoit pour fes affaires ; il me fit beaucoup d'honnêtetez , je luy répondis que tous fes éloges étoient dûës à la verité , & nullement à mon erudition, que je fouhaiterois de tout mon cœur qu'il confentît de fon côté de luy laiffer faire fur le fien toute l impreffion qu'il fentoit bien luy-même qu'elle pouvoit y faire : qu'en fe mettant dans la voye du falut , il y conduiroit fans peine une affiftance nombreufe plus de demie vaincue, qui n'attendoit que fon exemple pour laiffer confommer à la verité le triomphe qu'elle avoit commencé fur l'erreur. Il quitta , en pronon-çant fes dernieres paroles : " Monfieur , qui fera bien trouvera bien. Je luy repliqué que c'étoit là une grande efperance pour les Juifs, les Turcs & les Payens ; que reduire toute la Religion à cette maxime , il n'étoit plus queftion de Religion Chrétienne ni par confequent de dif-pute. Il partit enfin pour aller fe jetter entre les bras de la mort, qui l'attendoit avec impatience à Berlin , où il mourut le foir même de fon arrivée ; j'apris cette nouvelle de la feule perfonne qui eut le bon-heur de fe convertir , qui m'affura que la plus grande partie de l'af-femblée confternée du peu de fuccez de ce Miniftre , reputé comme le plus éclairé de ce tems , étoit entrée de plein pied du Calvinifme dans le Socinianifme ; ne pouvant fe refoudre à furmonter les terribles pré-ventions de l'enfance contre la Foy de l'Eglife Romaine. Troifiéme Exemple.

VIII. Plufieurs Catoliques occupez à difputer depuis plufieurs jours contre des Lutheriens fur la Communion des deux efpeces , foutenue par ceux ci ; le faifant avec beaucoup de chaleur de part & d'autre, fans vouloir ceder ni pouvoir fe convaincre , convinrent entr'eux de m'appeller à la difpute , ou devoit auffi fe trouver un Miniftre de Stras-bourg dont nous n'étions pas éloignez. J'avoue que j'avois beaucoup lû fur cette matiere , j'avois même apris à memoire courante le petit Traité que feu Mr Boffuet a fait fur cette matiere, fans trouver cepen-dant de quoy fatisfaire pleinement aux objections tirées de l'Ecriture, les Miniftres s'embaraffant peu de la Tradition quand ils font preffez : Celle que l'on peut tirer des paroles de l'Inftitution , que les Proteftans ont beaucoup en ufage m'avoit toûjours paru affez difficile à réfoudre ; Ce fut auffi par cette objection que le Miniftre Allemand tres-fage & tres-moderé m attaqua. Je crus d'abord que c'étoit la confiance qu'il

avoit en la bonté de fa caufe qui le faifoit jouïr d'un fi grand fang froid.
Aprés avoir refusé de prendre la qualité d'Acteur qu'ilm 'offrit tres-
civilement, étant en plus longue poffeffion de ma croyance que luy de
la fienne : Voici l'argument qu'il me propofa.

Les Apôtres, dit. il, reprefentoient toute l'Eglife dans l'inftitution de
la derniere Cene :

Or les Apôtres communierent fous les deux efpeces : car Jefus. Chrift
dit à tous en leur prefentant la coupe : Prenez, bûvez en tous, leur
faifant un commandement de faire la même chofe en memoire de luy.

Donc tous les Fidéles font obligez de communier fous les deux efpeces.

Je commencé par nier la premiere propofition, j'en demontré la
fauffeté en peu de mots, faifant voir que les Apôtres dans la derniere
Cene ne reprefentoient que l'Ordre Sacerdotal, & non pas tout le
corps des Fidéles ; que c'étoit uniquement la tête de l'Eglife, fes Miniftres, fes Pafteurs & fes chefs, & non pas fes enfans, fes Difciples,
fes brebis & fes membres : Que fi les Apôtres affemblez avoient repre-
fenté dans l'action de la Cene tout le corps univerfel de l'Eglife] fans
aucune diftinction, on prouveroit non-feulement que tous generalement feroient en droit de communier fous les deux efpeces ; mais encore que tous feroient également élevez à la dignité & au caractere du
Sacerdoce ; qu'ainfi les enfans, les laïques fans difference de fexe, auroient pouvoir fur le Corps & le Sang de J. Chrift ; que tous pouroient
recevoir l'Ordination, & fe la conferer reciproquement les uns & les
autres ; ce que perfonne n'a jamais enfeigné dans l'Eglife avant Luther,
qui appelle & affocie indifferemment tous les fidéles au Sacerdoce Royal
de Jefus Chrift, quoi que dans fa fecte même ni les purs laïques ni les
femmes ne foient jamais employez dans l'action & la diftribution de la
Cene : ce qui feroit cependant une injuftice fi on croyoit que Luther
eût eu raifon.

La feconde propofition accordée, je nié la confequence, & démontré que fi l'on avoit point dans l'Eglife d'autre [connoiffance du droit
des Fidéles à la Communion laïque que par l'action de la Cene, nul
des Fidéles ne feroit admis à la participation du Corps & du Sang de
Jefus. Chrift fous une ou deux efpeces que les feuls Prêtres : car il eft
évident que ces paroles : *Prenez & mangez, prenez & bûvez en tous*, ne
s'adreffent précifément qu'à ceux à qui J. Chrift a fait un commandement de faire la même chofe en memoire de luy : Or c'eft aux Apôtres feuls reprefentans l'Eglife en chef, l'Ordre Sacerdotal : que Jefus.
Chrift a dit & recommandé de faire en memoire de luy la même chofe
qu'il venoit de faire luy. même : Donc c'eft aux feuls Miniftres fucceffeurs des Apôtres dans l'Ordre facerdotal, que s'adreffent précifément

ces paroles , *Prenez & mangez , prenez , büvez en tous.* Donc eux feuls en vertu de l'inftitution de l'action de la Cene & du commandement que J. Chrift leur a fait dans la Perfonne des Apôtres , ont droit à l'exclufion de tous autres de confacrer & participer au Corps & au Sang de Jefus Chrift, foit fous une efpece , dans la fimple Communion que l'on appelle laïque ; foit fous les deux efpeces qui fe fait dans le faint Sacrifice de la Meffe.

Je rapelé enfuite tous les differens endroits qui nous donnoient connoiffance du droit que les Fidéles avoient à la participation du Corps & du Sang de Jefus-Chrift , & fis voir que l'on ne pouvoit conclure d'aucun la neceffité des deux efpeces, que prefque tous nous faifoient comprendre clairement que cette divine participation fe faifoit également ment fous une comme fous toutes les deux. Les promeffes dans S. Jean font évidentes , il eft parlé fouvent du pain feul : *Je fuis un Pain vivant defcendu du Ciel Si quelqu'un mange de ce Pain , il vivra éternellement.* Il eft raporté dans les Actes que J. Chrift en Emmaüs ne rompit là que le Pain aprés l'avoir beni ; que ce fut dans cette fraction que les deux Difciples le reconnurent ; & que les Fidéles perfeveroient dans l'Oraifon & la fraction du Pain , *du Pain vivant , du Pain defcendu du Ciel,* dans la participation du Corps & du Sang de J. Chrift , par la Communion d'une feule efpece. Si dans S. Jean il eft auffi fait mention de la Communion du Corps & du Sang de J. Chrift fous deux efpeces diftinguées , quoiqu'elles ne foient pas exprimées ; comme quand il eft dit : *Celuy qui mange ma Chair & boit mon Sang a la vie éternelle....* Car *ma Chair eft un vrai mangé , & mon Sang eft un vray breuvage.* Il eft a remarquer que dans la circonftance où J. Chrift fit fes promeffes, elles s'adreffoient à tout le Corps de l'Eglife qui comprend l'Ordre Sacerdotal , & les fimples Fidéles ; ainfi l'on ne peut en tirer une confequence pour les fimples laïcs ou Fidéles qui ne font point compris dans cet Ordre ayant été exclus de la Cene.

Le Miniftre ayant formé fon plan fur les paroles de l'Inftitution , fe trouva fi fort écarté par cette réponfe qui luy en interdit tout ufage, qu'il ne pût plus que battre la campagne, avec autant de foibleffe que d'ennui ; je le laiffé parler tant qu'il voulut. Les Catoliques étonnez de mon filence, croyans qu'il donnoit gain de caufe à nos adverfaires, qui fe croyent victorieux quand on peut fournir du babil au lieu des bonnes raifons qui manquent, me preffoient de répondre. Je leurs dis : Meffieurs, la queftion eft decidée , Monfieur le Miniftre s'eft foumis à la décifion , il a abandonné la matiere ; vous entendez bien qu'il parle de toute autre chofe ; il n'a point répondu à mon argument , c'eft par là qu'il faut qu'il commence : Nous ne fommes point affemblez pour difputer fur l'ordination interieure dont Monfieur le Miniftre parle à

prefent

preſent ; mais de la prétenduë neceſſité de la Communion ſous les deux eſpeces , Monſieur n'en a pas encore dit un mot. Contraint de revenir à la queſtion , il dit que ces paroles : *Prenez & buvez. en tous* , pouvoient auſſi bien regarder tous les Fidéles que l'Ordre Sacerdotal : Je luy repliqué qu'il n'étoit point queſtion de la poſſibilité , que toute nôtre diſpute ne rouloit que ſur la neceſſité : Or prétendez-vous que ces paroles, *Prenez , buvez. en tous* , ſoit un commandement pour tous les fidéles ſans diſtinction d'ordre ? il fut contraint de prendre ſon parti, & de répondre qu'ouï. Je repris & luy dis , ſi cela eſt comme vous le dites ſerieuſement, Luther a donc été une impie & un perfide d'avoir traduit un precepte en conſeil , en laiſſant à liberté le Commande-ment que J. Chriſt a fait aux Fidéles de communier ſous les deux éſ-peces ; je luy cité les differens endroits des Ouvrages de cet Hereſiar-que , il voulut me les conteſter ; mais il n'eût plus rien à repliquer lorſ que je luy produiſis les Ouvrages de ſon Patriarche , imprimez de ſon vivant ; ayant été convaincu à livre ouvert , je ne pus m'empêcher de luy dire que Luther étoit un étourdi de s'être contredit ſi groſſierement; un témeraire d'avoir entrepris la reforme des Commandemens de Dieu; & que ſes Diſciples attachez à ſa Doctrine étoient des aveugles volon-taires, qui fermoient les yeux à la lumiere , pour ſe livrer aux fureurs d'un genie emporté & précipité. Il ne répondit à ce reproche que par le refrein des Calviniſtes , que je ne ſçavois pas encore être commun aux Lutheriens : *Nous ne jugeons perſonne* , me dit-il : Vous êtes un im-poſteur hipocrite, luy repliquai je ; vôtre Confeſſion de foi eſt un juge-ment continuel contre nous ; vous m'avez même reproché tout à ce moment que nous abuſions le peuple ; que contre le Commandement du Seigneur nous lui faiſions injuſtice en luy retranchant la coupe. Je ne pus plus rien obtenir du Miniſtre, il avoit prononcé ſon dernier faux-fuyant. La Compagnie compoſée de Catoliques & de Proteſtans le 'renvoya avec ces paroles : " Allez, Monſieur, ce n'étoit pas la peine de venir de Strasbourg ici , ſi vous n'aviez que cela à nous dire. „

Les Catoliques s'attribuerent toute la victoire , que les Proteſtans n'en-treprirent point de leur diſputer ; mais ſcandaliſez de leur Docteur, tout leur dédomagement fut de le traiter d'ignorant en ſon abſence. Ils avoient tort , ayant autant d'érudition qu'un homme préoccupé d'une fauſſe Religion & de ſes erreurs peut en avoir. Il ſe mit en de-voir de l'employer comme avoit fait le Miniſtre Calviniſte : je luy laiſſé la ſatisfaction de tirer un grand nombre de preuves de la Tradition & des Peres , & aprés qu'il eut épuiſé tout ce que ſa memoire pouvoit luy fournir , je luy dis qu'à ſon exemple je n'ajoûtois aucune foy à tou-tes ces reſpectables autoritez , s'il ne vouloit pas luy même les recon-noître ſur les autres points controverſez , ni ſur celuy dont il étoit que-

C

ftion dans ce qui m'étoit favorable ; que je me bornois au feul témoignage de l'Ecriture, que l'on reconnoiſſoit comme feul Juge de la foi dans ſa Communion. Il me répondit ce que n'avoit pas fait le vieux Miniſtre Calviniſte , qu'il avoit un droit égal de me citer par devant les miens ; que reconnoiſſant la Tradition & la Doctrine des Peres , il pouvoit ſe ſervir de leur autôrité contre moi. Je luy répondis que j'y conſentois volontiers , à condition cependant qu'il feroit à mes Juges le même honneur que je faiſois au ſien ; c'eſt à dire qu'il reconnoîtroit l'autorité des Peres & de la Tradition dans toute leur étenduë , ſur tous les points controverſez , comme je faiſois par raport à l'Ecriture ; ou que s'il prétendoit que l'une & l'autre fut ſujette à l'erreur , il n'étoit point du tout en droit de ſe ſervir contre moi de l'autôrité de *Juges fautifs*, que l'on avoit entrepris dans ſa ſecte de reformer par la ſainte Ecriture. Il ſe donna bien de garde de prendre ce parti trop perilleux pour luy , prévoyant que je l'aurois mené bien loin, puiſqu'il m'auroit été facile de convaincre toute ſa Religion de faux dans ſa croyance , & de calomnie contre celle de l'Egliſe Romaine ; il aima mieux s'en tenir à ſon fiſtème que de me donner cet avantage, & ne ſe ſervir que de la ſeule Ecriture , où il n'en trouva pas un plus heureux.

X. Le Lecteur me permettra de raporter ici un quatriéme exemple tout recent, d'autant plus interreſſant qu'il regarde les matieres preſentes.

Etant en campagne , je fis rencontre d'un jeune Eccleſiaſtique , qui me parut avoir du merite & du talent ; ſa phiſionomie , ſes belles manieres , ſon air aiſé & gracieux , m'inſpirerent la curioſité d'éprouver ſi ſon éducation dans les ſciences répondoit aux promeſſes de ſon exterieur : je luy trouvé beaucoup d'eſprit , une érudition naiſſante des mieux cultivée , une memoire hardie , en un mot un ſujet tout propre à faire un excellent homme s'il avoit le bonheur d'être placé en de meilleures mains ; mais trois années de Theologie en Sorbonne , ſous Monſieur D. L. ne ſont pas de favorables préjugez pour un Ecolier. Je luy demandé s'il avoit vû le Traité de la Grace ; il me répondit que Monſieur D L. étoit fort ſobre ſur cette matiere , qu'au reſte il croyoit en ſçavoir aſſez pour en raiſonner paſſablement. Je luy demandé quel étoit ſon fiſtème : "Celuy de la Grace efficace par elle-même , repliqua-t il. Il me l'expoſa avec beaucoup de netteté ; dans toute la rigueur de Janſenius & des Novateurs ; reduiſant toute grace ſuffiſante à une grace *de pure poſſibilité.* M'ayant demandé reciproquement le mien , je luy expoſé en peu de mots , luy diſant que je ne reconnoiſſois point d'autres graces que des graces efficaces par elles-mêmes. La vivacité dûe à ſon âge l'emportant , il me dit avec feu : " C'eſt bien auſſi nôtre fiſtème ; mais ſi nous nous expliquions ſi clairement on nous appelleroit Calviniſtes , Janſeniſtes , &c. Je n'aprehende point les reproches , luy dis-je , & ſi je déclare mon ſiſtème dans toute ſon étenduë, ſans le maſquer par aucune de toutes les vaines ſubtilitez de ces fauſſes diſtinctions, inventées par les Novateurs , qui diſant moins que rien , laiſſent les objections contraires dans toute leur force ; en ſorte que la diſpute au bout de cent ans d'agitation , reſte au même point où elle étoit quand elle fut commencée.

Il eſt donc queſtion de ſçavoir ce que c'eſt que la Grace ; ce que c'eſt que le preſent que Dieu prétend faire à l'homme quand il luy ac-corde ſes ſecours ſurnaturels. C'eſt certainement d'éclairer ſon eſprit, d'exciter ſon cœur ou ſa volonté , & de luy donner le moyen neceſ-ſaire de fuïr le mal ou de pratiquer le bien qui le conduiſe à ſa perfe-ction, à ſa ſantification , & enfin au ſalut éternel. Tel eſt le beſoin de l'homme & le motif de la miſericorde de Dieu à ſon égard. Don, grace par conſequent , qui du côté de Dieu qui l'accorde à toutes les conditions neceſſaires pour agir , qui n'eſt pas ſimplement un pouvoir d'agir qui en demande un autre pour agir en effet , ou qui détermine à l'action : Il a plû aux Theologiens d'apeler la grace qu'ils ſupoſent ne donner qu'un pouvoir d'agir, *Grace ſuffiſante.* Je l'apele au contraire grace inſuffiſante : car j'appelle inſuffiſant tout ſecours qui ne donne qu'un pouvoir dont on ne peut faire uſage , ou qui par luy-même ne peut conduire ni aider à l'action ſans un autre ſecours , & ſecours qui eſt le ſeul neceſſaire pour agir actuellement. Quelle obligation aurois-je à un puiſſant Prince qui me donneroit tout pouvoir de conſtruire des fortereſſes , de lever des armées formidables de terre & de mer , & qui me refuſeroit les vrais moyens que j'apelle efficaces pour réüſſir ; tel qu'eſt l'argent , &c. De quoi auroit il ſervi à l'homme d'avoir été formé de la main de Dieu avec de ſi beaux organes ſi tout n'avoit été animé de ſon ſoufle.

Tout ceci plaiſoit fort au jeune Bachelier ; pour le confirmer de plus en plus, j'ajoûté que telle étoit la vraye idée que S. Paul nous donnoit de la grace : Car c'eſt Dieu , dit-il , qui opere en nous le vouloir & l'accompliſſement. *Deus eſt enim qui operatur in nobis velle & perficere.* C'eſt à dire qui commence en nous toute bonne action , & qui la conſomme. L'Apôtre ne ſepare point la fin de l'action du commencement, il ne diſtingue point une grace de vouloir d'une grace d'action ; il attribuë la conſommation de la bonne œuvre à la même grace qui l'a commencée. *Deus... operatur in nobis velle & perficere.* En vain Dieu nous donneroit il des graces dont tout le ſuccez ſe termineroit au ſeul vouloir ſi elles étoient en même tems impuiſſantes pour l'action ; ce ſeroit nous donner la volonté de bien faire ſans nous donner les ſecours pour executer le bien que nous voudrions ; & ſupoſer comme font pluſieurs Theologiens que les Réprouvez n'ont que des graces ſuffiſantes , c'eſt ſupoſer que Dieu ne leur donne des ſecours ſuffiſans que pour ſe damner. Que l'on ne croye pas que je ſupoſe ici à mon tour ; cette doctrine a été prêchée par un Curé du Dioceſe de M**, les plaintes en furent portées par-devant l'Evêque , le Sermon fut lû dans l'Aſſemblée du Sinode, où le ſieur T** fut plus excuſé que condamné. Quoique cette propoſition ſoit un blaſphéme , il eſt cependant une ſuite natu-relle du principe ou ſiſtème des Novateurs, qui donnent à la grace ef-ficace par elle-même une étenduë d'efficacité qui ſuprime la liberté, & ne laiſſe que le volontaire, comme l'a enſeigné Janſenius ; ou *n'attend en aucune maniere le conſentement de la volonté , puiſqu'elle n'agit que par ſa force intrinſeque , & la volonté toute puiſſante de Dieu , dont elle eſt l'inſtrument* ; ainſi que l'enſeignent les nouveaux Thomiſtes , vrais diſci-ples de Janſenius.

Le jeune Bachelier commença à me perdre de vûë, il ne pouvoit m'accommoder avec moi même, frapé de la diſtance infinie qu'il crut entrevoir entre cet accord de mes principes avec les ſiens , & un éloi-gnement ſi prompt. Il me demanda ce que j'entendois donc par la grace efficace. Je luy répondis que je prétendois parler d'un don de Dieu, auquel il ne manque rien de tout ce qui eſt neceſſaire, non-ſeu-lement pour pouvoir agir ; mais encore pour agir en effet ; ayant toute la force , l'impreſſion & la vertu abſolument requiſe pour paſſer à l'exe-cution du bien qu'il inſpire ; c'eſt pour cette raiſon que j'apelle toute grace de Dieu grace efficace *ex parte doni* ; mais comme cette grace eſt donnée à une creature libre, que Dieu apelle au ſalut éternel , qui ne peut ſe gagner que par les merites auſquels il a plû à ſa juſtice & à ſa miſericorde de l'attacher ; Dieu en donnant ſes graces neceſſaires pour meriter dans la pratique des bonnes œuvres, ne prétend impoſer au-cune contrainte ou violence à la liberté de l'homme abſolument ne-ceſſaire pour meriter ou démeriter. Que l'homme ſous l'impreſſion de la grace étoit libre de luy donner ſon conſentement ou de le refuſer, d'où il s'enſuivoit que la grace toûjours efficace *ex parte doni* , parce qu'il ne luy manque rien de tout ce qui eſt neceſſaire pour agir en effet, ne l'eſt pas toûjours *ex parte effectus*. Dieu accommodant ſes dons avec nôtre liberté , de telle maniere que s'il nous inſpire, nous excite, nous prévient , ſans aucun travail ni merite de nôtre part , par un pur effet de ſa miſericorde , il veut que nous travaillions de nôtre côté à ré-pondre , correſpondre & conſentir à la ſuite du mal ou à la pratique du bien qu'il nous inſpire ; c'eſt encore la Doctrine de S. Paul , tirée de ces paroles *Deus operatur in nobis velle & perficere*, Dieu opere en nous le vouloir & l'accompliſſement ; avec cette difference , que Dieu qui nous inſpire, nous meut , nous excite, ſans que nous y contribuïons de nôtre part , qui même forme en nous & indépendamment de nous une bonne volonté , n'opere jamais l'action ou l'acquiefcement à cette bonne volonté en nous , fans nous , je veux dire fans nôtre confentement libre , & non pas fimblement volontaire , qui eft proprement l'action de la volonté.

Cette Doctrine eft autorisée par celle du Concile de Trente , qui fulmine anathéme contre celuy qui ofe dire , *que le libre arbitre étant mû & excité par le don de Dieu , ne coopere en rien à ce même don de Dieu qui excite & qui appelle , & qu'il n'eft pas en fon pouvoir de refufer fon confentement s'il veut* ... Le Concile parlant ainfi du don Dieu , pris dans toute fon étenduë , fans aucune diftinction , il eft aisé de démontrer la puérilité de certains Novateurs , qui pour échaper & éluder cét anathéme , enfeignent que cette refiftance ou refus de confentement doit s'entendre dans un fens *divis* , & non pas dans un fens *compofé* : c'eft à dire que la liberté qui eft mûë par la grace actuelle , pouroit ne l'être pas , & donner un confentement contraire à celuy qu'elle donne fous l'impreffion actuelle de la grace. C'eft ce qu'ils entendent par le fens *divis* , qui nous reprefente la liberté comme une puiffance purement obedientielle , & non pas comme une puiffance active ; par confequent comme un inftrument purement paffif quoi qu'inftrument vital. Par le fens compofé ils entendent qu'en même tems que la liberté donne fon confentement , elle ne peut pas ne le point donner : Ceci eft équivoque & peut s'entendre en deux manieres : la premiere que la liberté confentant actuellement à la motion de la grace , ne peut pas actuellement ne pas confentir , parce qu'elle ne peut pas dans le même tems , dans la même circonftance & à l'égard du même objet, produire deux actes contradictoires : Le fens *compofé* a fa verité dans ce fens ; mais cette fubtilité eft puerile , ce n'eft pas ce dont il eft queftion , elle confifte à fçavoir fi la volonté , mûë & excitée par la grace que les Scolaftiques apellent efficace , eft en pouvoir égal & actuel de refufer ou de defifter de fon confentement fous l'impreffion de cette même grace ; & fi de même qu'elle a pû librement le donner , elle peut auffi librement le refufer , ou defifter du confentement qu'elle avoit commencé d'y donner , qui eft la preuve efficace de fon pouvoir actuel. Les Prédeterminans prétendent que non , par raport à l'impreffion de la grace efficace , qui eft un acte de la volonté de la toute-puiffance de Dieu ; & le Concile de Trente au contraire ne fixe le pouvoir de la liberté actuelle ni par raport à aucun tems , ni par raport à aucune grace , le Canon eft univerfel fans aucune reftriction.

Le jeune Ecclefiaftique me demanda fi je reconnoiffois une grace fuffifante. Je luy répondis que je la reconnoiffois en deux manieres : la premiere *comparativement* en ce que Dieu étant le maître de fes dons , il ne les diftribuoit pas à tous également ; qu'aux uns il donnoit des graces extraordinaires, qu'on apelle communément graces victorieuſes, graces triomphantes ; dont l'Ecriture nous raporte pluſieurs exemples dans la perſonne de pluſieurs pecheurs convertis ſubitement & avec éclat ; comme nous le liſons dans l'Hiſtoire de la Converſion de la Femme Pechereſſe , de l'Apôtre S. Paul , & de la Vocation extraordinaire des Apôtres : Ces graces ne ſont pas communes à tous ; ce ſont des privileges ſinguliers de la miſericorde de Dieu , qui parmi ſes Elûs diſtingue ceux qu'il luy plaît ; mais auſſi ne ſont elles pas abſolument neceſſaires pour nôtre ſantification : ou il faudroit dire que le nombre des Elûs eſt encore infiniment plus petit que J. Chriſt ne nous le repreſente. Aux autres il donne des graces d'un ordre inferieur , qui quoiqu'elles n'ayent pas cette force triomphante & victorieuſe ont cependant toute celle qui eſt neceſſaire pour operer en nous non ſeulement le vouloir , mais encore l'action , & l'operent en effet conjointement avec le conſentement libre de nôtre volonté , qui n'eſt jamais contraint ni forcé en aucune maniere par l'operation de la grace , quelque puiſſante que nous puiſſions l'imaginer ; s'il eſt difficile de luy reſiſter , il n'eſt jamais impoſſible. A ceux là enfin Dieu donne des graces plus communes & moins puiſſantes , toûjours cependant efficaces *ex parte doni* ; ayant comme les précedentes tout ce qui eſt abſolument requis pour operer en nous le vouloir & l'accompliſſement , & qui l'operent quelquefois en effet , quoique plus difficilement & plus rarement. Il me ſera aiſé de juſtifier cette Doctrine par l'Ecriture ; ainſi j'appelle graces ſuffiſantes celles du troiſiéme ordre par raport à celles du ſecond : celles du ſecond par raport à celles du premier ; je diſtingue la ſuffiſance de ces graces par le plus ou moins d'efficacité des unes comparées aux autres.

La ſeconde maniere de reconnoître des graces ſuffiſantes eſt de les conſiderer par raport à leurs differentes operations & à leurs differens évenemens dans tous les ordres ; dans celuy des graces triomphantes & victorieuſes , comme dans celuy des plus communes : car telle grace qui a triomphé du cœur de Pierre qui luy a été docile, ne l'a pas été du cœur de Judas qui luy a été rebelle ; les Ss Peres ne ſont occupez à exagerer le crime de ce perfide que par la multitude & la grandeur des graces dont il avoit été comblé ; ſi la Doctrine des Ss Peres eſt vraye , il faut que la Doctrine contraire ſoit fauſſe.

Judas n'étoit point du nombre des Elûs, reprit le Bachelier, n'ayant point été choiſi de Dieu, il étoit inutile qu'il luy donnât des graces qui loin de le conduire à une fin pour laquelle il n'étoit pas prédeſtiné, n'auroient ſervi au contraire qu'à le rendre gratuitement plus coupable, ce qui ſeroit penſer mal de la bonté e Dieu. Il eſt vrai , répondis je, que Judas ne fut point du nombre des Elûs ; mais ce fut ſa faute, &

non pas celle de la miſericorde de Dieu ; il a été apellé comme les autres Apôtres, dit S. Jean, il a été comme eux choiſi de J. Chriſt. Si Dieu ſon Pere ne le luy a pas conſervé comme il luy conſerva ceux-là, c'eſt parce qu'il ne perſevera pas dans ſa vocation , qu'il laiſſa entrer Satan dans ſon cœur, qui en prit poſſeſſion ; Dieu qui a prévû de tout tems ſa chûte ne l'a point prédeſtiné ; il luy a accordé par un effet de ſa bonté les graces neceſſaires pour la perſeverance ; Judas les ayant mépriſées , c'eſt par ſa faute ſeule qu'il a rendu ſon crime plus énorme, & les reproches de la Juſtice de Dieu encore mieux fondez , (s'il eſt permis à l'homme de s'exprimer ainſi, puiſque Dieu fait tout avec une ſageſſe infinie & immenſe, qui ne connoit ni le plus ni le moins.) Si Judas a été privé de la grace de l'élection , c'eſt en punition de ce qu'il n'a pas répondu aux graces de ſa vocation ; en conſequence il s'eſt précipité dans une infinité de pechez qui l'ont conduit à la damnation éternelle ; c'eſt la Doctrine de S. Auguſtin ſur le Pſeaume 102. "L'ame qui n'aura pas voulu s'avancer , ou qui aprés quelque progrez aura voulu retomber , en portera la peine, *Quod ſi proficere noluerit , ut à profectu retrorſum relabi voluerit pœnas luat.* C'eſt l'intelligence qui convient à ces paroles de Jeſus-Chriſt , *Multi enim ſunt vocati , pauci vere electi.* „ Pluſieurs ou beaucoup ſont apellez , peu ſont élûs ; parce que tous ne répondent pas à la grace de la vocation : Or de répondre ou de ne pas répondre à la grace de la vocation c'eſt l'effet de nôtre propre volonté, dit S. Auguſtin , *cap. de ſpirit. & littera. cap. 34. Profecto & ipſum Velle , Credere Deus operatur in nobis , & in omnibus miſericordia ejus prævenit nos , conſentire autem vocationi Dei , vel ab ea diſſentire ſicut dixi propriæ voluntatis eſt.*

C'eſt ce défaut de conſentement de la volonté qui rend inutile l'efficacité de la grace , que j'apelle alors ſuffiſante. *Ratione voluntatis defectus ,* ou *ex voluntatis defectu.* Parceque quoi qu'elle n'ait pas obtenu ſon effet elle a été ſuffiſante à celuy qui l'a rejettée , ayant par elle même tout ce qu'elle devoit avoir pour operer le vouloir & l'action : C'eſt le reproche que fait le S. Eſprit au chap. 1. des Proverbes , *quia vocavi & renuiſtis* : & Jeſus-Chriſt aux Juifs , au chap. 23 de S. Math. v. 37. "Combien de fois ai-je voulu raſſembler tes enfans , comme la poule raſſemble ſes petits ſous ſes aîles , & tu n'as pas voulu", *Quoties volui congregare filios tuos , quemadmodum gallina congregat pullos ſuos ſub alas , & noluiſti.* Dira-t-on que cet enchaînement de reproches que Jeſus-Chriſt fait aux Juifs depuis le ſang d'Abel juſqu'au meurtre de Zacharie , du carnage de tant de Prophetes ; n'eut pour objet qu'un peuple malheureux , qui n'avoit pour tout ſecours qu'un pouvoir prochain immediat ſi l'on veut , dont toute la vertu ſe terminoit à pouvoir prochainement, immediatement ; mais ſans aucune force , qui pût du

pouvoir faire paſſer à l'action ; ce qui eſt reſervé à la ſeule grace efficace de preſque tous les nouveaux Theologiens , qui ne reconnoiſſent
que celle-là ſeule qui *ex parte doni* , du côté du don , puiſſe avoir ſon
effet de quelque maniere qu'elle l'ait , ſelon les differentes opinions
des Errans , des Prédeterminans Phiſiques ou moraux , ou des Theologiens Catoliques , tous ces reproches étoient bien gratuits.

XIV. Le Bachelier me fit pluſieurs objections, dont la premiére fut
celle-ci. L'Egliſe enſeigne qu'il y a deux ſortes de graces , une grace
ſuffiſante , & une grace efficace, l'une à laquelle on reſiſte & n'a pas ſon
effet , l'autre à laquelle on ne reſiſte jamais & qui a toûjours ſon effet ;
Or vous ne ſoûtenés qu'une ſeule grace efficace par elle même : Donc
que contre la Doctrine de l'Egliſe vous ſuprimés la grace ſuffiſante.

Je lui diſtingué ſa majeure , l'Egliſe enſeigne qu'il y a deux ſortes de
graces à raiſon de l'effet qui s'enſuit ou ne s'enſuit pas. *Ratione effectus* , je
l'accorde. Il y a deux ſortes de graces à raiſon du don , *Ratione doni* ,
je le nie. Comme l'Egliſe enſeigne qu'on obéït à la grace , & qu'on lui
reſiſte , ainſi on peut donner le nom de grace efficace à celle qui a eu
ſon effet , & le nom de ſuffiſante à celle qui ne l'a pas eu ; mais l'Egliſe
n'enſeigne point qu'à raiſon du don il y ait deux ſortes de graces , une
qui ait toûjours ſon effet , & une autre qu'il ne l'ait jamais , parce que
celle qui n'a pas eu ſon effet par raport à la liberté qui a refuſé ſon
conſentement , a toûjours du côté de Dieu qui l'accorde tout ce qui
eſt abſolument neceſſaire , non ſeulement pour pouvoir avoir ſon effet ,
mais encore pour l'avoir , & tel qui a reſiſté à une grace plus forte , plus
puiſſante , a quelque fois donné ſon conſentement à celle d'un ordre
inferieur en efficacité ; tel qui dans une occaſion a conſenti , dans une
autre a reſiſté à la même grace. La ſainte Ecriture eſt pleine de ces
exemples: Jonas ne fait qu'une ſeule prédication dans Ninive , Ville
d'une grandeur extraordinaire , il la parcourt en trois jours & ne dit
que cinq mots; *Adhuc quadraginta dies & Ninive ſubvertetur* , "Encore
quarante jours, Ninive ſera renverſée. ,, Cette menace ne fut accompagnée d'aucun miracle , d'aucun ſigne extraordinaire , le Prédicateur
inconnu ſe retira ſur une Montagne ſans parler à perſonne , ſans qu'on
ſçût qui il étoit ni de la part de qui il venoit ; cependant la Penitence fut univerſelle dans Ninive ; une ſeule menace en termes courts
opera un changement ſubit ; depuis le Prince juſqu'au dernier du peuple , tous ſe couvrirent de la Cendre , du Cilice & criérent vers le
Ciel. Jeſus-Chriſt précedé par tant de Prophêtes , prêche durant trois
années & plus parcourant toutes les Villes & Bourgades de la Judée ,
ſa Prédication eſt appuyée de la force extraordinaire de ſes miracles ,
de ſa ſageſſe & de ſa vertu qui jettoit par tout la crainte & l'admira-
tion ; cependant c'eſt le lieu où il trouve plus de dureté , de malice ,

de

de perfidie, de contradictions ; tous les travaux, tous ses prodiges, tous les biens qu'il a fait, les sçavantes & divines instructions qu'il a don-nées aux peuples, ne sont recompensées que par une mort honteuse, de-mandée avec tant d'instances par les peuples même, excités par les Princes des Prêtres, les Anciens, les Pharisiens & les Scribes.

Jesus-Christ se sert de la conversion des Ninivites pour confondre l'opiniâtreté des Juifs. " Les habitans de Ninive, disoit-il à ses Disci-ples, s'éleveront au Jugement de Dieu contre cette generation, & la condamneront, parce qu'ils ont fait penitence à la prédication de Jo-nas, & celui ci (parlant de lui même) est beaucoup plus que Jonas. Il ajoûte encore un second reproche : La Reine du Midi s'elevera au Jugement de Dieu contre cette generation, & la condamnera, parce qu'elle est venüe des extremités de la terre écoûter la sagesse de Salo-mon, & celui ci est plus que Salomon." Il est évident que la preuve de condamnation que Jesus Christ tire *à fortiori*, comme parle l'Ecole, de la penitence des Ninivites & de la conduite de la Reine du Midi, n'au-roit aucune force dans le sistème des Opionistes. Car s'ils prétendent que la seule grace efficace qui a son effet, à la difference de la suffisante qui ne l'a jamais, ait été la cause de la conversion des Ninivites, il faut qu'ils disent que les Juifs qui ne se sont point convertis n'ont eu que des graces suffisantes, & alors il s'ensuit deux absurdités. La pre-miére que la prédication de Jonas a été plus honorée, plus excellente que celle de Jesus-Christ, qu'elle a été accompagnée de plus grandes gra-ces interieures, de graces efficaces, puisque les miracles & la prédi-cation de ce divin Sauveur ne s'adressoient qu'à des hommes qui n'a-voient pour toutes graces interieures, que des graces suffisantes, qui leur donnoient un pouvoir complet pour se convertir à la verité, mais qui étoient insuffisantes pour operer en eux l'acte de la conversion. La seconde que Jesus Christ auroit mal à propos aporté en comparaison l'exemple des Ninivites & de la Reine du Midi, pour confondre les Juifs, qui n'ayant pas reçû les mêmes graces ne pouvoient comme eux, de la puissance ou pouvoir de se convertir, passer à l'acte de la conver-sion, ce qu'ils n'ont pû faire sans la grace des Ninivites, qui selon les Opionistes est la seule qui ait son effet. On en peut ajoûter une troi-siéme qui est la consequence des deux autres, qui est que Jesus-Christ auroit employé tout l'exercice de son grand ministere, operé tant de prodiges durant trois ans & plus, à l'égard d'un peuple entier, dont il a parcouru toutes les Villes & les Bourgades, sans esperance d'aucun succès, ce grand peuple n'ayant eu que des graces suffisantes qui n'ont jamais leur effet, le petit nombre de ceux qui se sont convertis, & qui seuls par consequent ont eu des graces efficaces étant compté pour rien en comparaison de cette multitude infinie qui est restée dans l'incre-dulité, & dans l'aveuglement.

D

Pour ſecond exemple je raporte celui de la menace que J. Chriſt fit aux Villes de Corozaïn & de Bethſaïde. "Malheur à vous Corozaïn & Bethſaïde, parce que ſi on avoit fait dans Tyr & dans Sidon tous les prodiges qui ont été faits au milieu de vous, ils auroient autrefois fait penitence ſous la cendre & le cilice." Il paroit évidemment par ce reproche que les graces qui ont été données à ceux de Corozaïn & de Bethſaïde, étoient des graces efficaces auſquelles ils ont reſiſté, Graces Efficaces avec leſquelles ceux de Tyr & de Sidon ſe feroient convertis: Si l'on dit que ces graces qui auroient été efficaces aux Tyriens & aux Sidoniens, n'étoient que des graces ſuffiſantes, incapables de leur nature d'avoir leur effet, il ne paroit pas moins évident. 1°. Que les graces qui ne ſont que ſuffiſantes aux uns ſont ou peuvent être efficaces aux autres, Jeſus-Chriſt ne parle que des mêmes vertus qui ont été operées dans Corozaïn & Bethſaïde; Or d'où peut venir cette difference d'effets des mêmes vertus? on ne peut dire qu'elle vienne des vertus mêmes; ſi elle ne vient point des vertus qui auroient été les mêmes, il faut donc neceſſairement chercher cette difference d'effets, dans les differentes volontés de ces deux peuples, dont les uns n'ont pas voulu faire penitence, & ont reſiſté à la grace, & les autres en y donnant leur conſentement l'auroient fait comme les Ninivites ſous le cilice & la cendre. 2°. Que ſi les graces qui auroient été données aux Tyriens & aux Sidoniens auroient été des graces efficaces par nature, inſeparables de leur effet, & que celles qui ont été données aux habitans de Corozaïn & de Bethſaïde, n'ont été que des graces ſuffiſantes par nature qui n'ont jamais leur effet; le reproche de Jeſus-Chriſt ne tombe pas à plomb ſur les Villes rebelles; il n'eſt pas étonnant qu'avec de pareilles graces ils ne ſe ſoient pas convertis, & il auroit mal tiré la plus grande conviction de l'impenitence des Juifs qui ſont ſupoſés n'avoir eu que des graces ſuffiſantes, de la penitence qu'auroient faite les Tyriens & les Sidoniens, que l'on eſt obligé de ſupoſer reciproquement qu'ils n'auroient pû la faire en effet que par le ſecours des graces efficaces refuſées à la multitude des Juifs qui ne ſe ſont pas convertis.

Je raporté un troiſiéme exemple tiré de l'impenitence des Juifs, pour la Redemption deſquels Jeſus-Chriſt étoit venu & ſur qui il eut durant le cours de ſon ſacré miniſtere les mains continuellement étendûës ſelon l'expreſſion du Prophête; ils étoient le peuple cheri & choiſi de Dieu pour donner le Meſſie, ſelon la promeſſe faite à Jacob, par conſequent les premiers qui devoient reſſentir toute l'étenduë de cette faveur, comme ils l'ont reſſentie en effet, Jeſus-C. ayant borné ſes prédications & ſes miracles dans l'enceinte de la terre de promiſſion: Ils ont non ſeulement reſiſté à l'évidence de la verité, à la vehemence de ſes prédications, à la fainteté de fes exemples , enfin à la force, à la nouveauté, à la majefté de tant de prodiges éclatans ; mais il femble encore que toutes ces faveurs reünies n'ayent fervi qu'à augmenter leur aveuglement , qu'à perfectionner leur ingratitude & mettre le comble à leur incredulité. Les graces interieures leur étoient abondantes ; faint Etienne nous l'aprend par le reproche qu'il leur fait, "vous refiftés toûjours au S. Efprit, *Vos femper Spiritui fanĉto refiftitis ,* " ce mot , *femper*, fignifie que les graces interieures du faint Efprit étoient fans interruption. Tandis que le Sauveur du monde s'apliquoit avec tant d'ardeur & des travaux immenfes à chercher des malheureux qui le fuyoient ou ne lui tendoient que des piéges, l'Evangile fait venir de pauvres étrangers qui courent aprés un bonheur rejetté avec obftination par les Juifs , qui fe prefentent avec humilité & avec crainte pour tâcher d'obtenir des faveurs qui ne leur étoient pas promifes & qu'ils n'ofoient même efperer. C'eft un Publicain qui fe croit trop heureux de courir aprés lui, fans avoir le bonheur de le voir ; les prédications que Jefus-Chrift fait aux troupes frapant fes oreilles paffent immédiatement jufqu'à fon cœur ; les belles chofes qu'il entend lui infpirent enfin la curiofité de voir celui qui les dit ; il eft trop petit pour fe procurer cet avantage, il voit un arbre fur le chemin par où Jefus Chrift doit paffer, il previent la foule, monte fur le ficomore pour contenter tout enfemble fa piété & fa curiofité : Jefus-Chrift l'appelle , il defcend promptement , il a le bonheur & la joye de le recevoir dans fa maifon , d'entendre en même temps l'éloge de fa foi de la bouche de la verité, qui l'appelle vray fils d'Abraham le pere de tous les croyans. C'eft un Centenier qui met toute fa confiance en Jefus Chrift , qui ne voulant pas lui donner la peine de venir jufqu'à fa maifon, ne fe croïant pas digne de le recevoir , fe repofe de la guerifon de fon fils fur une feule de fes paroles ; Jefus Chrift rendant juftice à la vive confiance qui partoit de la vivacité de fa foy , s'écria en prefence des troupes qui le fuivoient : " Je vous dis en verité que je n'en ay pas trouvé une plus grande dans tout Ifraël. *Amen dico vobis, non inveni tantam fidem in Ifraël. "*

C'eft une pauvre femme Idolâtre qui fe trouve dans l'affliction, qui n'ayant jamais vû Jefus-Chrift, croit en lui fur la feule reputation de fes merveilles. Ce Divin Sauveur s'étant approché de Tyr & de Sidon, elle n'eut pas plûtôt apris fon arrivée qu'elle abandonna fa patrie pour aller à lui ; à peine l'eut-elle atteint qu'elle fe mit à crier : " Ayez pitié de moi Seigneur fils de David , ma fille eft cruellement tourmentée par un Démon: *Miferere mei Domine fili David.* " Toute étrangere qu'elle eft elle rend hommage à la maifon de David dont elle reconnoît Jefus-Chrift defcendu , tandis que ceux de fa nation difent qu'ils ne fçavent d'où il vient ; elle rend gloire à fa puiffance qu'elle implore avec ferveur : tandis que les ſiens lui reprochent que c'eſt au nom de Beelzebuth Prince des Démons qu'il chaſſe les Démons. Des préjugés ſi peu attendus de la part d'une étrangere ſembloient parler efficacement en ſa faveur & lui meriter ſur le champ le ſoulagement de ſa fille, qu'elle ſollicitoit avec des larmes & des cris touchans, qui exprimoient au cœur de ſes Apôtres la vivacité de ſa douleur. Cependant Jeſus Chriſt ſourd à ſes gemiſſemens, inſenſible en aparence à ſes pleurs ne lui répondit pas un ſeul mot. Ses Diſciples attendris par ſes larmes s'aprochans de lui le priérent pour elle, s'intereſſans dans ſa cauſe lui dirent : *Ah Seigneur, n'entendés vous pas comment elle crie, ſes cris nous touchent, ils nous attendriſſent, accordés lui ce qu'elle vous demande & renvoyés la*. Mais Jeſus Chriſt loin d'écouter ſes Apôtres, leur répondit : *Pour qui vous intereſſés vous, ne ſçavés vous pas que je ne ſuis envoyé que pour ſecourir les brebis de la maiſon d'Iſrael.* " Cette femme entendit ces paroles qui devoient lui faire perdre toute confiance, & l'obliger de retourner ſur ſes pas, comme n'ayant plus d'eſperance d'obtenir aucune conſolation, puiſque Jeſus-Chriſt n'avoit pas même exaucé ſes amis qui le ſuivoient par tout & qui avoient intercedé pour elle. Mais au contraire ſa ferveur ſe ranime, la grace ſemble la rebuter, mais elle veut la laſſer par ſes importunités ; oubliant les fatigues du chemin qu'elle avoit déja fait, ſe fortifiant contre l'accablement de ſa triſteſſe, elle réprend de nouvelle forces, ſa confiance loin de ſe ralentir redouble à la vûë des obſtacles, elle court, elle gagne la tête de la troupe & fendant la preſſe qui precedoit Jeſus-Chriſt, elle ſe proſterne à ſes pieds, l'adore, en lui diſant encore une fois toute baignée de larmes : " Ah Seigneur aidés moi. *Domine adjuva me.* Il ſembloit qu'une ſeconde priére accompagnée de tant de circonſtances ſi touchantes, devoit alors fléchir le cœur de celui dont elle attendoit toute conſolation ; mais le Sauveur du monde ſembloit au contraire s'endurcir à meſure que les inſtances de cette malheureuſe devenoient plus preſſantes & plus vives ; il ajoûta même les inſultes aux refus, il lui répondit ; " Non ; il ne convient point de jetter aux chiens le pain des enfans, *Non eſt bonum, ſumere panem filiorum, & mittere canibus.* On ſçait qu'elle eſt la fierté de ce ſexe, ſi delicat ſur le fait des injures, ſur tout quand elles ſemblent tant ſoit peu offenſer ſon honneur & ſa vertu ; celle qui brilloit dans cette femme étoit exprimée par ſa pieté envers Jeſus-C. qui devoit lui rendre cet affront encore plus ſenſible ; la contraindre de retourner chez elle avec tous ſes chagrins, violemment ſcandaliſée du fils de David, qui loin de la conſoler l'inſultoit encore ſi durement dans ſon affliction. Mais ſa confiance loin de ſe fatiguer par ces mépris devenoit toûjours plus fervente & plus ingenieuſe, elle ſe ſervit même de ſes duretés pour attendrir ſon cœur ; s'appliquant l'inſulte elle reprit la parole, " *Oüi Seigneur*, dit-elle, *je suis une chienne, une étrangere qui n'ay pas le bonheur d'être de vôtre peuple, je sçai que par ma naiffance je n'ay aucun droit fur le pain des enfans de la maifon d'Ifrael, mais vôtre mifericorde pourroit-elle me refufer ce que l'on ne refufe pas aux chiens, & ne fera-t-il pas permis de ramaffer les miettes qui tombent de la table des maîtres : Nam & catelli edunt de micis quæ cadunt de menfa dominorum fuorum.*

Jefus-Chrift qui connoiffoit le fond du cœur de cette pauvre Femme ne voulut éprouver ainfi fa conftance que pour confondre l'ingratitude & la dureté des Juifs, qui étans par un privilége fingulier les enfans de Dieu, méprifoient le pain qui leur étoit offert tout entier, tandis qu'une Femme étrangere qui reconnoit qu'elle en eft indigne, confeffe humblement qu'il ne luy eft pas dû, qu'elle n'y a aucun droit, demande pour toute grace d'être raffafiée des miettes qui tombent de leur table, grace, dit-elle, qu'on ne refufe pas aux chiens. Jefus-Chrift fe fervit de fon exemple pour nous enfeigner ce que nous pouvons en correfpondant à fes graces : quelle eft la grandeur de nôtre crime lorfque nous leur refiftons ; que fouvent les plus avantagez de la magnificence de fes dons, ne font pas les plus fidéles à y répondre ; que ceux qui en font moins partagez fouvent y font plus dociles. Il prononça un Jugement de condamnation contre tout Ifraël, en faifant l'éloge de la foy de cette femme : *O mulier magna eft fides tua.* Mais quel fondement reconnoîtroit on dans cet éloge, fi la Cananéenne n'avoit rien fait que par les impreffions prédeterminantes d'une grace, qui par fa nature n'auroit été qu'un acte de la volonté toute-puiffante de Dieu, à laquelle rien ne refifte ; qui par elle même indépendemment du confentement de la volonté qu'elle emporte, a toûjours infailliblement fon effet : ce n'auroit point été la foy de la Cananéenne que Jefus-Chrift auroit dû loüer ; mais la force invincible de fa grace efficace par ellemême dans le fens des Opinioniftes & des Errans. Alors comment concevrons nous que le pain des enfans ne confiftoit que dans des graces fuffifantes, & que les miettes qu'on laiffe aux chiens fous la table des maîtres, foient les figures des graces efficaces. Certainement le fort des enfans eft bien à plaindre ; il auroit été plus à propos pour Ifraël d'avoir été du nombre des Etrangers rejettez de Dieu, ils en auroient été plus favorifez. Je demande fi ce fiftème ne tient point de l'extravagance, & fi l'on peut l'accommoder avec l'Ecriture, fans dire comme Janfenius l'a dit de l'ancienne Loy, que c'eft une grande Comedie.

XV. La feconde objection qui me fut faite fut prife du fentiment des Thomiftes nouveaux, proposée en forme d'inftance. "C'eft un dogme Catolique reçû des Theologiens, dit le Bachelier, que la grace fuffifante eft diftinguée par nature ou *Ratione doni*, de la grace efficace, en ce que celle-ci a toûjours fon effet, & l'autre jamais ; fi elle l'avoit elle ne feroit plus grace fuffifante ; mais efficace : celle-ci donne l'action avec le pouvoir , & la fuffifante le pouvoir fans l'action. L'une enfin eft prédeterminante, appliquant à l'action, tandis qu'avec l'autre on eft prédeterminé à l'action , fouvent contraire au bien qu'elle infpire , n'ayant jamais fon effet.

Je répondis que cette diftinction de la grace efficace & fuffifante prife de la nature des dons *ex natura donorum*, étoit un dogme Catolique dans le fentiment des Theologiens Opinioniftes, que dans ce fens j'accordois la propofition ; mais que je niois abfolument que ce fut un dogme Catolique univerfellement reçû des Theologiens Catoliques ; encore moins que ce fut un dogme de foi, puifque le contraire fembloit être évidemment défini par les décifions de l'Eglife. 1°. Par le Concile de Trente qui fulmine anathême contre " quiconque ofe dire que le libre arbitre mû & excité de Dieu ne peut pas refufer fon confentement à la grace de Dieu qui l'appelle & l'excite." *Si quis dixerit liberum hominis arbitrium à Deo motum & excitatum nihil cooperari affentiendo Deo excitanti, atque vocanti, quo ad obtinendam juftificationis gratiam fe difponat, ac præparet: Neque poffe diffentire, fi velit, fed veluti inanime quoddam nihil omnino agere, mereque paffive fe habere* ANATHEMA SIT. Or le S. Concile ne fait dans ce Canon aucune diftinction de la nature des graces fuffifantes & de graces efficaces, il condamne l'erreur de Calvin qui n'admettoit qu'une feule grace, à laquelle il a donné le nom d'efficace, (terme que le Concile n'a pas employé, pour éviter tout piége que l'on peut tendre par ce mot, & fingulierement toute diftinction dangereufe) il eft conftant que Calvin enfeignoit que s'étoit à cette grace feule qu'il reconnoiffoit que l'on ne pouvoit pas refifter ; Or c'eft à cette grace que le Concile attribuë les diferens effets que les Opinioniftes donnent feparément à la grace fuffifante & à la grace efficace. Il enfeigne clairement que c'eft à la grace dont il étoit queftion que le libre arbitre pouvoit également & activement donner fon confentement ou le refufer. Si l'on dit que le Concile par le mot de *poffe fi velit* , " de pouvoir s'il veut," doit s'entendre d'un pouvoir éloigné qui ne paffe & ne peut paffer à l'action fans l'impreffion de la grace efficace à laquelle la volonté n'a jamais refifté & ne refiftera jamais ; c'eft faire badiner le Concile, qui a prétendu condamner la Doctrine de Calvin , foûtenant que nonfeulement on ne pouroit pas refifter à cette grace , mais encore que l'on y refiftoit jamais. Ainfi il faut convenir deux chofes l'une , ou que le Concile a reprouvé cette diftinction de grace établie & foûtenuë par Calvin , ou que s'il a reconnu tacitement une grace efficace, il a condamné l'opinion qui foûtient que *ex parte voluntatis*, on ne lui refifte jamais, puifque c'étoit là le but principal de Calvin de prouver que la feule grace qu'il reconnoiffoit étoit de telle nature *ex*

parie doni, qu'on ne lui refiſtoit point, parce qu'on ne pouvoit lui reſiſter. Et les Opinioniſtes de nos jours pour s'écarter de l'erreur de Calvin, ont à prouver qu'on peut lui reſiſter ; mais comment le prouvent-
ils, c'eſt en prouvant qu'on ne lui reſiſte jamais : en ſorte que ſelon
eux pour n'être pas Calviniſte, il ſuffit de n'avoir ni ſens commun, ni
aucun principe de raiſon. Pourquoi ne pas dire avec autant de juſteſſe,
de ſimplicité que de verité, que le S. Concile de Trente ayant condamné la Doctrine qui n'enſeignoit qu'une ſeule grace à laquelle on ne
reſiſte point parce qu'on ne peut lui reſiſter, ſa contradictoire étant neceſſairement vraïe, que c'eſt à cette même grace que l'on peut reſiſter,
parce qu'on y reſiſte quelquefois. Le Concile n'a point condamné
Calvin pour n'avoir ſoûtenu qu'une ſeule grace efficace, mais pour avoir
pretendu que ſon efficacité étoit de telle nature, qu'il n'étoit point
dans le pouvoir de nôtre liberté d'y former aucune reſiſtance, ni d'y
reſiſter jamais ; il nioit abſolument l'indiference active ; en conſequence il annéantiſſoit le merite avec la liberté.

Si l'on propoſoit une objection ſur la maniére dont le Corps de
Jeſus - Chriſt ſe trouve dans la ſainte Euchariſtie tirée de la definition
du même Concile contre l'hereſie de Calvin, & que l'on argumentât
ainſi : Le Concile de Trente a défini que le même vrai Corps qui a
ſouffert & qui eſt mort pour nous, eſt le même contenu réellement &
ſubſtantiellement dans le Sacrement : or on apperçoit dans le Sacrement aucun corps paſſible & mortel : donc il eſt faux que le Corps
de Jeſus-Chriſt ſoit contenu réellement, veritablement & ſubſtantiellement dans la ſainte Euchariſtie.

Que diroit-on d'un Theologien qui ne faiſant point attention que
le terme *ſubſtantiellement* eſt employé par le Concile à l'excluſion des
accidens qui rendent les ſubſtances imperceptibles par elles mêmes,
viſibles & ſenſibles, que le vrai Corps de Jeſus-Chriſt par un miracle ſingulier de la puiſſance de Dieu ne conſerve point dans l'Euchariſtie :
parce que ſon Corps étant glorieux il participe à toutes les qualités
des eſprits. On ne peut nier que le même Corps de Jeſus-Chriſt qui
fut mis à mort ſur la Croix, fut le même qui aprés ſa Reſurrection
entra dans le Cenacle les portes fermées, qui ſe rendit viſible & pal-
pable à ſes Apôtres & non pas aux Juifs, qui aparut & diſparut aux
Diſciples d'Emmaüs. Si par ignorance un Théologien pour reſoudre
l'objection propoſée s'aviſoit de dire : *Ce même Corps vrai, réel & ſub-*
ſtantiel miſtique. **Je l'accorde. Ce même Corps vrai, réel & ſubſtantiel** phiſique. **Je le nie.**

Cette ſolution loin de reſoudre une difficulté retabliroit deux erreurs
capitales en établiſſant deux propoſitions également fauſſes, dont l'une
renfermeroit l'Eutichianiſme tel qu'il a été renouvellé par Brentz &

les Ubiquitaires ; car Jesus-Chrift nous ayant donné dans l'Euchariftie le même Corps qui a été livré , il s'enfuivroit felon la doctrine de ces errans que Jesus-Chrift n'auroit eu qu'un Corps miftique ou fantaftique : & l'autre rapelleroit de nouveau le Calvinifme , qui remplace la prefence réelle qu'il nie , par la figure ; ainfi ce feroit donner double gain de caufe à l'adverfaire , que l'on voudroit refuter , en faifant entrer en caufe tout le contraire de ce que le Concile a decidé. De plus il fe trouveroit contradiction dans les termes , en ce que ceux de vrai , réel & fubftantiel font ici opofez à celuy de miftique. Le Corps miftique de J. C. proprement dit , eft fon Eglife , pour laquelle il a fouffert , qu'il a purifiée dans fon Sang ; & par fon vrai Corps on entend fon Corps naturel pris dans le fein de Marie , mort fur la croix , reffufcité glorieux , renfermé quant à la fubftance , & non pas quant aux accidents pathetiques , dans la fainte Euchariftie. Quiconque donc prétendroit réduire le vrai Corps de Jefus Chrift réel & fubftantiel , dépouillé de toutes qualitez pathetiques , à la qualité de Corps miftique , evacueroit en même tems le miftere & la définition du Concile.

C'eft ainfi qu'en ufent les Novateurs à l'égard de la définition portée par le quatriéme canon de la fixiéme feffion fur la grace & la liberté. Le Concile a prononcé fimplement & contradictoirement contre l'erreur de Calvin , qui ne reconnoit qu'une feule grace , qu'il enfeigne efficace , & à laquelle on ne peut refifter. Le Concile pour confondre fon fiftême n'a point fait de diftinction d'une grace fuffifante & d'une grace efficace , il a feulement défini contre cet Heretique qu'il étoit faux qu'il y eut une grace à laquelle on ne pût pas accorder ou refufer fon confentement fi on vouloit. Les Opinioniftes & Novateurs pour fauver le leur du même antahème fe font avifez d'introduire en caufe la grace fuffifante , dont Calvin ne parla jamais ; pour avoir la liberté de foûtenir comme luy une grace efficace irréfiftible. La modification qu'aportent les Opinioniftes pour déguifer cette erreur , luy fuprimer ce qu'elle a d'odieux , en difant que l'on peut , mais que l'on ne refifte jamais à la grace efficace , qui par fa nature a toûjours infailliblement fon effet , n'eft qu'un mafque fur le vifage du Calvinifme , que l'Eglife a fait tomber en condamnant la doctrine de Janfenius.

Ce Docteur voulant fous une autre face faire revivre le fiftème de Calvin , n'a point d'autres fentimens que ceux des Opinioniftes prédeterminans , s'apuyant fur les idées qu'ils ont donné de la grace fuffifante & de la grace efficace , diftinguées entr'elles *ex natura doni* ; dont l'une peut , difent-ils , faire agir ; mais avec laquelle on a jamais agi , & avec laquelle on agira jamais ; & l'autre à laquelle on peut refifter ; mais à laquelle jamais on a refifté , & jamais on ne refiftera ; voyant l'inutilité de la grace fuffifante de ces Opinioniftes qu'il a traité de

chimere

chimere, & je puis dire avec raison , il a donné dans un autre excez ,
c'eſt de ne reconnoître pour grace interieure que celle de ces mêmes
Opinioniſtes, à laquelle on ne reſiſte jamais. Pour donner plus de ſpe-
cieux à ſon ſiſtème , le maſquer de plus loin , imitant le ſtile , mais
non pas l'eſprit de S. Auguſtin , il a fait une diſtinction entre la grace
interieure de l'état d'innocence , qu'il a apellée comme luy *grace de
ſanté* ; & la grace de l'état preſent , qu'il a auſſi nommée *grace mede-
cinale*. Il apelle la premiere *verſatile* , parce qu'Adam pouvoit dans l'é-
tat de ſanté la fléchir à ſon gré ; & la ſeconde *efficace* , & tellement
efficace dans l'état preſent , qu'il n'eſt point dans la liberté de l'homme détruite par le peché , d'y reſiſter ; luy niant toute indifference
active , il la réduit au pur volontaire.

Son erreur vient de ce qu'il n'a pas voulu comprendre la difference
des deux libertez , ou plûtôt les deux états differens de la liberté dans
l'homme ſain & dans l'homme pecheur. Dans le premier état n'étant
point aſſujetti à une concupiſcence qui dominât en luy , il n'avoit pas
beſoin par conſequent d'un don particulier qui dégageât ſa liberté d'u-
ne ſervitude dont elle étoit exempte ; l'homme ſain pouvoit à ſon
choix répondre ou reſiſter aux graces particulieres que Dieu ajoûtoit
aux dons exſellens de ſa nature. Dans le ſecond état la nature ſaine
étant bleſſée par le peché , tous ſes dons ſe reſſentans reciproquement
de cette bleſſure , la liberté ſe trouvant opprimée par le poids d'une
concupiſcence déreglée qui l'entraîne au mal avec violence ; il a été
neceſſaire que Dieu par ſa miſericorde , par un don ſpecial reſtituât
nôtre liberté dans ſon état primitif , que par ſa grace medicinale il
ſupléât à cette facilité que nous avons perduë par le peché , ſans laquelle nôtre liberté ſeroit abſolument inſuffiſante à répondre aux graces
qu'il nous accorde : C'eſt ce que S. Auguſtin démontroit aux Pelagiens
qui nians le peché originel & ſes fâcheux effets , prétendoient que
nous avions conſervé les prérogatives d'Adam innocent quant à la liberté , à laquelle ſeule ils attribuoient le droit de faire , d'entreprendre
& d'executer tout bien ſans aucun ſecours divin. Nous verrons dans la
ſuite comment le S. Docteur établit la reſtitution de nôtre liberté par
la grace de Jeſus-Chriſt , qu'il releve même au deſſus de la condition
de celle dont jouiſſoit nôtre premier Pere dans l'état d'innocence : Or
ce ſeroit en vain qu'il releveroit ſon excellence ſous la Loy de grace
& l'empire de Jeſus-Chriſt , ſi cet empire & cette grace privoient nôtre liberté de ſon indifference active qui étoit ſa plus belle prérogative
dans l'état d'innocence , comme Janſenius l'a prétendu dans le 4 chap.
du 2 livre du troiſiéme tome , en ces termes : *Eſt enim hoc ipſum quod
ſuaptè efficacia , facit influere , facultatem , nec facultatis ipſius libero arbi-
trui ſubjacet , ſed invictè facit ut hoc vel iſtud arbitretur & velit.* “ Car

c'eſt en cela qu'elle confiſte , que par ſon efficace elle fait influer la faculté ; elle n'eſt point aſſujettie au libre arbitre de cette faculté ; mais elle fait invinciblement que le libre arbitre conſente & veuille l'un ou l'autre. „

Toute la Doctrine de ce chapitre eſt renfermée dant cette propoſition : *Interiori gratiæ in ſtatu naturæ lapſa numquam reſiſtitur* ; On ne reſiſte jamais à la grace interieure dans l'état preſent de la nature corrompuë. Il eſt évident que Janſenius par ſon texte , que j'ay raporté plus haut , ne reconnoît de grace interieure que la ſeule grace efficace , qui a toûjours infailliblement ſon effet , à laquelle on ne reſiſte jamais : Pour parvenir à cet unique objet il employe la Lettre de S. Auguſtin, ſuivant ſon eſprit , & nullement ſelon celuy du S. Docteur. Les ſouverains Pontifes ayant reconnu ſes écarts ont condamné ſon ſiſtéme en condamnant la ſeconde des cinq fameuſes propoſitions qui le renferme. Toutes les Egliſes ſe ſont ſoumiſes aux Bulles d'Innocent X. en 1653 , & d'Alexandre VII. en 1656. Donc l'Egliſe loin d'autoriſer , a proſcrit au contraire la diſtinction de grace ſuffiſante à laquelle on reſiſte toûjours , & de grace efficace à laquelle on ne reſiſte jamais , comme étant telles de leur nature ; ayant défini contre Janſenius que non ſeulement on pouvoit , mais même qu'on reſiſtoit quelquefois à la grace à laquelle Janſenius prétendoit qu'on ne reſiſtoit jamais , qui eſt la grace efficace , qu'il a pour cette raiſon apellée grace interieure , niant cette qualité à la grace ſuffiſante des Opinioniſtes modernes.

J'avoüe que Janſenius à mon avis n'a pas tout-à-fait tort de tourner ce ſiſtéme en ridicule , il en porte tous les caracteres , outre une infinité de conſequences injurieuſes à la bonté & à la miſericorde de Dieu qu'on en peut tirer naturellement , & qui s'enſuivent neceſſairement. Je n'en raporterai qu'une , ſçavoir que Dieu ne donne que des graces ſuffiſantes à ceux qu'il n'a pas prédeſtinez , qu'il n'en donne d'efficace qu'à ceux qu'il a prédeſtinez , qu'avec les premieres les uns ne pourront jamais , ou pour ôter l'équivoque n'arriveront jamais au ſalut , & les autres par le ſecours des ſecondes n'en déclineront jamais. Je prie Dieu de tout mon cœur que s'il ne m'a pas compris dans l'ordre de la Prédeſtination gratuite , qui eſt celle dont je prétends parler ici , dans le ſentiment des Opinioniſtes Prédeterminans , il ne me donne jamais de graces ſuffiſantes , puiſqu'elles ne ſerviroient qu'à me rendre plus coupable , en m'inſpirant le bien que je ne ferois jamais avec elle , & que je ne pourois jamais faire : car cette puiſſance ou le pouvoir , *in actu primo* , "dans l'acte premier „ : qui n'eſt que le premier mouvement de la grace dont l'impreſſion ſe fait en moi , & ſans moi : eſt une vraye impuiſſance , parce que je ne puis jamais avec elle paſſer *ad actum ſecundum* , „ à l'acte ſecond , ou à l'operation „ ; pour qu'elle y paſſât il faudroit une grace efficace , que Dieu ne m'accordera point , ne m'ayant pas compris dans l'ordre de la Prédestination. C'est donc en vain que cette distinction est établie, & d'autant plus inutilement qu'elle ne répond point à la definition des souverains Pontifes, qui ont condamné la proposition de Jansenius dans le sens qu'elle presente à l'esprit de tous côtez.

Car il est constant que Jansenius n'a jamais admis de graces suffisantes, qu'il n'a jamais reconnu de graces interieures que la grace efficace, qu'il a prétendu enfin qu'on ne luy resistoit jamais. *Interiori gratiæ ... numquam resistitur.* Les souverains Pontifes étoient certainement au fait de la Doctrine de son Livre ; ils ont parfaitement compris qu'il n'avoit point d'autre intention que de signifier la seule grace efficace par ces termes : *gratiæ interiori*, puisqu'il ne reconnoît point dans son Livre d'autre grace que la grace interieure , à laquelle on ne resiste jamais : Or c'est ce qui est expressement condamné par les Bulles des souverains Pontifes ; condamnation qui a levé l'équivoque que les Opinionistes prédéterminans ont formé sur le Canon du Concile de Trente , *nec posse dissentire si velit*, ce qui leur a fait dire que Calvin avoit eu tort en deux maniéres. 1°. D'avoir nié la grace suffisante. 2°. D'avoir soutenu qu'on ne pouvoit pas resister à la grace efficace, à laquelle à la verité on ne resistoit jamais. Mais les Jugemens rendus par Innocent X. & Alexandre V I I. supriment absolument cet équivoque. L'on remarquera que l'Eglise n'a jamais adopté dans aucun de ses Jugemens ou Décisions la distinction par nature de la grace efficace & de la grace suffisante, qu'elle n'en a jamais même parlé ; qu'elle s'est toûjours abstenüe d'entrer dans aucun des sistèmes des Opinionistes ; elle n'a jamais consideré le don de Dieu qu'en lui même , & lorsque les uns ou les autres ont excedé elle les a condamnés. Jansenius a parlé de la grace suffisante & de la grace efficace ; les Souverains Pontifes se sont tûs sur cette Doctrine , mais ils ont remarqué que ce Docteur vouloit que dans l'état present on ne resistât jamais à la grace interieure , que c'étoit là son objet , ils ont condamné cette proposition comme Heretique. Ainsi je ne vois point de lieu aux fauxfuyans des Novateurs : Calvin a enseigné que l'on ne pouvoit resister à la grace , le Concile l'a condamné ; les Novateurs disent qu'on le peut mais qu'on y resiste jamais, les Souverains Pontifes ont encore proscript cette Doctrine comme Heretique. Or il est évident que Calvin & Jansenius n'ont jamais enseigné qu'on ne peut resister ou qu'on ne resiste jamais à la grace suffisante, ni l'un ni l'autre n'en ont jamais voulu reconnoître, ils l'ont niée absolument. L'un & l'autre n'ont jamais admis pour veritable grace interieure que la grace efficace ; Donc il est également évident que comme le Concile a condamné par ces paroles *dissentire non posse, si velit*, qui.

conque nieroit qu'on pouvoit refifter à la grace efficace ; les Souverains
Pontifes en condamnant cette propofition *gratiæ interiori... nunquam
refiftitur* , ont auffi condamné quiconque oferoit foutenir qu'on ne refifte jamais à la grace efficace : n'étant queftion uniquement que de
cette grace entre le Concile & Calvin, entre les Souverains Pontifes
& la Doctrine du Livre de Janfenius ; comme je l'ay démontré & repeté plufieurs fois ; il a fi peu prétendu qu'on pût y refifter , ou que l'on
y refiftât , qu'il fait une herefie de ce dogme Catolique qu'il attribuë
aux Semipelagiens , ainfi qu'il eft aifé de le comprendre par la quatriéme propofition comdamnée. " Les Semipelagiens admettoient la neceffité d'une grace prévenante pour chacun des actes même pour le
commencement de la Foi, mais ils étoient Heretiques en ce qu'ils vouloient que cette grace fût de telle nature que la volonté pût lui refifter
ou lui obéïr." *Semipelagiani admittebant prævenientis gratiæ neceffitatem ad
fingulos actus , etiam ad initium fidei ; fed in eo erant hæretici , quod vollent
eam effe talem cui poffet humana voluntas refiftere vel obtempera e.* Tom. 3.
Lib. 3. Cap. 21.

XVII. Le Bachelier avoüa qu'il trouvoit du fpecieux dans cette
Doctrine. Je lui dis qu'il le pouvoit bien en effet, puifque je n'avan-
çois rien que fur le temoignage exprès, pofitif & formel tant de l'Ecriture, que de l'Eglife , que je ne concevois pas qu'un Catolique pût
penfer autrement fans s'écarter , qu'il ne falloit par s'étonner fi les
plus celebres l'avoient fait, qu'on ne pouvoit un argument plus fenfible de la mauvaife foi du fiftème des nouveaux Thomiftes , que cette fureur avec laquelle ils fe font élevés contre la Conftitution *Unigenitus.*
Argument de fait qui demontre que leur Doctrine fur la grace eft parfaitement liée avec celle de Janfenius & de Calvin , condamnée de nouveau par la Conftitution : il convint que le voifinage ne pouvoit être
plus près ; qu'au refte il croyoit trouver auffi une contradiction dans
l'idée que j'avois de la grace, qu'il ne pouvoit comprendre que je la
reconnüs toûjours efficace, *ex natura doni* , " Par nature„ , puifque fon
efficacité dépendoit du confentement libre de la volonté. Je lui dis
qu'il falloit bien diftinguer l'efficacité de la grace . de fon effet ; en ce
qu'elle avoit fon efficacité toute entiére *ex parte* ou *natura doni* , indépendemment de la volonté qui n'y contribuoit en rien par fon confentement, le confentement de la volonté humaine ne pouvant rien ajoûter au don de Dieu : mais que quant à l'effet il dépendoit de l'efficacité
de la grace & du confentement de la volonté tout enfemble ; ainfi
que parle S. Auguftin écrivant à Simplicien dans le Livre qui porte ce
nom, queftion 2. " Dieu dit ce S. Docteur, afin que nous voulions, il
a voulu que ce vouloir fut de lui & de nous ; de lui en nous appellant ,
& de nous en fuivant quand il nous appelle ; *Deus ut velimus , & fuum*

esse voluit & nostrum: suum vocando, & nostrum sequendo. Quelque bonne que l'on puisse supofer la volonté dans l'homme, elle fera toûjours impuissante à faire le bien que l'on ne peut faire fans la grace ; par confequent à faire aucun bien qui foit meritoire pour le falut, quoique aprés le péché nôtre liberté nous foit reftée toute entiére, elle a reçû néanmoins un fi grande playe, qui lui a tellement diminué fes forces, qu'elle ne peut plus elle feule fe porter au bien, le vouloir, le commencer & le finir, c'eft ce qui a fait dire à S. Auguftin contre les Pelagiens : que "le libre arbitre ne peut rien finon pour pécher", *neque enim valet liberum arbitrium nifi ad peccandum.* C'eft en effet ce que nôtre libre arbitre peut feul de lui même, par fes propres forces, & fans aucun fecours étranger ; mais la maladie qu'il a contractée par le péché le rendant inhabile au bien, il a befoin d'un fecours particulier qui le retabliffe dans l'état de fanté, qui ne perfevere qu'autant qu'il eft foutenu par la grace qui le meut, qui l'excite, à laquelle il peut par fes feules forces naturelles refufer fon confentement, & à laquelle il ne peut confentir fans le fecours de la grace qui le meut & qui l'excite, ce n'eft point la volonté ni le libre arbitre qui conduifent la grace, qui la perfectionnent, qui la previennent dans fes effets, c'eft la volonté au contraire qui fuit fes faintes impreffions, qui l'accompagne lorfqu'elle la conduit non en qualité de maitreffe, mais en qualité de fervante, *comitante non duce, pediffequâ, non præviâ voluntate. Aug. Epif.* 106. La grace ne peut être mieux comparée qu'à une lumiére qui nous fait découvrir de grands trefors non-feulement, mais qui nous éclaire encore dans les voïes qui y conduifent, & qui joint à l'appas des trefors qu'elle nous découvre, à la facilité du chemin qu'elle éclaire, une impreffion qui engage la volonté à la fuivre, mais qu'elle ne fuit pas toûjours, parce qu'elle ne domine point abfolument fur fa liberté toûjours maîtreffe de fes actions, fous l'empire de la grace la plus triomphante & la plus victorieufe : car fi l'on n'y refifte rarement, qu'il foit même difficile d'y refifter, il n'eft cependant pas impoffible.

XVIII. Si cela eft ainfi ; reprit le Bachelier, que la volonté contribüe & concoure avec l'efficacité de la grace à la production de l'effet pour lequel elle eft donnée, il s'enfuivra que de deux perfonnes meües par un même degré de grace, dans les mêmes circonflances, dont l'une donnera fon confentement & l'autre le refufera, celle qui l'aura donné pourra fe glorifier, en fe glorifiant, fe difcerner ainfi de celle qui aura refifté à la grace: Or l'un & l'autre eft fpecialement deffendu par l'Apôtre, *quis te difcernit? quid autem habes uod non accepifti? fi autem accepifti quid gloriaris quafi non acceperis?* "Qui eft-ce qui met de la difference entre vous? qu'avez vous que vous n'ayez pas reçû? fi vous l'avez reçû pourquoi vous en glorifiés vous comme fi vous ne l'aviez pas reçû? Donc, &c. „

Je nié la mineure & la consequence, démontrant par S. Paul que l'on pouvoit se glorifier du bien que l'on faisoit avec le secours de la grace ; mais se glorifier dans le Seigneur de qui nous l'avons reçûë, qui nous a fait agir, avec laquelle nous avons agi, sans laquelle nous n'aurions pas agi ; se glorifier ainsi c'est se glorifier dans le Seigneur, c'est rendre gloire à sa magnificence & à ses dons. Se glorifier ainsi, c'est reconnoître son impuissance, c'est s'humilier devant le Seigneur, de la misericorde duquel nous tenons tout, le vouloir & l'action, puisque sans sa grace nous n'aurions jamais voulu, ni jamais agi, que nôtre volonté & nôtre liberté ne peuvent rien sans son secours, *Sine me nihil potestis facere.* Mais en même tems que nous confessons humblement que sans elle nous ne pouvons rien, nous reconnoissons qu'avec elle nous pouvons tout si nous voulons ; & le voulant, nous rendons grace à Dieu de ce qu'il nous a donné les moyens de le vouloir. Je puis tout dans celuy qui me fortifie ; *Omnia possum in eo qui me confortat*, disoit l'Apôtre : Il sçavoit s'humilier, il sçavoit s'elever, souffrir la faim & le rassasiement, l'abondance & la disette ; il se glorifioit de toutes ces choses, mais selon la regle qu'il en donne luy même : " Que celuy qui se glorifie se glorifie dans le Seigneur · car ce n'est point celuy qui se recommande soi-même, qui a passé toute épreuve ; mais celuy que Dieu rend recommandable, *Qui gloriatur, in Domino glorietur. Non enim qui se ipsum commendat, ille probatus est : sed quem Deus commendat.* Celuy donc qui n'a pas répondu à la grace a beaucoup à se reprocher, parce qu'il pouvoit y répondre, comme celuy qui y a répondu ne doit point s'en glorifier humainement, puis que sans la grace, quelques efforts qu'il eut pû faire, il n'auroit jamais voulu par les seules forces naturelles le bien que la grace luy a inspiré, ni pû l'executer si elle ne l'avoit pas accompagné. Où celuy qui a consenti à la grace peut-il trouver dans une si grande indigence de quoi se glorifier selon la chair ? Cette vanité seroit pardonnable à celuy qui executeroit par les seules forces du libre arbitre, ce que l'on ne peut executer sans le secours de la grace ; pour lors son action étant toute de luy, il n'en devroit rien à personne qu'à Dieu, comme auteur de la nature, de qui il tient sa volonté & sa liberté.

Je luy fis voir ensuite l'abus que les nouveaux Thomistes, qui dans le desespoir de leur sistème s'accrochent par tout où ils peuvent sans examiner la maniére, faisoient de ces paroles de l'Apôtre : *quis enim te discernit, &c.* en attribuant à la grace actuelle ce qu'il n'a jamais entendu que des dons gratuits, des dons exterieurs, accordez aux Fidéles dans les commencemens de l'Eglise, pour la conversion des Etrangers à la Foi ; & non pas des dons interieurs necessaires pour leur santification particuliere ; puisque il auroit representé Dieu comme un Dieu partial, qui les apellant tous à la Foi, n'auroit pas communiqué à tous les mêmes dons neceffaires à leur fantification ; tous en effet n'étoient point illuftrez de ces dons éclatans : C'étoient des fignes en faveur des Infidéles , dit l'Apôtre ; qui n'étoient point neceffaires aux Fidéles , qui ayant eu le bonheur d'embraffer l'Evangile , n'avoient plus befoin de la convinction des prodiges pour être perfuadez de la foy en Jefus-Ch. Cependant comme l'on fe frape ordinairement des grandes apparances , il s'enfuivoit deux grands maux fur le partage de ces dons ; ceux qui n'avoient point reçû cette deftinction pour paroître dans fon Eglife, s'imaginoient qu'ils n'étoient point connus de Dieu ni du nombre de fes Elûs , ils s'abandonnoient à la trifteffe , à la douleur : ceux au contraire qui en étoient revétus s'imaginant en être les favoris , s'elevoient avec vanité , & témoignoient quelque mépris pour leurs freres. Ce fut pour ranimer la confiance des uns , humilier l'orgueil des autres que S. Paul enfeigne ailleurs qu'avec ces dons on peut être réprouvé:c'eft ce qu'il dit de luy même dans la premiere aux Corinthiens , chap .9. " Je châtie mon corps dans la crainte que prêchant aux autres je ne devienne moi-même un réprouvé : *Ne forte cum aliis prædicaverim,ipfe reprobus efficiar;* parce que la Prédication étant un miniftere éclatant & un don purement gratuit , fes uccés peuvent aifément infpirer de la vanité , conduire infenfiblement le Miniftre à la perte s'il n'a foin d'humilier l'efprit par la mortification du corps. L'Apôtre aprés s'être luy-même propofé pour exemple , fe trouvoit encor plus en droit de faire la leçon à ceux qui étoient partagez des differens dons , comme de celuy des langues , de l'efprit de prophetie . de guerifon , &c. Comme il s'en trouvoit parmi eux , qui s'imaginant que ces graces étoient des preuves d'une prédilection finguliree de Dieu à leur égard , méprifoient ceux qui n'en étoient pas honorez : Pour confoler les uns , confondre la vanité des autres , l'Apôtre leur difoit , *quis enim te difcernit* , " qui eft celuy qui met entre vous de la difference ? eft ce vous-même ? non , vous ne pouvez vous en vanter : car qu'avez vous que vous ne l'ayez reçû de Dieu? auriez vous pû vous procurer à vous même l'efprit de prophetie , le don des langues , d'interprétation , de fcience , de fageffe ? il n'eft que l'efprit de Dieu feul qui ait pû operer en vous ces prodiges. Si donc vous les tenez de luy , pourquoi vous en glorifiez vous comme fi vous les teniez de vous-mêmes ? Prenez garde que ce ne font point ces prerogatives qui vous rendent grands aux yeux de Dieu : car quand même vous parleriez les langues des Hommes & des Anges , fi vous n'avez pas la charité , qui feule peut vous rendre acceptables devant le Seigneur , avec tous ces merveilleux talens vous êtes des neants des riens femblables au bruit d'une Trompette dont l'éclat armonieux s'évanouït avec le fon. „ *Si linguis hominum loquar , & Angelorum , chari-*

tatem autem non habeam , factus ſum velut aer ſonans , aut cymbalum tinniens. C'eſt donc une vanité pure de la chair de ſe glorifier d'un don qu'on n'a pû ſe donner à ſoi-même , à la conſervation duquel on ne contribuë en rien , qui ne ſantifie point celuy qui en eſt honoré, avec lequel on peut ſe damner. Saül pour avoir propheriſé n'en a pas été meilleur : Balaam qui propheriſe & ſon âneſſe qui luy parle n'avoient pas plus de merite devant Dieu l'un que l'autre.

Il n'en eſt pas ainſi de la grace actuelle ni de la grace ſantifiante, qui ne produiſent en nous leurs effets qu'autant que nous leur répondons & que nous travaillons conjointement avec elles , d'une volonté libre, pleine & entiere , qui fait le merite de l'action : car comme dit S. Auguſtin , Dieu l'a ainſi ordonné , que la vocation fut de luy , & la cooperation de nous : *ſuum vocando , noſtrum ſequendo.* L'Apôtre qui humilioit les Fidéles avantagez de ces dons éclatans qui n'étoient point donnez pour eux , qu'ils n'avoient pû ſe donner eux-mêmes ; qui leur prouvoit ſi efficacement en peu de mots qu'ils n'avoient aucun ſujet de ſe diſtinguer ni de s'élever au deſſus des autres , en ſe faiſant un merite perſonel de ce qui n'avoit dépendu que de Dieu ſeul : ſçait cependant mettre de la difference entre luy & les autres , ſans croire qu'il en uſe avec injuſtice envers Dieu, lorſqu'il raconte pour l'édification des fidéles ce qu'il a fait avec la grace , s'il reconnoît que ſans elle il n'auroit jamais pû parvenir à l'Apoſtolat ni à la dignité de vaſe d'élection , qu'il n'auroit pû remplir tous les devoirs de ce grand miniſtere , ſuporter tant de travaux , vaincre tant de tentations ſoit interieures ſoit exterieures : Il nous apprend auſſi qu'il a travaillé avec elle , qu'il a châtié ſon corps , qu'il l'a réduit en ſervitude , qu'il a veillé , qu'il a jeuné , qu'il a prié ; il regarda ſes œuvres ſaintes comme les ſiennes ; ſi on oſe le nier il faut accuſer l'Apôtre d'un orgueil outré & d'une temerité exceſive , d'avoir lui même oſé ſommer le Seigneur , non ſeulement comme un Dieu plein de bonté & de miſericorde ; mais encore plein d'équité, de lui accorder la recompenſe qui lui étoit dûë ; recompenſe qu'il appelle couronne ; couronne qui ne ſe diſtribuë qu'à ceux qui ont combatu ; *Coronam Juſtitiæ* , couronne meritée par titre de juſtice ; tous ceux qui combatent ne la remportent pas , parce qu'ils ne combattent pas comme ils doivent , S. Paul croit l'avoir fait avec la grace du Seigneur, qu'il n'a pas reçûë en vain ; *Couronne de Juſtice que Dieu lui rendra* , parce que durant le cours de ſa vie il l'a tenuë comme ſuſpenduë , qu'il ne devoit être couronné qu'aprés la conſommation entiére de ſes travaux : car comme il le dit lui même , ce n'eſt qu'aprés avoir combatu légitimement qu'on eſt couronné, & celui dit Jeſus Chriſt qui perſeverera juſqu'à la fin ſera ſauvé : *quam reddet mihi Dominus.* En quel temps attent-il la couronne,

c'eſt

c'eſt au grand jour du Jugement , où Dieu rendra à chacun ſelon ſes œuvres , *in illa die* : De qui l'attend-il ? c'eſt de Dieu même, & de Dieu en qualité de Juge non-ſeulement , mais encore de Juge juſte , *juſtus Judex*. On ne peut rien plus expreſſif pour démontrer que comme nous ne pouvons rien ſans le ſecours de la grace , la grace ne fait rien ſans nous ; ſi elle faiſoit tout ſans nous S. Paul auroit eu tort de mettre ſa confiance en Dieu , comme en un Dieu plein d'équité & de juſtice ; il ne lui auroit été rien dû par aucun titre , il auroit été in-juſte d'attendre une couronne , puiſqu'il n'auroit rien fait , que la grace auroit tout fait dans luy , par conſequent le don de Dieu ſeul meriteroit d'être couronné Ce qui eſt une contradiction: car quelle couronne y a-t-il pour la grace ? il ne ſeroit point dit que nous ſerions jugez ſelon nos œuvres bonnes ou mauvaiſes ; mais que la grace de Dieu ſeroit jugée ſelon ſes operations ; qu'elle ſera la punition de celle qui n'en aura point eu ? car toutes n'ont pas un égal ſuccez , puiſqu'on peut reſiſter à la grace , que ſouvent on y reſiſte. S. Paul a donc crû qu'ayant agi avec la grace il luy étoit dû une couronne de Juſtice , ſans elle il n'au-roit point agi ; cependant il attend une récompenſe. S. Paul agiſſant avec la grace s'eſt donc diſcerné ; il a mis une difference entre luy & ceux qui n'ont pas été auſſi fidéles que luy ; qui s'eſt aviſé de luy en faire un crime ?

Si l'on prétend que non obſtant que la grace faſſe tout en nous on ſoit cependant digne de la récompenſe par un pur effet de la miſeri-corde de Dieu , qui couronne ſes dons en couronnant nos merites, comme dit S. Auguſtin. Il s'enſuit deux fâcheuſes conſequences , l'une que S. Paul a eu tort de s'adreſſer à la juſtice de Dieu ; l'autre qu'A-dam & Eve auroient eu tout le merite d'une parfaite obéïſſance , en ſortant du neant à la voix toute puiſſante de Dieu. Je me ſers de cet exemple , puiſqu'il a plû aux Novateurs de nous donner cette idée de la puiſſance de la grace ſur nôtre volonté , ſur laquelle elle agit com-me ſur le neant. C'eſt avec juſtice que S. Auguſtin a dit que Dieu en couronnant nos merites couronnoit ſes dons ; puiſqu'on ne doit recon-noître pour meritoire de la gloire éternelle que les œuvres faites avec la grace du Seigneur ; Mais quoique S. Auguſtin ſupoſe qu'ils ſoient faits avec la grace du Seigneur , il ne s'eſt point aviſé d'apeller nos merites , les merites de la grace ſeule : car ſi nous n'avions pas plus de part aux bonnes actions que nous faiſons par ſon ſecours , qu'Adam à la ſortie du neant ou de la terre dont Dieu le forma , il n'y auroit alors que la grace qui meriteroit la couronne : & il n'auroit pas été plus dû à l'Apôtre qu'à nôtre premier Pere formé de la terre.

S'il n'eſt permis à perſonne de ſe diſcerner en aucune maniere , ce n'eſt pas ſeulement dans l'eſperance & l'attente de la couronne de juftice , que les Novateurs & les Opinioniftes feront le procez à S. Paul ; les occafions de le juger par cette parole, *quis enim te difcernit*, fe trouveront prefque à chaque page de fes Epîtres. Tantôt il dit : qu'il a travaillé luy feul plus que tous les autres Apôtres , *abundantius illis omnibus laboravi*. Tantôt il dit aux Corinthiens & aux Ephefiens qu'ils foient fes imitateurs comme lui même l'eft de Chrift , *Imitatores mei eftote, ficut & ego Chrifti*. Il fçavoit donc qu'il imitoit Jefus-Chrift affez parfaitement pour fe propofer comme un modele aux fidéles de Corinthe & d'Ephefe. Ecrivant aux Galates il fe fert de fes termes durs : "O vous Galates infenfez, *O vos infenfati Galata*. Si l'Apôtre les traite de fols c'eft une marque qu'il fe croit plus fage qu'eux , puifqu'ils s'é-cartoient de la foi qu'il leur avoit enfeignée , & qu'il y perfeveroit conftamment. Les Galates étoient de vrais fols d'avoir tant fouffert pour la foy , puifque par leur incredulité ils perdoient tout le merite de leurs fouffrances. Mais S. Paul avoit-il raifon de leur reprocher leur folie ? Il faut que nos Novateurs le nient , parce qu'il n'eft pas permis de fe difcerner , de mettre de la difference entre les autres & nous ; ainfi felon leur délicateffe il auroit dû dire : *O nos infenfati Galata*, O Galates infenfez que nous fommes ; Mais S. Paul auroit menti ; n'importe , il auroit fait un acte d'humilité , il auroit rendu toute gloire à la grace triomphante qui faifoit tout en luy , & luy rien autre chofe avec elle que de donner un confentement qu'il n'étoit pas maître de refufer. Les bons ne fe difcernent-ils pas tous les jours , en fuyant la compagnie des mauvais , en blâmant la corruption de leurs mœurs. Le difcernement ou la diftinction de foi même , interdite par l'Apôtre, C'eft de ne point s'attribuer la gloire du don de Dieu ; parce qu'on ne le tient que de fa pure liberalité : C'eft de ne pas fe croire meilleur qu'un autre par foy même indépendamment du don de Dieu : car cette gloire feroit injufte ; ce feroit fe glorifier en Payen , qui ne croit tenir fes vertus que de fa philofophie , n'avoir obligation de fon merite qu'à fon étude , qu'à fes travaux , qu'aux feules forces qu'il a reçûës de la nature.

XIX. Mon adverfaire voulut me démontrer à fon tour que celuy qui correfpondoit à la grace pouvoit fe glorifier en luy-même , ayant donné un confentement qu'il étoit maître de refufer.

Je luy répondis qu'il ne le pouvoit par deux tîtres ; le premier que s'il n'avoit point été mû par la grace il n'auroit point donné de confen-tement ; que ne l'ayant donné qu'autant qu'il étoit mû & excité par la grace qui n'a ceffé de l'accompagner jufqu'à la confommation de l'action , c'étoit auffi à elle feule qu'il étoit redevable de fon confente-ment ; qu'il auroit refufé fi elle l'avoit abandonné un feul moment, parceque , comme dit l'Apôtre dans la 2. aux Corinth. chap. 3.

" Nous ne fommes pas fuffifans de penfer quelque chofe de nous mê-me comme fi c'étoit de nous-même ; mais que nôtre fuffifance vient de Dieu ,, *Non quafi fufficientes fumus cogitare aliquid à nobis , quafi ex nobis : fed fufficientia noftra ex Deo eft.* Le fecond , que fupofé même que nous euffions fujet de nous glorifier en nous-même de la bonne action que nous aurions faite avec le fecours de la grace : cette gloire nous étant deffenduë , n'étant permis felon l'Apôtre que de fe glorifier en Dieu feul , nous perdrions par le crime de la vaine gloire tout le merite de nos bonnes actions. Il voulut infifter encore par d'autres raifonnemens ; mais pour abreger une vaine chicanne , je luy dis que s'il prétendoit prouver par la raifon que celuy qui cooperoit à la grace avoit lieu de fe glorifier & de fe difcerner d'un autre , pofé dans les mêmes circonftances , c'étoit entreprendre de prouver que S. Paul avoit eu tort de nous recommander le contraire , qu'ainfi la difpute entre luy & moy étant finie , il pouvoir argumenter contre l'Apôtre ; ou bien qu'il avoit à prouver contre moy par la doctrine du même Apôtre , que celuy qui confentoit & cooperoit à la grace étoit en droit de fe glorifier en luy même , que pour réüffir dans cette preuve il étoit neceffaire qu'il m'aportât une autôrité de S. Paul contradictoire à celle que je luy citois , qui prouvât auffi clairement qu'on devoit ou qu'on pouvoit fans injuftice fe glorifier en foi-même ou fe difcerner , que le mien prouvoit évidemment qu'on ne le devoit pas.

XX. Il paffa enfuite aux autôritez de S. Auguftin , il en oublia peu de celles que Janfenius employe pour démontrer la grace irrefiftible. Je répondis en premier lieu en general fur ce que l'on devoit penfer fur la Doctrine d'un fi faint Docteur , que je recevois avec refpect ; mais non pas des mains de tout le monde indifferemment , je luy nié toutes les intelligences qu'il donnoit aux differens paffages qu'il citoit , comme étans abfolument contraires à S. Auguftin. je luy dis qu'il n'appartenoit à aucun Docteur , quelqu'habile qu'il fût de nous donner le veritable efprit des Ss Peres , que n'ayant reçû aucun don d'infailli-bilité ils pouvoient aifément fe tromper & nous tromper en nous donnant leur efprit particulier pour celuy des Ss Docteurs , que je ne m'en raportois qu'à l'autôrité de l'Eglife , ma feule regle infaillible , avec laquelle je mefurois les fentimens & les intelligences de quicon-que vouloit dogmatifer ; que j'aprouvois leur Doctrine quand elle fe trouvoit conforme à cette regle ; & que je la réprouvois pour peu qu'elle s'en écartât : que l'Eglife feule pouvoit me certifier du vray fens de S. Auguftin , comme connoiffant feule la maniere dont ce faint Docteur fi orthodoxe dans la foi a dû penfer pour penfer comme elle. Plufieurs fe font vantez de poffeder parfaitement fes fentimens , & l'Eglife a condamné leur prefomption lorfqu'ils en ont impofé à cette lumiere ; elle a proscrit tous les blasphèmes qu'on a souvent entrepris de faire passer à la faveur d'un nom si celebre ; elle a fulminé la doctrine de Luther, de Calvin, de Janfenius, de Quesnel, qui tous ont apuyé leur fiftème fur tous les paffages que vous m'aportez : Donc qu'ils les ont mal entendus ; Donc vous les entendez mal auffi ; & quelque vétement poftiche ou Thomifte que vous puiffiez donner à vôtre fiftème, fi tôt que pour le démontrer vous n'employez que les armes des Heretiques, je dis à bon droit que vôtre fiftème l'eft auffi. Le fracas que vos Docteurs ont fait & font encore contre la Conftitution *Unigenitus*, eft une preuve affez claire que vous plaidez une même caufe avec les Novateurs. Il m'interrompit pour me dire que j'étois Pelagien ou du moins femi Pelagien. Je luy repliqué qu'il me paroiffoit peu inftruit des fentimens de ces Heretiques ; que je ne m'étonnois point de ce reproche, qui faifoit partie du fiftème de Janfenius qui le denonçoit de plus en plus ; ce Docteur ayant mis dans fon plan de faire le procez aux Catoliques fous le nom de Pelagiens, à la façon de tous les Heretiques, qui en deffendant une erreur ont toûjours imputé à l'Eglife l'erreur opposée. Au refte je luy declaré que je recevois de bon cœur avec foumiffion toutes les condamnations de l'Eglife contre la doctrine dés Pelagiens, femi-Pelagiens, de Luther, de Calvin, de Janfenius & Quesnel, foit qu'elles euffent été portées par les Conciles, foit par les Bulles des fouverains Pontifes de la fainte Eglife Catolique, Apoftolique & Romaine, la feule Eglife, hors de laquelle il n'y avoit point de falut : Je le défié de faire une pareille confeffion de foi ; mais ce jeune heros de la grace efficace aima mieux faire grace à Calvin & Janfenius que de nuire à fon fiftème.

La feconde réponfe que je fis à l'autôrité de faint Auguftin, fût par faint Auguftin même, qui déclare en propres termes, que la queftion qui s'agite fur la liberté & fur la grace eft très difficile ; de forte que lorfqu'on entreprend la deffence de la liberté, il femble qu'on fuprime la grace de Dieu, & lorfqu'on veut établir la grace de Dieu, il femble reciproquement qu'on annéantille la liberté. *Quæftio, ubi de arbitrio voluntatis & Dei gratia difputatur, ita eft ad difcernendum difficilis, ut quando deffenditur liberum arbitrium negari Dei gratia videatur : quando autem afferitur Dei gratia, liberum arbitrium putetur aufferri.* Saint Auguftin nous avertit lui même que la queftion eft très-difficile à difcerner, c'eft à lui même qu'elle a paru difficile. C'eft dans le premier des Retractations, Chap. 9. qu'il s'explique fur les differens états de la difpute, par raport aux differens ennemis qu'il avoit à combatre ; il dit qu'agiffant contre les Manichéens qui faifoient Dieu auteur du mal, il avoit entrepris la deffence de la liberté, *Propter eos quippe difputatio illa fufcepta eft qui*

negant ex libro voluntatis arbitrio , mali originem duci. De nouveaux Heretiques, fçavoir les Pelagiens étant venus enfuite ont tellement époufé
la deffence de la liberté qu'ils n'ont laiffé aucun lieu à la grace de
Dieu, abufant de fa Doctrine. *Qua propter novi heretici Pelagiani qui
liberum fic afferunt voluntatis arbitrium, ut gratiæ Dei non relinquant locum.*
Ce S. Docteur ayant donc foutenû les deux caufes de la liberté & de
la grace, il s'eft encore trouvé d'autres efprits ou peu intelligens ou
mauvais qui ont prétendu faire à S. Auguftin un nouveau procès : Ceux
qui inclinoient pour la liberté lui imputoient de la détruire par la grace :
Ceux qui combatoient pour la grace accufoient S.Auguftin de la ruiner
par la deffence de la liberté:Des troifiémes font venus qui voulant accommoder le different, donner à la grace & à la liberté, ont formé une
troifiéme querelle, en donnant à la grace l'honneur du commencement
de nos actions & de nôtre falut, & à la liberté la gloire de la confommation, s'écartans tous du temperemment du jufte milieu que S. Auguftin a conftamment enfeigné. Voici fon dogme que l'Eglife a reconnû
être le fien & le précis de toute la Doctrine de ce faint Docteur. Il
reconnoît dans l'homme une liberté ,pleine, entiere de faire le mal fans
être aidée d'aucune caufe ou fecours étranger : Il reconnoît auffi cette
même liberté de la volonté pour faire le bien, mais avec le fecours
de la grace, fans laquelle elle ne peut rien. Pour fe faire entendre aux
Pelagiens qui vouloient emploïer fa Doctrine contre les Manichéens
pour donner tout à la nature , il leur dit : " Autre chofe eft de chercher la fource du mal (que les Manichéens attribuoient à Dieu feul)
& autre chofe eft d'examiner par quelle voye on eft retabli dans fon
premier état , ou que l'on parvient à un plus grand bien. „ *Aliud eft
enim quærere ,unde fit malum : & aliud eft quærere unde redeatur ad priftinum ,
vel ad majus bonum perveniatur. Lib.* 1°. *Ret. Cap.* 9. Et en peu de mots
decidant la queftion, il dit " Car la volonté eft celle par laquelle on
péche & l'on vit bien. „ C'eft ainfi qu'il répond aux Manichéens. *Voluntas quippe eft , qua & peccatur , & rectè vivitur.* Mais afin que les Pelagiens ne fe prévaluffent pas de cet aveu pour donner tout à la nature , il ajoûte ; " La volonté donc fi elle n'eft delivrée par la grace
de Dieu de cette fervitude par laquelle elle eft devenuë l'efclave du
péché, & aidée pour furmonter les vices, il n'eft pas poffible aux
hommes de vivre pieufement & avec droiture. „ *Voluntas ergo ipfa nifi
Dei gratia liberetur à fervitute qua facta eft ferva peccati , & ut vitia fuperet
adjuvetur : recte pieque à mortalibus vivi non poteft ibidem.* Saint Auguftin
établit ici la liberté en deux maniéres contre les deffeins de Pelage qui
nioit le péché Originel : premiérement en demontrant que le péché
a eu tant d'empire fur nous qu'il a reduit nôtre liberté pour le bien en
fervitude , de laquelle fervitude nous ne fommes délivrés que par la

grace de Jefus-Chrift ; mais en démontrant nôtre liberté captive il fupofe la liberté même, car ce qui n'eft pas ne peut être retenu captif. Or de même que lorfqu'on rompt les chaines d'un captif, ce n'eft pas pour cela le contraindre de s'enfuir, étant abfolument maître de le faire ou de ne le pas faire, auffi S. Auguftin n'a jamais enfeigné que la liberté étant dégagée de la fervitude du péché fut neceffitée ou contrainte de faire le bien. Il prouvoit bien contre Pelage que fans elle on ne pouvoit faire le bien dans l'état prefent, mais il n'entendit jamais prouver contre cet Heretique qu'elle contraignit ou neceffitât la volonté au bien. Il prouve en fecond lieu l'action propre de la volonté, par ces paroles, "Et qu'elle foit aidée de cette même grace pour furmonter les vices. ,, *Et ut vitia fuperet, adjuvetur.* Or on a jamais dit que l'on contraignît, ou que l'on neceffitât celui qu'on aide, de quelques moyens efficaces que l'on fe ferve pour l'aider. Saint Auguftin qui s'eft fait des ennemis en établiffant la liberté contre les Manichéens, dans la perfonne des Pelagiens, qui abufans de fa Doctrine ont prétendu tout donner à la liberté, s'en eft fait d'autres, lorfqu'il a entrepris de démonter contre ceux ci que la liberté captive fous l'empire de l'état prefent du péché, ne pouvoit être retablie dans fon premier état fans la grace. Cette troifiéme claffe d'adverfaires voulant éviter les excés des Manichéens & des Pelagiens a donné dans deux autres opofés, également heretiques, enfeignant contre les Manichéens que la volonté étoit libre, mais qu'elle ne l'étoit que pour le mal ; & contre les Pelagiens que la grace étoit neceffaire pour le bien , mais qu'elle contraignoit & neceffitoit la volonté ; d'où il s'enfuivoit trois autres erreurs. 1°. Que toutes les actions faites avec liberté font des péchés. 2°. Que toutes les actions faites avec la grace font contraintes ou neceffaires. 3°. Qu'en confequence de ces deux faux principes toutes les actions des Infidelles font des péchés, parce qu'elles font fupofées faites fans grace, & produites par la feule liberté. Les Predeftinatiens de ces derniers temps ont tiré cette derniére confequence : Calvin pouffant encore plus loin que n'ont fait depuis Baïus & Janfenius, en a tiré une quatriéme, que les œuvres même faites avec la grace ne meritoient rien, parce qu'elle n'étoient pas faites avec liberté, mais avec contrainte, en quoi il a mieux raifonné que les...Predeftinatiens qui l'ont fuvi, qui admettant une neceffité dans les actions faites avec la grace, les reconnoiffent meritoires fans les reconnoître libres. Calvin de fon côté a manqué de bon fens, car pretendant que nous étions neceffités au mal, il n'a pas raifonné confequemment lorfqu'il a enfeigné qu'on en étoit pas moins coupable, contre la Doctrine de faint Auguftin qui dit formellement : "Que nul ne pouvoit être ragardé coupable dans ce qu'il n'avoit pû éviter. ,, *Quis inquam peccat in eo quod nullo modo ca-*

veri non poteſt ? peccatur autem : caveri igitur poteſt. " L'on péche , ajoûte-t-il, donc on a pû s'abſtenir du mal. *Cap. 9. Retract.* ,, Les Janſeniſtes aprés Janſenius ont cherché un temperamment pour enveloper ce blaſphéme ; pour y réuſſir ils en ont ſubſtitué un autre en ſoûtenant que Dieu peut punir avec juſtice ceux qui pechent par neceſſité , en vertu de la damnation de la maſſe corrompuë par le peché originel : Or ceux-là pechent par neceſſité qui n'ont pas la grace efficace , la ſeule à laquelle on ne reſiſte point , & la ſeule avec laquelle on fait le bien ; parce qu'elle eſt la ſeule avec laquelle on puiſſe réellement le faire. J'ai dit que le blaſphéme n'étoit pas moindre que celuy de Calvin : car ſi l'on ne fait pas évidemment comme luy Dieu auteur du peché, c'eſt toûjours le faire injuſte que de punir le pecheur en vertu d'un peché qu'il n'a pas commis , tel qu'eſt le peché originel , ou en vertu de celuy qu'il ne peut éviter , parce qu'il n'a pas la grace efficace pour vaincre le peché ; qui n'eſt accordée qu'à ceux que Dieu a ſpeciale-ment élûs gratuitement.

XXXI. Les uns & les autres , je veux dire ſes trois ſectes de Prédeſti-nans ou Prédeſtinatiens du 14 , 15 , 16 & 17 ſiecles ont bien voulu ſe tromper par un paſſage de S. Auguſtin , qui ſe lit dans le troiſiéme ch. *de ſpiritu & litt.* que la liberté n'eſt puiſſante que pour pecher : *Neque enim valet liberum arbitrium niſi ad peccandum.* Mais ils n'ont pas fait attention que ce Livre n'a été écrit qu'aprés la diſpute contre les Manichéens & les Pelagiens , contre leſquels il étoit toûjours en garde, pour ôter aux uns & aux autres toute occaſion de ſe prévaloir de ſa Doctrine pour ſoûtenir leurs erreurs. Contre les Pelagiens qui don-noient tout à la liberté il diſoit , *Neque enim valet liberum arbitrium. Le libre arbitre eſt impuiſſant.* Mais comme les Manichéens auroient pû répondre ſur cette propoſition : *Ergo ad peccandum cum peccat movetur à cauſá principe* , Donc qu'il eſt neceſſité au mal par une cauſe ſupe-rieure , S. Auguſtin leur ſuprime cette conſequence : *niſi ad peccandum* , ſi ce n'eſt pour pecher.

Le fond de l'erreur des Pelagiens venoit de ce qu'ils nioient le pe-ché originel , par-conſequent ſoûtenoient que la nature étoit ſaine , que la nature étant ſaine la liberté l'étoit auſſi , & ſuffiſoit par elle-même pour executer tout bien même meritoire pour la vie éter-nelle. S Auguſtin démontroit au contraire que la nature ayant été corrompuë par le peché originel , il s'enſuivoit du principe même éta-bli par Pelage , que la liberté devoit être bleſſée ; parce que la puiſſance ou faculté doit ſuivre la condition du ſujet ; la liberté étant bleſſée elle ne peut donc être rétablie dans ſon premier état que par une grace ſpeciale , qui étant plus forte que la corruption de la nature , rétablit par-conſequent la liberté dans la puiſſance de faire le bien qu'elle peut

ne pas executer ; parce que la grace opofée à la corruption de la nature n'impofe aucune neceffité à la liberté, qu'elle dégage , qu'elle fou-
lage, qu'elle fortifie & qu'elle aide. Mais fi la liberté abandonnée à la
corruption de la nature & deftituée de la grace n'a de puiffance que
pour le péché, il ne faut cependant point conclure de cette puiffance
que S. Auguftin ait prétendu que le libre arbitre fut neceffité à pécher
en confequence de la corruption de la nature , car alors il n'eft plus
de liberté où il y a néceffité. L'efprit de S. Auguftin a toûjours été
de démontrer que rien ne neceffitoit la liberté , & que fi fous l'état
prefent du péché fon droit s'étendoit à pécher fans y être neceffitée ,
elle pouvoit auffi s'abftenir du péché, fans quoi elle feroit irreprehen-
fible en péchant ; car autre chofe eft de s'abftenir du péché , ce que
l'on peut faire quelque fois fans le fecours de la grace, & autre chofe
eft de faire un bien pofitif, ce que l'on ne peut faire fans fon fecours
quelque petit qu'il foit dit S. Auguftin, du moins qui foit meritoire pour
le falut. Car ce ne fut jamais l'intention de ce faint de nier les bonnes œuvres morales que l'on peut faire par le fentiment naturel que
le péché n'a point abfolument effacé dans l'homme, & qui fe font avec
liberté comme d'honorer Pere & Mere , de rendre la Juftice comme
les Romains, de foulager un malheureux , &c. Le faint Docteur n'a-
voit à prouver contre Pelage que ces œuvres faites avec la liberté feule
& le fentiment naturel n'étoient point meritoires pour le falut, auffi
l'Eglife a-t-elle condamné cette propofition de Baïus, *Omnia infidelium
opera funt peccata, tous les péchés des infidelles font des péchés.* La contradictoire eft , *donc qu'il y a quelques œuvres des infidelles qui ne font pas
des péchés,* les Rigoriftes Opinioniftes foutenants qu'il n'y a point d'actes
humains indifferens, font obligés de reconnoître, par confequent, que
fi toutes les œuvres des infidelles ne font pas des péchés , celles qui
ne font pas péché font bonnes moralement : le Concile de Trente
Seff. 6. Cap. 16. le fuppofe. *Opera fine gratia nullo pacto Deo grata effe
poffunt ; les œuvres faites fans grace ne peuvent être agréables à Dieu par
aucune convention,* parce qu'il n'eft rien dû aux œuvres de pure nature,
mais feulement aux œuvres furnaturelles faites avec le fecours de la
grace, ainfi que l'a defini le Concile d Orange Can. 18. *Debetur merces
operibus fi fiant ; fed gratia quæ non debetur, præcedit ut fiant.* " La recompenfe eft dûë aux œuvres, fi elles fe font , mais la grace qui n'eft point
dûë précede afin qu'elles fe faffent. ,, Il eft évident que le Concile
parle icy des œuvres meritoires de la gloire. La liberté que nous avons
perdûë par le péché originel , n'eft point la liberté d'indifference, ou
faculté naturelle de choifir l'un ou l'autre , de choifir ou de s'abftenir
du choix , mais la liberté d'exemption du péché & de la concupifcence qui nous rendent l'obfervation du précepte fi difficile , fans

tranfgreffion

tranſgreſſion , au contraire ſi aiſée , le bien ſi rebutant , le mal ſi naturel , liberté , facilité qu'on acquiert , difficulté , inclination que l'on re-
couvre , que l'on ne ſurmonte que par la grace du Redempteur. C'eſt
ce que S. Auguſtin diſoit en termes exprés aux diſciples de Celeſtius &
de Pelage. *Liberum in hominibus eſſe arbitrium , & Deum eſſe naſcentium
conditorem utrique dicimus , non hinc eſtis Cæleſtiani & Pelagiani. lib. de
nup. & concup. 2.* " Nous diſons enſemble que les hommes ont le franc-
arbitre , que Dieu eſt le Createur de ceux qui naiſſent , ce n'eſt point
là l'objet de nôtre conteſtation , vous n'êtes pas en cela diſciples de
Celeſtius ni de Pelage. ,, Ceux-ci n avoient qu'à ajoûter ce que S. Auguſtin leur demandoit , la grace de Jeſus Chriſt au franc-arbitre , pour
l'élever au deſſus de ſa puiſſance naturelle , puiſqu'il ne peut ſuffire ſeul
pour le ſalut , alors la cauſe étoit finie.

A l'occaſion des combats de S. Auguſtin contre les Predeſtinatiens ,
il s'éleva une quatriéme claſſe d'Heretiques , qui voulant refuter leurs
erreurs , ſans donner dans le piege des Manichéens à l'égard de la liberté , ou des Pelagiens par raport à la grace , établirent un autre ſiſtème
erroné. Ils ſoûtenoient contre les Manichéens que la volonté n'étoit
appliquée ni contrainte au mal. Contre les Predeſtinatiens , qu'elle ne
fût libre que pour le peché ; contre Pelage que la grace étoit neceſſaire : Juſques là ils étoient ou paroiſſoient Catoliques ; mais trompez
par un principe de S. Auguſtin contre les Pelagiens , qu'ils ne com-
prirent point dans ſon ſens naturel : Ils prétendirent que ſelon le
S. Docteur la grace étoit neceſſaire pour la foy , pour les premieres
œuvres , en un mot pour le commencement du ſalut ; mais que la liberté ſeule aprés avoir été degagée du peché & de ſa ſervitude , ſuffiſoit pour la perſeverance ou la conſommation du ſalut ; c'eſt le ſens
qu'ils donnoient à ce paſſage de S. Auguſtin. *Voluntas ergo ipſa niſi Dei
gratia , liberetur à ſervitute quâ facta eſt ſerva peccati , & ut vitia ſuperet
adjuvetur , recte piéque à mortalibus vivi non poteſt.* " Si donc la volonté
n'eſt délivrée de la ſervitude du péché & aidée par la grace pour ſurmonter les vices , nul homme ne peut bien vivre ni pieuſement. ,, Les
Semipelagiens tomboient d'accord. 1°. Que nôtre volonté ayant contracté une ſervitude par le peché originel , avoit beſoin d'un ſecours
qui la délivrât de cet eſclavage & l'aidât à ſe retirer de l'empire des
vices. 2°. Que ſans ce ſecours & cette aide de la grace , on ne pouvoit
ni parvenir à la foi , ni commencer les bonnes œuvres , juſques là ils
diſoient bien ſelon S. Auguſtin ; mais ils ſe tromperent en ce qu'ils
crurent que ces victoires une fois remportées ſur le peché & ſur les
vices , l'on pouvoit par les forces que la grace avoit reſtituées pour toûjours , travailler à la conſommation de ſon ſalut ſans un nouveau ſecours , ſans le ſecours des graces actuelles ; ne faiſant point attention

que ces paroles , *& ut vitia superet adjuvetur.* " Qu'elle soit aidée pour surmonter les vices „ rendoient cette necessité de la grace universelle pour tous les momens de la vie.

Les Semipelagiens par cet expedient qu'ils croyoient avoir trouvé, prétendoient remedierdans le principe aux consequences inévitables qui s'ensuivoient necessairement du faux sistéme que les Prédestinariens avoient forgez sur plusieurs autres endroits de S. Augustin , pris trop litteralement , sans en prendre l'esprit en même tems ; ni examiner la liaison qu'ils ont avec le corps de sa doctrine. Telle étoit leur consé-quence , " Si l'on ne peut faire le bien ni surmonter les vices sans la grace, il est inutile de corriger ceux qui péchent, s'ils péchent c'est parce qu'ils n'ont pas la grace avec laquelle on ne péche point, c'est par necessité qu'ils péchent, il faut se contenter de prier pour eux. „ C'est ainsi que les Prédestinatiens argumentoient; de ce raisonnement s'ensuivoit une double erreur. La premiére que selon eux la liberté ne servoit que pour pécher, & ils retomboient avec les Manichéens en ce que de cette liberté, ou pouvoir de pécher, sans un secours étranger, sans y être poussés par le destin ou par une cause superieure, en quoi ils differoient de ces Heretiques ; comme eux ils concluoient cepen-dant une necessité de pécher , parce qu'ils supofoient que toute la li-berté ne consistoit qu'à commettre librement le péché dans le sens qu'ils l'entendoient, c'est à dire à n'y être contrainte par aucune cause étran-gere qui l'appliquât au péché , tels que sont la fatalité ou destin , ou autre force superieure. Ils attribuoient reciproquement cette même necessité sous l'impression de la grace; que par une même proportion la liberté étant degagée de la servitude du péché sous laquelle elle ne conservoit que le choix de tel ou tel péché, en quoi consistoit toute son indifference , de même aussi sous l'empire de la grace, elle ne pouvoit faire que le bien qu'elle choisissoit à son gré. Ils concluoient de cette idée que si elle cessoit de faire le bien, c'est parce que la grace sans la-quelle la volonté ne pouvoit le continuer, l'abondonnoit; qu'ainsi il falloit seulement prier pour le pécheur, s'abstenant à son égard de la correction. Lorsque S. Augustin qui supofoit toûjours une vraye liberté, démontroit contr'eux la necessité de la correction, d'autres concluoient en purs Pela-giens : *Donc si la correction est utile & necessaire à ceux qui péchent, ils peuvent faire le bien sans le secours de la grace.* Cette consequence étoit fausse. 1°. Parce que les Semipelagiens qui concluoient ainsi diametralement contre les Predestinatiens qui soutenoient la necessité dans les operations du secours , concluoient aussi contre la verité Catolique enseignée par le saint Docteur, en excluant la necessité du besoin que nous avons du secours. 2°. Parce que quoiqu'on ait la grace par le principe des Pre-destinatiens, on leur prouvoit qu'on pouvoit lui resister en tout temps, parce qu'en tout temps la liberté étoit puiſſante pour le péché. Or comme ſaint Auguſtin prouve qu'on peut s'abſtenir de pécher, contre les Manichéens, de même auſſi que l'on peut s'abſtenir de répondre à la grace contre les Predeſtinatiens qui croyoient qu'elle neceſſitoit. Il falloit donc prendre le juſte milieu enſeigné par le ſaint Docteur. 1°. La neceſſité d'une grace pour dégager non ſeulement la liberté de la ſervitude du péché, mais encore pour l'aider en tout temps. 2°. La neceſſité de la liberté ſous l'empire de la grace, pour donner lieu au merite, car comme nul ne peut être repris de ce qu'il ne peut éviter, de même auſſi il ne peut être loüé dans le bien qu'il fait par une ne-ceſſité inévitable. 3°. Ils devoient reconnoître l'accord mutuel de la grace & de la liberté enſeigné par ce Pere dans la queſtion 2 du Li-vre à Simplicien. *Deus ut velimus, & ſuum eſſe voluit & noſtrum, ſuum vocando & noſtrum ſequendo.* "La vocation eſt de Dieu, la correſpon-dance eſt de nous, c'eſt ainſi que Dieu a voulû que nous voulions.,,

De ces trois principes de S. Auguſtin, on en tire évidemment ſept concluſions de dogme Catolique, opoſées à ſept dogmes Heretiques. La premiére, *Que l'homme n'eſt point neceſſité au mal ni par le deſtin ni par aucune cauſe ſuperieure, mais qu'il le commet avec pleine liberté*, contre les Manichéens. La ſeconde, *Que la liberté n'a de pouvoir que pour pécher*, contre les Pelagiens, qui prétendoient qu'elle ſuffiſoit ſeule pour mé-riter. La troiſiéme, *Que la grace eſt abſolument neceſſaire pour toute action meritoire, que la liberté ſeule qui a tout pouvoir de pécher eſt impuiſſante pour le mérite*, contre les mêmes. La quatriéme, *Que la grace qui dé-gage la liberté de la ſervitude du péché, ne l'aſſujettit point comme eſclave, ou ne la fait pas ſortir d'une ſervitude pour rentrer dans une autre*, contre les Prédeſtinatiens. La cinquiéme, *Que la liberté qui a tout pouvoir de pécher, péchant ſans aucune neceſſité ou contrainte, peut s'en abſtenir : Que reciproquement n'étant neceſſité ni contrainte ſous l'empire de la grace, elle peut lui reſiſter, ayant en tout temps le pouvoir de pécher*, contre les mêmes. La ſixiéme, *Que la grace étant neceſſaire à toute bonne action, elle l'eſt non-ſeulement pour le commencement du ſalut, mais encore pour la perſeve-rance & la conſommation*, contre les Semipelagiens. La ſeptiéme. *Que la grace qui prévient la liberté, qui la meut, qui l'excite, qui l'aide, qui la conduit dans ſon action, ne la contraint point*, contre Calvin. *Ne la neceſ-ſite point*, contre Janſenius & autres Novateurs. Il faut obſerver que lorſque ſaint Auguſtin enſeigne contre Pelage que la liberté n'a de pou-voir que pour le péché ; il a ainſi appellé toute action qui n'étoit pas meritoire & ne pouvoit l'être ſans la grace ; comme auſſi les œuvres naturelles bonnes moralement, mais corrompuës quant au merite mê-me naturel par les motifs de la cupidité, de l'orgüeil, &c. Je diray dans la ſuite ce que l'on doit penſer des infidèles.

De ces sept conséquences il, s'enfuit une huitiéme , sçavoir : *Que la liberté sous l'empire de la grace est tellement maîtresse de son action qu'elle est dans un pouvoir égal de donner son consentement ou de le refuser, quelque efficace & puissante qu'elle soit ; quoy qu'il soit difficile qu'elle luy resiste.* Il est constant que la grace quelqu'efficace qu'elle soit n'établit point la liberté de l'homme dans l'état de l'impeccabilité en quelque moment de la vie que l'on puisse s'imaginer : & qu'il nous reste en tout tems le pouvoir prochain d'user de cette liberté , qui n'est propre que pour le peché qu'elle peut commettre en tout tems, sans aucun secours particulier. J'ay dit qu'il est cependant difficile qu'elle luy resiste ; parce que comme l'enseigne S. Augustin dans la Question 2. du Livre à Simplicien : Dieu qui connoît tout , sçait prendre le cœur humain dans des conjonctures qu'il n'est point de volonté si rebelle qui ne luy cede, qui ne se rende lorsqu'il l'apelle , & qui ne le fasse avec une pleine liberté , qu'il fortifie par sa grace , en la dégageant du poids de la corruption , qui comme dit l'Apôtre l'entraine au mal. Ce qui n'empêche point selon S. Augustin qu'elle ne soit absolument libre ; parce que ce poids n'est qu'une tres-grande facilité à pecher. *Cujus miseretur sic eum vocat , quomodo scit ei congruere , ut vocantem non respuat.* " Il apelle de telle maniere celuy à qui il fait misericorde , & comment il sçait qu'il luy convient , que celuy qui est apellé ne rejette point celuy qui l'apelle. „ Si Dieu maître absolu & tout puissant agissoit sur nos volontez comme sur le neant ; prendroit-il ces ménagemens , sa grace nous étudieroit-elle ? Le Concile de Trente a reconnu nôtre *vouloir* & nôtre *pouvoir* , dans nos resistances à la grace irresistible de Calvin , dans le Canon 4. Session 6. *Si quis dixerit liberum hominis arbitrium à Deo motum... Neque posse dissentire si velit ,* si quelqu'un dit que le libre arbitre de l'homme étant mû de Dieu... ne peut pas refuser son consentement s'il veut , &c. C'est conformément à cette Doctrine qu'Allexandre VII. & avant luy Innocent X. ont fulminé la seconde Proposition de Jansenius , *interiori gratia... numquam resistitur ,* on ne resiste jamais... à la grace interieure. Cette condamnation est encore plus étenduë que la premiere : car dans cette Proposition il n'est pas dit que l'on ne peut point resister ; mais seulement qu'on ne resiste jamais à la grace efficace , la seule interieure avoüée de Jansenius. Le Canon du Concile qui défend sous peine d'anathéme de prononcer que le libre arbitre ne peut s'il veut refuser son consentement ; fulmine aussi quiconque oseroit dire que la liberté ne coopere point à la grace ; mais qu'elle est conduite à la maniere d'un instrument inanimé & purement passivement. *Nihil cooperari assentiendo ... sed veluti inane quoddam nihil omnino agere , merequè passivè se habere. Anathema sit.* Un consentement donné avec liberté est une action, mais le confentement donné fans elle eft une fimple paffion ; ainfi que les idées étrangeres que nous recevons : Ç'eft en confequence de la feconde Propofition de Janfenius & de la doctrine du Concile que les mêmes fouverains Pontifes ont condamné fa quatriéme. *Ad merendum & demerendnm in ftatu naturæ lapfa , non requiritur libertas à neceffitate , fed fufficit libertas à coactione ,* " Pour meriter ou démeriter dans l'état de la nature corrompuë , il n'eft pas befoin de la liberté de la neceffité ; mais la liberté de la contrainte fuffit :,, Et la Conftitution *Unigenitus* de Clement XI , qui condamne toutes les Propofitions du Livre des Reflexions Morales , qui renouvellent les erreurs des Predeftinatiens, de Calvin , de Janfenius , porte un grand coup à la Doctrine des Opinioniftes qui les fuivent de trop prés , leurs remuëmens dans l'affaire prefente en eft une conviction certaine ; jamais les vrais Difciples du Docteur Angelique ne fe font avifez d'appeller d'un Jugement rendu dans l'Eglife fur de fimples opinions d'Ecole , il faut qu'il y ait quelque chofe de plus dans le fiftéme des Nouveaux , ou que les Nouveaux foient moins foumis à l'Eglife que les anciens , qui n'ont point donné cet exemple.

Aprés m'être ainfi expliqué fur la Doctrine de S. Auguftin ; je dis au Bachelier qu'il pouvoit me citer tout autant de paffages de ce faint Docteur qu'il jugeroit à propos , que j'étois prêt à luy en fournir l'intelligence fuivant les huit conclufions ou veritez admifes par luy même contre fes differens ennemis ; qu'elles étoient pour moy toutes autant de regles infaillibles pour interpréter fa pensée ; conformément à la doctrine de l'Eglife , n'en ayant point eu d'autre depuis fa converfion comme il l'avouë luy même ; il s'en faut beaucoup que Janfenius en ait pensé ainfi , comme je le démontrerai par fon propre témoignage.

XXII. Mon adverfaire me propofa d'abord ce fameux paffage de S. Auguftin qui regarde le don de la Perfeverance , tiré du 12 chap. du Livre *De correp & gratia* , qu'il appliqua à la grace actuelle. *Subventum eft infirmitati voluntatis humanæ , ut Divinâ gratiâ indeclinabiliter & infuperabiliter ageretur.* " Il a été pourvú d'un fecours à l'infirmité de la volonté humaine , afin qu'elle fut conduite par la grace Divine indéclinablement & infurmontablement : Donc qu'on ne peut , & qu'on ne refifte point à la grace ; ou fi on luy refifte , il eft faux , comme S. Auguftin l'a avancé , que la grace foit indeclinable & infurmontable , & que la volonté foit plus agie qu'elle n'agit.

J'obligé en premier lieu mon adverfaire de m'avouer dans quel Livre de S. Auguftin il avoit trouvé ce paffage : il me dit que c'étoit du 12 chap. de la Correction & de la Grace. Je luy demandé enfuite s'il pouvoit me dire à quelle occafion S. Auguftin avoit écrit ce Livre ; il me répondit qu'il paroiffoit l'avoir fait contre les Semipelagiens du

Monastere d'Adrumet. Je luy demandé en troisiéme lieu s'il se ressou-
venoit bien quelle étoit l'erreur des Semipelagiens. C'étoit, me dit il,
d'attribuer le commencement du salut, des bonnes œuvres & de la
foy à la grace ; la continuation & la consommation au seul franc arbitre. Je luy repliqué, il est donc évident par vos propres aveux
que S. Augustin ne combat par ce passage que l'erreur des Semipelagiens, à qui le S. Docteur démontre la necessité de la grace en tout
tems ; parce que c'est un secours accordé à l'infirmité de la volonté :
Or nôtre volonté est infirme durant tout le cours de nôtre vie : Donc
conclud S. Augustin que nôtre volonté a besoin de cette assistance
continuelle, qui ne peut cesser ou décliner de nous un instant que
nôtre volonté ne soit emportée par le poids de son infirmité. Voilà
l'intelligence du terme *indeclinabiliter*, indéclinablement ; contre les
Semipelagiens qui prétendoient que nous n'en avions pas toûjours besoin, que ce secours nous abandonnant nous pouvions également perseverer par les forces du seul franc arbitre. Ce n'étoit pas encore assez contr'eux, ces Heretiques prétendoient que nôtre franc-arbitre
étoit si puissant qu'il pouvoit par luy seul, par ses propres forces surmonter universellement tous les obstacles qui se rencontroient dans
l'œuvre du salut. S. Augustin leur demontre au contraire que l'infirmité de nôtre volonté étoit si grande qu'elle ne pouvoit pas elle seule
vaincre les plus petits obstacles ; que tout ce que nôtre franc arbitre
avoit de puissance par luy seul, c'étoit de seconder l'infirmité de la
volonté, & une grande facilité de pecher jointe à l'inclination que
nôtre concupiscence nous donne au peché : *Neque enim valet liberum
arbitrium nisi ad peccandum.* Que par consequent nous avions besoin
d'un secours indéclinable & continuel ; mais qui donnât la force à nôtre volonté infirme de surmonter tout obstacle. Ce que S. Augustin a
exprimé par le mot *insuperabiliter*, insurmontablement, invinciblement.

Ce Passage n'autorise donc en rien le sistéme de la grace irrésistible.
Le S. Docteur supose bien contre les Semipelagiens qu'il faut que la volonté
soit conduite indéclinablement sans cesser un instant avec un secours
non seulement continuel, mais encore superieur & invincible ; mais il ne
supofa jamais que la volonté fut ou necessitée ou contrainte de se servir
du puissant secours qui luy est continuellement offert : Un General
d'Armée peut avec des forces superieures à celles de son ennemi, invincibles même par celles de son ennemi, s'en laisser vaincre en de-
meurant dans l'inaction, en refusant de profiter des forces superieures
& continuelles qu'il a en main, & dont il est environné.

Je mesuré ensuite la consequence de mon adversaire avec les huit,
tirées de la doctrine de S. Augustin, qui me servent de regles ; voyant

qu'elle ne s'accordoit avec aucune, je la nié abſolument, comme étant heretique ; mes huit regles étant autant de dogmes de Foy. Je dis enſuite au Bachelier que s'il prétendoit ſelon l'intelligence de Janſenius inferer de ce texte une neceſſité d'agir indéclinable & inſurmontable ; je ne voyois pas par quel endroit il pouvoit diſputer à Calvin la *Coaction* ou *Contrainte*, ayant eu autant de droit de la conclure que Jeanſenius la neceſſité, n'y ayant rien dans ce texte qui conclud plus en faveur de l'un qu'en faveur de l'autre, qu'ainſi ne pouvant évincer Calvin de ſa conſequence, ſa pretention étoit fauſſe & ſon dogme heretique. L'Egliſe au contraire a toûjours un principe ſur, une regle certaine pour diſtinguer ſon dogme non-ſeulement d'un dogme faux, heretique, erroné, captieux & dangereux ; mais encore des termes certains, clairs, évidens, contre leſquels on ne peut conclure un dogme ſoit contradictoire ou même affirmatif erroné, que la fauſſeté ne ſoit auſſi évidente que la verité du dogme Catolique qu'il combat en quelque maniére que ce puiſſe être : c'eſt ce qui ne ſe trouve point dans vôtre concluſion, dis-je à mon adverſaire : Calvin & Janſenius ont parlé d'une neceſſité, l'Egliſe l'a proſcrit : ainſi que Calvin s'énonce par le terme de *coaction* ou de *contrainte Impulſu*, Janſenius par celuy de *neceſſité* : Ces deux dogmes erronez combattent bien en quelque façon entr'eux, mais ils ſont également opoſez au dogme Catolique, qui exclud l'une & l'autre ; proſcrivant toute neceſſité en general, elle proſcrit auſſi toutes les eſpeces inventées & figurées par les Heretiques : Janſenius & Calvin n'auront pas plus de bruit enſemble ſur la varieté des termes ; ils ne feront pas plus ſchiſme dans une même ſocieté à cette occaſion, que les Diſciples de l'Ange de l'Ecole & du Docteur ſubtil n'en feront dans l'Egliſe, pour la défence de la *diſtinction formelle* & de la *diſtinction de raiſon*.

XXIII. Mon adverſaire me repliqua que S. Auguſtin parlant du don de la Perſeverance, par raport aux deux états, met une grande difference entre celuy qui fut offert ou donné à Adam innocent ; & celuy qui eſt accordé dans l'état preſent, ſous la grace de la Redemption. Il dit que dans le premier ce don étoit *auxilium ſine quo*, ſans lequel Adam ne pouvoit perſeverer, & avec lequel il pouvoit ne pas perſeverer ; mais que dans le ſecond ce don eſt *auxilium quo*, avec lequel non-ſeulement on perſevere, mais encore avec lequel on ne peut pas perſeverer ; que le premier don étoit ſoumis au libre arbitre, qui pouvoit le fléchir à ſon gré ; que le ſecond au contraire fléchit la liberté de telle maniere qu'elle ne peut y reſiſter. Il cita cet endroit de S. Auguſtin qui enſeigne que le don étant une fois accordé ne peut plus ſe perdre, même par contumace, *ſed cum datum fuerit contumaciter amitti non poteſt*. Livre 2. *de dono perſever*. ch. 6. Donc, dit il, ce don eſt irréſiſtible, puiſqu'il eſt inamiſſible. Je conferé de nouveau la confequence avec les huit regles , je luy en démontré l'hereticité , par confequent la fauffeté de fon principe mal établi , par S. Auguftin.

Je luy formé enfuite quatre queftions : 1°. S'il fçavoit que S. Auguftin fut perfuadé qu'Adam avoit peché quand il a établi la diftinction d' *auxilium quo*, & *auxilium fine quo*. 2°. Si le S. Docteur fçavoit à quelle occafion Adam tomba dans le peché. 3°. Si luy même reconnoiffoit quelque difference entre la liberté d'Adam innocent & la liberté d'A. dam pecheur. 4°. S'il fçavoit enfin contre qui S. Auguftin établiffoit la difference de ces dons : M'ayant fatisfait affirmativement fur ces quatre points ; Je luy dis 1°. Que S. Auguftin fçachant bien qu'Adam avoit peché , il n'avoit établi cette difference que fur l'évenément. 2°. Qu'Adam ayant peché , il l'avoit fait dans une occafion tres legere , la tentation à laquelle il eut le malheur de fuccomber n'ayant été accompagnée d'aucune violence interieure de la part de la concupifcence & des paffions, ni d'aucunes violences exterieures , telles que font les menaces & les terreurs. 3°. Que c'eft parce que rien ne le portoit au peché , qu'il étoit extrémement libre , qu'il avoit de plus une grace proportionnée à fon état , que fon peché en fut plus grand. 4°. Que S. Auguftin combatant les Pelagiens avoit à établir contr'eux que nôtre état étant bien different de celuy d'Adam innocent , nous avions befoin non-feulement du même don qui luy fut neceffaire ; mais encore plus puiffant dans fes operations , parce que tout l'homme étant revolté contre luy-même , il étoit affailli au dedans par la concupifcence & les paffions , au dehors par les tentations fortes & frequentes , par les preffantes follicitations , par les occafions également continuelles & féduifantes.

De ces quatre obfervations il s'enfuit , 1°. Que S. Auguftin n'étant point entré dans les confeils de la Sageffe Eternelle , que nul homme ne pouvant penetrer la nature , l'étenduë , le poids & la mefure des dons de Dieu ; ce S. Docteur n'a jamais prétendu établir de la difference entr'eux par leur effence , ou *à priori*, comme parle l'Ecole ; tout don de Dieu étant infini en luy-même , capable de produire tout effet qu'il fe propofe , foit d'une volonté abfoluë , foit d'une volonté conditionnelle, par raport aux differentes caufes , libres ou neceffaires. S. Auguftin n'ayant parlé qu'aprés l'évenement ; c'eft à dire à vûë des differens effets du don de perfeverance dans l'état d'innocence & dans l'état prefent , n'a établi fa diftinction qu'à *pofteriori*, comme s'expriment les Scholaftiques : les deux états étant bien differens, il conclud de l'étendue que doit avoir le don de perfeverance dans le fecond au deffus du premier ; puifque les circonftances étant fi éloignées l'on perfevere cependant dans l'état prefent , ce qu'Adam n'a point fait

dans

dans celuy de l'innocence. Mais on ne démontrera jamais que S. Augustin ait prétendu relever cette étenduë du don de la Perseverance par raport à ses operations dans l'état present, de celuy de l'état d'innocence, en ce qu'on pouvoit & qu'on resistoit à celui cy ; mais que l'autre étoit irrésistible & inamissible. Tout Catolique reconnoît & enseigne que les Sacremens produisent la grace *ex opere operato*, par-consequent on peut qualifier chacun de *signum quo*. Il n'en est aucun qui ne convienne que malgré cette efficacité il faut une disposition de celuy qui le reçoit librement, que l'on apelle, *conditio sine quâ*. Or je demande, la condition *sine quâ* venant à manquer, quelle est l'operation du *signum quo* ? Le don de Perseverance dans l'état present est *auxilium quo*. C'est la Doctrine de S. Augustin. Mais je démontrerai que nôtre consentement libre est *conditio sine quâ non*, par S. Augustin même.

L'adversaire me repliqua que S. Augustin appelloit la grace de Dieu une volonté tres-toute puissante *omnipotentissima voluntas*. Ce qu'il n'au-roit pû dire si la grace n'avoit infailliblement son effet, & qu'on luy resistât.

Je luy répondis qu'il n'étoit pas un seul terme dans S. Augustin que je n'admis volontiers, que si ce S. Docteur avoit pû en employer de plus forts, je m'en servirois aprés luy ; pour ruïner comme il a fait la doctrine des Pelagiens, qui s'étans quelquefois échapez à recon-noître une grace, l'avilissoient jusqu'à ce point qu'elle ne pouvoit rien sans la nature qui la faisoit triompher ; au lieu de convenir avec saint Augustin que la nature ne pouvoit rien sans la grace, qui la rend victorieuse : il leur démontre qu'étant un don de Dieu elle est par-consequent toute-puissante ; ce que l'on ne peut dire de la nature sans blasphémer & parler contre l'experience.

Je demandé ensuite s'il n'étoit pas persuadé 1°. Que le peché & l'heresie étoient deux grands maux qui arrivoient souvent dans le monde. 2°. Qu'il ne meconnoissoit pas qu'ils fussent contre le Com-mandement de Dieu, contre sa volonté. 3°. Enfin si la volonté de Dieu n'étoit pas toute-puissante. Il en convint & dit, que tout ce qui étoit en Dieu, étoit Dieu. Je repris : Pourquoy donc arrive-t-il tant de maux que Dieu ne veut pas ? Conclurez-vous contre la toute-puissance de Dieu *à Priori*. Par sa nature. Que Dieu n'est pas tout-puissant, parce que nous avons preuve *à Posteriori*. Par les effets. Que Dieu n'em-pêche point le mal qui est contre sa volonté ?

Il faut donc qu'à *Posteriori*. ou Par les effets, nous distinguions dans Dieu une volonté toute-puissante, absoluë, & une volonté toute-puis-sante conditionnelle. Nous appellons toute-puissante absolue cette vo-lonté par laquelle Dieu exerce indépendamment de toute condition,

H

hipotefe ou circonftance, tout ce qu'il luy plaît. Nous apellons volonté toute puiffante conditionnelle celle qu'il a bien voulu par un effet de fa liberté annexer à de certaines conditions, lui prefcrire des bornes qu'elle ne peut recevoir que de luy feul. Lorfque Dieu a voulu créer le monde il l'a fait de cette volonté toute-puiffante abfoluë, à laquelle rien ne refifte ; Tout à fa parole eft forti du neant, fans demander le confentement du neant, *Il a dit & tout a été fait.* Dieu d'une volonté toute-puiffante veut le falut de tous les hommes ; mais il a attaché l'effet de cette volonté toute-puiffante à des conditions. " Si vous voulez entrer dans la vie éternelle obfervez les Commandemens. *Si vis ad vitam ingredi ferva mandata.* " Nul ne peut entrer dans le Royaume des Cieux s'il n'eft regeneré. *Nifi quis renatus fuerit.* " Si vous ne faites penitence vous perirez tous. *Nifi pœnitentiam egeritis.* " Celuy qui aura été baptisé & qui croira fera fauvé, *qui crediderit & baptifatus fuerit.* L'hipotéfe jointe à la volonté toute puiffante qui la demande, il n'eft aucune puiffance dans les Cieux, ou rien n'eft au deffus de Dieu, ni luy même dont les decrets font immuables, ni rien fur la terre, où tout eft au-deffous de luy, qui puiffe empêcher le falut de celuy qui par fon fecours a joint la condition à la volonté; qui eft fi puiffante qu'il eft même impoffible à Dieu de refufer la gloire à un enfant mourant aprés le Baptéme ; Parce que Dieu ne peut être contraire à luy-même. Le don de perfeverance eft une volonté de Dieu toute puiffante, qui demande une condition de nôtre part, fçavoir l'acquiefcement libre de la nôtre ; ce confentement libre joint à la toute puiffante volonté de Dieu, ces dons auront tellement en nous leurs effets que rien ne pourra les aneantir ; rien par-confequent ne pourra nous faire perdre le don de la Perfeverance, *nec contumaciter amitti.* S. Auguftin renferme ces deux volontez de Dieu dans un feul paffage, & en peu de mots. " Tout vient de Dieu, mais non pas „ comme à des gens endormis, & comme fi de nous même nous ne „ faifions aucun effort, comme fi nous ne voulions pas ; fans nôtre „ volonté la juftice de Dieu n'habite point en vous ... Celuy qui vous „ a fait fans vous, ne vous juftifie point fans vous, & fa juftice ne „ peut habiter en vous, fi ce n'eft par vôtre volonté ; il vous a creé „ fans que vous le fçuffiez, il ne vous juftifie point fans que vous le „ vouliez. *Totum ex Deo non tamen quafi dormientes, non quafi ut non conemur, non quafi ut non velimus, fine voluntate tua non erit in te juftitia Dei ... Qui fecit te fine te, non te juftificat fine te... fed in te effe non poteft nifi per voluntaeem tuam,* Fecit nescientem, Justificat volentem. *ferm. 169. de verbis Apoftoli.*

Ces endroits ont paru fi convaincants à Janfenius que pour en enerver toute la force & venir à fon but ! il interprète le mot de *voluntas*

par celuy de *volitio niſi tua. lib. 8. de gratia Chriſti. cap. 5. pagina* 349.
Edition de Roüen 1643. Mais il n'a pas pris garde que le terme de
volition qui ne ſignifie point vouloir librement , combat avec celuy de
conemur Tachions , qui le demande abſolument ; c'eſt aux mêmes fins
que l'Edition Maurienne eſt tombée dans une ſemblable prévarication,
en changeant cette leçon , mettant au lieu de *Per voluntatem tuam* , par
vôtre volonté ; Cette autre expreſſion bien differente *Præter voluntatem tuam* , contre , ou bien , outre vôtre volonté. Ce qui eſt traduire
S. Auguſtin en Docteur ridicule , le faiſant eſcrimer vis-à-vis de rien ;
Il exhorte ſes auditeurs à travailler avec la grace pour s'acquerir la
juſtice , & ces Nouveaux Docteurs inſinuent que c'eſt Dieu qui fait
tout : Nôtre volonté n'eſt qu'un volition que nous prêtons ſans travail
ſelon Janſenius ; & ſelon l'Edition Maurienne Dieu ne fait rien contre
nôtre gré ; voilà tout nôtre travail & nôtre liberté , contre le texte
évident de S. Auguſtin.

2° Je dis que la tentation d'Adam étant legere par raport à toutes
les heureuſes circonſtances où il ſe trouvoit ; la grace qui l'accompa-
gnoit n'avoit aucun obſtacle interieur à vaincre pour luy laiſſer toute
l'étendue de ſa liberté, avec laquelle il ſe porta à la tranſgreſſion , ſans
être incliné au peché par aucune cauſe comme la nôtre dans l'état preſent , que Pelage a voulu élever juſqu'aux prérogatives de l'état d'innocence. Comme il nioit que le peché de nos Peres eut paſſé juſqu'à
nous , qu'il croyoit que nous naiſſions innocens ; il prétendoit auſſi que
nous pouvions avec la même facilité faire le bien & fuïr le mal que
l'homme innocent. S. Auguſtin prouve contre luy que poſé même cet
état, Adam avec ſa liberté pleine & entiere avoit encore beſoin du don
de Perſeverance ; que ce don dans luy étoit un ſecours , ſans lequel ,
auxilium ſine quo , il n'auroit jamais pû perſeverer , quelque volonté
qu'il eut eu de le faire ; qu'ainſi ce ſecours nous ſeroit également neceſſaire quand même nôtre condition ſeroit ſemblable à la ſienne.

3°. Que ce ſecours ſans lequel Adam ne pouvoit perſeverer , avec
lequel il n'a pas perſeveré devient dans l'état preſent un ſecours par
lequel nous pouvons non-ſeulement perſeverer , mais encore avec lequel pluſieurs perſeverent ; ce qui lui a fait donner par ſaint Auguſtin
le nom d'*Auxilium quo* par la multitude des operations qu'il fait en nous,
pour ſurmonter la multitude de tous ces ennemis contre qui Adam
n'avoit point à combattre, nôtre liberté étant tombée dans la ſervitude
par le peché, n'étant capable & puiſſante que pour pécher, dit ſaint
Auguſtin contre les Pelagiens, ayant au dedans de nous une concupiſcence ardente, des paſſions tumultueuſes, au dehors des tentations
vives, des ſollicitations preſſantes, des occaſions ſi perilleuſes ; qui ſe
joignent à nôtre corruption interieure ; des perſecutions cruelles de la

part des tirans ennemis de la Foy de Jefus-Chrift à foutenir ; des tourmens horribles, affreux, à fouffrir, comme ont fait tant de Saints Con-
feffeurs, des Vierges même d'une extrème jeuneffe, d'une extrème délicateffe. Adam innocent ayant été à couvert de tous ces combats
n'ayant cependant pas perfeveré, nous concluons par les differens effets
ou à *Pofteriori*, qu'il faut neceffairement que les operations du don de
Perfeverance foient plus fortes, plus puiffantes, plus étenduës dans l'é-
tat prefent que dans celui de l'état innocent ; mais auffi il eft à obferver que cet *Auxilium quo*, que ce fecours triomphant & victorieux dans fes
operations eft annexé à une condition *fine quâ*, fans laquelle il ne peut
avoir de fuccès. Cette condition eft nôtre cooperation libre que Dieu
demande de nous fi nous lui repondons conftamment, jamais rien ne
pourra nous le faire perdre, *Contumaciter amiffi non poteft*, dit le faint
Docteur fuivant l'efprit de faint Paul qui écrivant aux Romains chap.
8, leur difoit. " Qu'il étoit certain que ni la mort, ni la vie, ni les
Anges, ni les principautés... ni enfin aucune créature pouroit le
feparer de la charité de Dieu. „ Il avoit déja dit. " Que ni la tribu-
lation, ni les embuches, ni la faim, ni la nudité, ni le peril, ni la
perfecution, ni le glaive ne pouvoient le feparer de l'amour de Jefus-
Chrift. „ Telle eft la difference des operations du don de la Perfeverance dans l'état prefent, qu'Adam perdit avec tant facilité, fans être
expofé à aucune de nos contradictions & de nos perils.

4°. Que les Pelagiens & Semipelagiens prétendans les uns que
nous pouvions par les feules forces de la nature confommer
nôtre falut ; les autres accordans le commencement à la grace & la
Perfeverance finale au feul franc arbitre ; faint Auguftin démontre au
contraire que nous avons befoin en tout tems & fans interruption du
don de Dieu ; par l'opofition des deux états ; s'il a été neceffaire à
Adam innocent, fi avec ce don il n'a pas perfeveré ; quelle doit donc être
la force, la vertu & l'efficacité de fes operations dans l'état prefent, où nous
fommes expofés à tant d'ennemis & de dangers fans avoir aucune de
fes heureufes prerogatives du côté de la nature, faine en lui & infirme
en nous. On ne demontrera jamais que faint Auguftin qui a fi bien établi la neceffité de ce don & l'efficacité de fes operations, ait enfeigné
qu'il faifoit tout en nous & fans nous, c'eft à dire, fans y contribuer
activement de nôtre part, non point par une fimple *volition* qui n'eft
point oppofée à la neceffité, ni à la contrainte ; mais par une veritable
action de la volonté libre, exempte abfolument de l'une & de l'autre.
Si on l'infere de quelqu'une de fes expreffions, c'eft l'erreur de ceux
qui prétendent avoir fon intelligence, comme Calvin, Janfenius,
Quênel & leur difciples s'en glorifient contre le Jugement de l'Eglife,
qui en a une toute opofée. A qui croirons nous, fera-ce à des hommes

particuliers, emportés par leur propre vanité & leurs orgueilleuses preventions ; ou à l'Eglise conduite par l'esprit de Dieu ? je ne crois point
que pour peu qu'on ait de connoissance de la Religion & de l'Eglise ;
penetré de l'une, soumis à l'autre, on balance un instant dans le choix
sans renoncer à l'Evangile. *Si Ecclesiam non audierit sit tibi tanquam
ethnicus.*

Non-seulement on ne peut inferer de la Doctrine ni même des expressions de saint Augustin que le don de Perseverance soit inamissible
par raport à la necessité impofée à la volonté , mais il démontre le
contraire dans 15 Sermons de *Verbis Apostoli.* chap. 9. Voici comme il
parle : "Car l'excuse de ceux qui disent nous n'avons point entendu la
parole est bien plus légitime que celle de ceux qui disent nous n'avons
pas reçû la perseverance ; car de même que l'on peut dire, Homme vous
persevereriés si vous vouliés dans ce que vous avez entendu & ce que
vous avés apris, on ne peut dire reciproquement, vous croiriés si vous
vouliés ce que vous n'avez jamais entendu. *Justior enim videtur excusatio
dicentium , non accepimus audientiam , quam dicentium non accepimus perse-
verantiam, quo nam potest dici, homo in eo quod audieras & tenueras , in eo
perseverares si VELLES; nullo modo autem dici potest , id quod non audieras crederes si velles.*

XXIV. Il faut certainement que les Novateurs ayent été bien convaincus eux mêmes, que saint Augustin n'ait pas parlé assez clairement
selon leur gré pour favoriser leurs sentimens, puisqu'ils se sont trouvés
dans la necessité de corrompre ses textes pour le faire parler comme
ils voudroient qu'il eut parlé. Le texte que je viens de citer est des anciennes éditions d'Erasme & de Louvain, corrompu dans l'édition Maurienne, où on lit Si VELLET, *s'il vouloit,* la comparaison de saint Augustin est invincible pour démontrer ce que l'un peut & ce que l'autre
ne peut pas dans les differentes circonstances où il les met, que l'un
est dans le pouvoir de perseverer dans la foi qu'il a reçûë s'il le veut ,
l'autre dans l'impossibilité de pouvoir conserver ce qu'il n'a pas reçû ;
saint Augustin dit de celui-ci que son excuse est legitime, disant qu'il
n'a pû croire ce qu'il n'a point entendu , que l'autre au contraire ayant
pû conserver ce qu'il avoit entendu & ce qu'il avoit apris s'il eut voulu
est inexcusable. Mais nos Nouveaux Editeurs ont jugé à propos de renverser l'idée du saint Docteur, en attribuant à une autre volonté que
celle de l'homme sa perseverance dans la foi. C'est à Dieu seul qu'ils
veulent attribuer cette volonté. Mais que s'ensuit-il de cette corruption ? un blasphême qu'ils font prononcer à saint Augustin. Ce saint
Docteur dit au même endroit : *nisi voluntate mala id relinqueres quod tenebas.* "Si par une mauvaise volonté vous n'abandonniez ce que vous
avés reçû. Si selon les Editeurs Mauriens, on persevereroit si Dieu le

vouloit , *si vellet*. Il s'enfuit que si on ne persevere pas c'est par la volonté de Dieu : Or quelle est cette volonté de Dieu ? une volonté mauvaise , *nisi mala voluntate*. Saint Augustin n'a mis en cet endroit aucun article qui specifiât aucune attribution suffisamment faite par ces paroles qui précedent, *perseverares si velles*. L'édition Maurienne portant dans sa Leçon *si vellet*. Je demande à tout Lecteur de bon sens à qui on doit attribuer cette Leçon generale , *voluntate mala*. Si ce n'est au même à qui on attribuë *si velles* , & à quel autre peut on l'attribuer qu'à Dieu seul auteur de la Perseverance. Si l'on veut cependant ne prendre aprés cela que la simple qualité d'Opinionistes, que doit on penser des opinions qu'on ne peut soutenir que par des corruptions si importantes , dont on conclut si évidemment le blâphême ? que faudra-t-il donc enseigner pour être heretique ?

Il est évident par la Doctrine de saint Augustin : Que les Commandemens de Dieu ne sont point impossibles : Que ces Commandemens ne sont pas pour un certain tems ni un certain nombre de personnes, mais pour tout le monde & pour tout le tems de la vie : Que l'observation de la plûpart n'étant pas possible en tout tems sans le secours de la grace , il est de la justice comme de la misericorde de Dieu de l'accorder à l'homme à qui le precepte en est fait : Or tous les hommes ne sont pas dans les mêmes circonstances , les uns ont au dedans & au dehors plus de penchant , plus de tentations ou plus d'occasions à la transgression , les autres moins ; c'est l'experience. Il n'est pas moins incontestable que les mêmes Commandemens qui sont pour tous d'une obligation également indispensable , étant plus faciles aux uns, plus difficiles aux autres ; il est donc necessaire par consequent que les operations du don de Dieu soient proportionnées aux besoins de tous, pour aider un chacun selon les circonstances où il se trouve ; elles peuvent cependant ne l'être pas ; c'est ce que saint Augustin enseigne écrivant contre les Pelagiens : voici comme il parle dans le 43 chap. du Livre *de natura & gratia*. " Dieu ne commande rien d'impossible, mais en nous commandant il nous avertit de faire ce que nous pouvons , & de demander ce que nous ne pouvons pas. *Non agitur Deus impossibilia jubet , sed jubendo admonet & facere quod possis & petere quod non possis*.

On ne peut nier que si Dieu veut nôtre salut de son côté, du nôtre il veut que nous y travaillions ; s'il faisoit tout , ce seroit en vain que le S. Docteur nous exhorteroit à demander selon l'ordre de Dieu même ce que nous ne pouvons pas ; mais si Dieu faisoit sentir tout d'un coup dans toutes les circonstances où nous nous trouvons toute l'étenduë des operations de sa grace ce qu'il peut, ce qu'il fait quelquefois sans y être obligé, comme il a fait au Larron penitent, à S. Paul persecutant l'Eglise, &c. nous n'aurions plus besoin de prier ; Dieu prévenant alors toutes nos demandes , nous ne nous fentirions dans aucune neceffité de recourir à luy. Il eft donc de fa providence de nous laiffer fentir nos befoins , nôtre dépendance ; ce n'eft point en vain qu'il a inftitué la Priere , qu'il nous a ordonné de prier , & qu'il en a fait le precepte univerfel ; De là il fuit encore que fi je ne fais pas ce que je puis avec les forces prefentes , ou qu'après avoir fait ce que j'ay pû je ne demande point ce que je ne puis pas , c'eft uniquement par ma faute que je perds le précieux don de la Perfeverance. C'eft donc mal entendre S. Auguftin que d'établir l'inamiffibilité de ce don fur ces paroles *contumaciter amitti non poteft* ; quand on ne fait pas ce que l'on doit ou pour l'obtenir ou pour le conferver. *Perfeverares fi velles... nifi voluntate mala relinqueres id quod tenebas. num* 7. "Vous perfevereriez fi vous vouliez ; fi par une mauvaife volonté vous n'abandonniez pas ce que vous aviez reçû. ,, On l'entendra facilement avec le S. Docteur par raport à ceux qui travaillent , qui prient , qui follicitent la mifericorde de Dieu ; parce qu'alors il eft difficile de comprendre que ceux qui font tout ce qu'ils peuvent pour l'obtenir , qui n'obmettent aucuns des moyens établis de Dieu , qui font fidéles à répondre à fes graces , veuillent la perdre , que confervans un defir ardent & continuel de ne point fe rendre indignes d'une grace qu'ils ont demandée , qu'ils demandent toûjours , qu'ils ont obtenuë , puiffent être vaincus , même par les tourmens les plus cruels. *Hoc bonum fuppliciter emereri poteft , fed eum datum fuerit contumaciter amitti non poteft.* Si Dieu l'accorde à ceux mêmes qui paroiffent y avoir des difpofitions contraires , qui le reçoivent au moment de la mort , fans y avoir apporté aucune préparation durant tout le cours d'une vie qu'ils ont confommée dans l'infidelité , l'incrédulité ou l'iniquité , dont ils rendent cependant le dernier foupir dans la grace de Dieu : comment concevrons-nous que rien pourra le vaincre dans les Juftes qui ont confommé leur vie dans fon fervice? Dieu fidéle ne fouffre point que nous foyons tentez au deffus de ce que nous pouvons , ni que nous foyons entrainez malgré nous : Mais on ne peut inferer de là que la perfeverance foit inamiffible abfolument ; parce qu'on ne peut admettre fans erreur aucune inftant d'impeccabilité dans la vie , tant que nous jouiffons de nôtre liberté , que nous pouvons perdre par infirmité , mais que Dieu n'ôte jamais ; fi par infirmité nous la perdons , nous fommes alors réduits à la condition des enfans , Dieu ne nous l'ôtant point par fa grace : l'on peut toûjours en tout tems pécher : ainfi le don de Perfeverance n'eft inamiffible qu'autant que nous confervons la bonne volonté , *Nifi voluntate mala relinqueres id quod tenebas.* Si par une mauvaife , dit S. Auguftin , on n'abandonne point ce que l'on a reçû.

Je demandé derechef à mon adverfaire s'il ne reconnoiffoit pas ,

1°. Que la Redemption de Jesus-Christ fut efficace par elle-même ; il en convint. 2°. Si Jesus-Christ étoit mort pour tout le monde ; il me répondit que la proposition contradictoire avoit été condamnée. 3°. Si tous les hommes generalement étoient sauvez par l'efficacité de la Redemption ; il répondit que non : Comment pouvez vous donc soûtenir, luy dis-je, Que la grace est tellement efficace qu'on n'y resiste jamais? son efficacité est-elle plus souveraine que celle de la Redemption, dont elle tire toute sa vertu? Si tous les hommes ne profitent point du fruit qu'elle nous a procuré, qu'une infinité la rendent inutile, comment & par quel titre concevrons-nous que la grace efficace par elle-même ait toûjours son effet, qu'on ne luy resiste jamais, & que l'on puisse rendre inutile l'efficacité de la Redemption? Je luy fis les mêmes questions sur la vertu des Sacremens dans l'opinion des Thomistes ; sçavoir, 1°. Si les Sacremens produisoient la grace *ex opere operato*, ou efficacement. 2°. S'ils la produisoient phisiquement. 3°. Si ces signes phisiquement efficaces de la grace santifiante, operoient infailliblement dans tous ceux qui les recevoient. M'ayant répondu affirmativement aux deux premieres, & negativement à la troisième : Je luy en demandé la raison, il me répondit ; que tous n'aportoient point les conditions requises & necessaires ; que les obstacles qu'on formoit à la reception de la grace annulloient l'efficacité phisique des signes par raport à ceux qui les recevoient en mauvaise disposition , qu'à leur égard les Sacremens devenoient des sacrileges. Voilà donc, luy repliquai-je la difficulté vidée par vos propres principes, tant par raport à la grace efficace par elle-même , que par raport au don de perseverance , qui ont toûjours leur efficacité *ex parte donorum*, mais qui manquent leurs effets *propter obices*. La grace de la Redemption n'ayant point son effet generalement pour tout le monde, puisque tous universellement ne sont pas sauvez : c'est sur la difference de ses effets par raport aux Prédestinez, & par raport aux Réprouvez, qu'on a établi dans les Ecoles Catoliques que Jesus-Christ est mort suffisamment pour ceux ci , efficacement pour ceux-là ; Mais les Scholastiques ont ils jamais prétendu établir deux caracteres dans la Redemption considerée *à Priori*. Prise par sa nature. Enseigner deux Redemptions, une suffisante qui n'aura jamais son effet ; une efficace qui l'aura toûjours infailliblement. Jesus-Christ est-il mort deux fois? ou en mourant une seule, auroit-il eu une restriction mentale? c'est une temerité outrée, scandaleuse dans la Religion , capable de la faire traduire en ridicule parmi ceux qui sont dehors, *ab iis qui foris sunt*, avilir à leurs yeux la sagesse de nôtre Dieu, en suposant, en voulant soûtenir comme vrai, qu'il y ait deux magasins differens dans la misericorde , un de graces suffisantes qui n'auront jamais l'effet qu'elles peuvent avoir ; un de graces efficaces

ces aufquelles on peut refifter , & aufquelles jamais on ne refifte. J'ay démontré par des exemples les plus fameux de l'Ecriture , que quoique par les effets il en foit qui nous paroiffent d'un ordre inferieur aux autres , les plus éclatantes cependant ont été fouvent fans effet par la malice des hommes ; que celles au contraire que nous croyons infiniment au deffous , ont produit par la docilité & la bonne volonté de plufieurs des effets également touchans & furprenans.

De tous ces principes il s'enfuit , 1°. Que le don de Perfeverance eft inamiffible abfolument dans les enfans mourans aprés le Baptême, parce qu'il n'eft pas dans leur pouvoir d'y former aucun obftacle. 2°. Que ce même don eft inamiffible conditionnellement dans les Juftes qui n'y aportent point les obftacles qu'ils pouroient y former à raifon de leur liberté , n'y ayant aucun inftant d'impeccabilité dans la vie prefente 3°. Qu'il eft abfolument inamiffible dans le dernier acte de fa confommation ; parce que deux contradictoires ne peuvent fe verifier en même tems à l'égard d'un même objet : par confequent le don de Perfeverance ne peut pas fe confommer & fe perdre en même tems. La Perfeverance dans ces trois états eft apelée fuivant la doctrine de S. Auguftin *Auxilium quo.* C'eft ce don qui prévenant les uns, demandé par les autres avec prieres humiliées , s'eft foûtenu par la correfpondance de ceux à qui il a été accordé ; qui s'étant enfin confommé en eux n'a pû fe perdre , *Cum datum fuerit , contumaciter amitti non poteft.* 4°. Quoi que l'on ne puiffe perfeverer fans ce don ; que fans luy on ne perfevere point ; on peut avec luy ne pas perfeverer , c'eft ce que le Concile de Trente a enfeigné contre les erreurs du feiziéme fiecle.

" Tous doivent avoir à l'égard de ce fecours une tres ferme confiance en Dieu : car comme il a commencé l'ouvrage , il y donnera la confommation , s'ils ne manquent point à fa grace. *Deus enim , nifi illius gratia defuerint , ficut cœpit opus bonum , ita perficiet. De Juftif. cap.* 13. *& can.* 9

Saint Auguftin dans le 26 chap. *de natura & gratia* répondant à **Pelage** & à **Celeftius** qui prétendoient que la nature étant guerie par la grace elle n'avoit plus befoin du Medecin, que fi elle avoit eu befoin de la grace parce qu'elle avoit péché , elle n'en avoit plus befoin pour ne plus pécher : le faint Docteur relevant la comparaifon du boiteux qu'ils aportoient en preuve, leur demontre que quoiqu'il ait été gueri il a encore befoin du fecours du Medecin: de même auffi que celui que Dieu a gueri fpirituellement par la grace de Jefus-Chrift nôtre médiateur, ou qui l'a vivifié ; c'eft-à-dire l'impie qu'il a juftifié , aprés l'avoir conduit à une juftice parfaite , il ne l'abandonne plus , fi celuy qui a été juftifié ne l'abandonne , *non deferit , fi non deferatur.* Enfuite il

I

conclud : "Dieu donc guerit non feulement pour effacer le peché dont nous fommes coupables ; mais il fait encore que nous ne pechions plus. *Sanat ergo Deus non folùm ut deleat quod peccavimus , fed ut præftet etiam ne peccemus.* En demontrant ainfi contre Pelage la neceffité du don de la Perfeverance , il demontre en même tems que nous pouvons le perdre en abandonnant Dieu les premiers , comme l'enfeigne le Concile de Trente , aprés S. Auguftin , & l'un & l'autre aprés le Prophete Ezechiel, chap. 18.

C'eft une double Herefie d'enfeigner que Dieu ne veut pas le falut de tout le monde , & que le don de Perfeverance étant abfolument neceffaire pour y parvenir Dieu le refufe à ceux dont il ne veut pas le falut. La premiere condamnée par S. Paul , eft decidée contre Janfenius ; en confequence la feconde qui foûtient que Dieu refufe les graces neceffaires à ceux dont il ne veut pas le falut. S. Auguftin s'éleve contre cette conduite injurieufe à Dieu dans le Pfeaume 102. "Dieu , dit-il , vous guerira ; mais il faut que vous vouliez être gueri, il guerit „ tout à fait tout languiffant ; mais il ne le guerit pas contre fon gré. *Sanabit te , opus eft ut fanari velis fanat omnino omnem languidum , fed non fanat invitum.* Comment peut on accorder cette doctrine de Saint Auguftin , avec cette volonté antecedente qu'il faut neceffairement fuppofer dans Dieu de refufer fa grace à ceux dont il ne veut point le falut ; tandis que le pécheur demandera à être gueri , qu'il le fouhaitera , Dieu ne le voudra pas : Or pourquoy ne le voudra t il pas ? c'eft parce qu'il ne veut pas le fauver. La Prédeftination gratuite fpeciale des Opinioniftes , donne un grand mouvement à ces Herefies quand on raifonne confequemment ; attribuer à celle ci ce qui ne convient qu'à la Prédeftination univerfelle , jette certains Scolaftiques dans de grands embaras, qui donnent lieu à bien des difputes où l'on ne s'entend point , & où l'on s'échauffe fans fuccez : Il faut établir en confequence un enchaînement de fiftèmes , qui n'étans pas plus heureux occafionnent bien des murmures contre les Jugemens de l'Eglife qui ne leur font pas favorables.

XXV. Le Bachelier me demanda ce que j'entendois par la Predeftination generale. J'entens cette volonté generale antecedente de Dieu de fauver tous les Hommes en vertu de la Redemption univerfelle de fon Fils. Volonté , Prédeftination enfeignée par S. Paul dans le 2 ch. de la premiere à Timothee. "Je vous recommande donc en premier „ lieu , luy dit il , de faire des fupplications , des Prieres , des deman- „ des & des actions de grace pour tous les hommes : pour les Roys & „ tous ceux qui font conftituez en dignité... cela eft bon & agreable „ aux yeux de Dieu nôtre Sauveur. Qui veut que tous les Hommes „ foient fauvez , & que tous viennent à la connoiffance de la verité.

Qui omnes homines vult salvos fieri & ad agnitionem veritatis venire.
S. Paul veut que l'Eglise prie pour tous les hommes. La raison qu'il
en donne, est que Dieu veut que tous soient sauvez. L'Eglise en
consequence a condamné la V. Proposition de Jansenius, qui a voulu
la restraindre en enseignant " Qu'il étoit Semipelagien de dire que Jesus Christ étoit mort ou avoit versé son sang generalement pour tous
les hommes,, *Semipelagianum est dicere. Christum pro omnibus omnino hominibus mortuum esse, aut sanguinem fudisse.* S. Paul ordonnant de prier
pour tous les hommes ; parce que Dieu veut qu'ils soient sauvez.
Jesus Christ étant mort pour tous universellement, de quel usage seroient les Prieres, la volonté de Dieu, & la Redemption generale,
s'il n'y avoit une Prédestination aussi universelle, aussi étenduë, en
un mot une amnistie generale de la misericorde de Dieu sur la masse
corrompuë par le peché d'Adam.

L'Apôtre écrivant aux Collossiens établit cette verité d'une maniere
également sublime & consolante dans le Chapitre 2. Il les assûre qu'a-
yant été ensevelis dans le Baptême avec Jesus-Christ, ils étoient aussi
resuscités en luy par l'operation de la Foy de Dieu qui avoit ressuscité
son Fils d'entre les morts. Que comme ils étoient morts eux-mêmes
dans les iniquitez & le prepuce de la chair, il les a vivifiés avec lui,
en leur remettant universellement leurs péchez. L'Apôtre pour découvrir le fondement general de nos iniquitez avoit déja instruit les fidelles de Corinthe que nous étions tous morts en Adam, que ce n'étoit
que par Jesus Christ que tous doivent être vivifiez, pour démontrer
cette remission generale il remonte jusqu'à l'obligation passée contre
tout le genre humain dans la Personne d'Adam, jusqu'au Chirographe en Decret, qui a été enfin effacé, Dieu le suprimant du milieu
de nous & l'attachant à la Croix.

Pour comprendre facilement le sens naturel de l'Apôtre il faut sçavoir ce que c'est que le Chirographe dont il parle, ce n'est autre
chose que le Decret que Dieu porta contre Adam, dans sa personne
contre toute sa Posterité, de l'exclure avec elle du Droit à la gloire,
pour châtiment éternel de sa transgression, nos volontez comme nôtre condition étant renfermez dans celles de nos Peres, Dieu l'ayant
voulu ainsi. Si Adam avoit perseveré dans l'obéïssance, il y auroit aussi persevé pour nous ; s'il avoit rempli la condition à laquelle la gloire éternelle étoit attachée, la meritant pour lui il l'auroit aussi meritée pour nous, de même aussi devenant par sa Prevarication infidel-
le *au Commandement de Dieu*, sa prévarication est devenuë la nôtre, en
consequence Dieu en décretant contre luy, a reciproquement décreté contre nous en vertu de la clause du Chirographe où nous avons
été compris. Que comme nous aurions été heureux s'il eut perseveré

comme luy nous fuiverions auffi le malheur de fa deftinée, la nôtre étant renfermée dans la fienne.

Il eft aifé de comprendre que cette Reprobation univerfelle eft fimplement exclufive, qu'elle ne doit point s'entendre de la pofitive ou deftination aux peines éternelles, ce n'étoit point là ce qui avoit été decreté contre Adam & contre nous : de forte que fi l'on pouvoit fupofer aujourd'huy un homme qui pût conferver l'innocence de l'Enfance jufqu'à la mort, on a pas plus de fondement de croire ou d'enfeigner qu'il fut non feulement exclus de la gloire éternelle ; mais encore deftiné aux peines des flammes que les Enfans qui meurent en naiffant fans recevoir le Baptême. La plus grande partie des Theologiens n'admettant aucune peine du fens pour eux ; ils doivent conclurent également en faveur d'un Homme qui fupofé dans ma circonftance mourroit fans le Sacrement qui ouvre l'entrée du Royaume des Cieux, les SS. Peres ont eu differens fentimens fur la condition des enfans ; mais jamais l'Eglife n'a decidé fur ce point en faveur des uns contre les autres.

Le Fondement fur lequel j'apuye mon fentiment, comme beaucoup plus probable, comme plus conforme à la verité, me paroit folide. Jefus-Chrift fe reprefentant lui même fur le Trône de la Juftice, rendant àchacun felon fes œuvres, s'adreffant aux Réprouvez qui feront à la gauche il leur dira : Allez maudits aux feux éternels preparez au Diable & à fes Anges : car j'ay eu faim & vous ne m'avez pas donné à manger, j'ay eu foif vous ne m'avez pas donné à boire. *Difcedite à me maledicti in ignem æternum, qui paratus eft Diabolo & Angelis ejus efurivi enim, &c.* S. Math. Chap. 25. C'eft donc uniquement pour le diable & fes anges que les feux éternels ont été preparez, & non pas pour l'homme dont la punition eft d'être exclûs de la gloire ; Jefus-Chrift ne prononce aucun Jugement contre les enfans, il ne depute aux flammes éternelles que ceux qui ont imité la malice des Anges, qui n'ont point accompli les Preceptes de la loy, qui fe font condamnez par leurs propres actions.

La raifon de cette conduite de Dieu eft évidente à quiconque comparera le peché des Anges à celuy d'Adam, la matiere du peché d'Adam n'avoit rien de mauvais de fa nature, c'étoit Dieu qui avoit creé le fruit de vie, fans la deffence il lui auroit été licite d'en manger ; mais le peché des Anges a été mauvais par luy même, l'ingratitude eft un crime de fa nature qui n'a pas befoin d'être profcrite par aucun precepte pour être tel, l'étant par effence, l'orgueil qui en fut le fondement étant auffi un peché independemment de la deffence, ces deux offenfes meritoient un châtiment proportionné à leur malice, les flammes vangeront éternellement celle ci foit dans les Anges, foit dans les hommes qui les imitent, mais l'exclufion de la gloire eft la feule peine decretée contre le peché d'Adam & contre fa pofterité mourante dans fa condamnation , tel eft le fort des Enfans mourans avec ce feul peché qu'ils contractent par leur naiffance ; le Baptême étant une condition effentielle pour être retablis dans le droit que nous aurions eu à la gloire, Adam perfeverant dans la Juftice, l'on infere avec la même évidence de ce que Jefus-Chrift dit du Baptême, que la feu-le exclufion de la gloire eft l'unique châtiment du au peché Originel, " Celui dit-il que ne fera point regeneré par l'eau & le S. Efprit n'en-" trera point dans le Royaume des Cieux. Ce Jugement eft bien dif-ferent de celui que Jefus-Chrift a prononcé par avance contre les Ré-prouvez en vertu de leurs mauvaifes œuvres, condamnez aux flammes éternelles. *Nifi qui renatus fuerit ex aquà & fpiritu fanɛto , non poteft in-troïre in regnum Dei. S. Jean Chap. 3.*

Si l'on dit : Que la Transgreffion d'Adam avoit fa malice , puifque ce fut une revolte contre le Commandement de Dieu , qui par confe-quent a dû meriter la même punition. Je répons que tout le peché d'Adam confiftant uniquement dans la Transgreffion & non pas dans la matiere de la Transgreffion qui n'avoit point en foy d'autre vice que la deffenfe du Seigneur, il a dépendu de luy d'en regler le déme-rite , & d'y proportionner la peine à fon arbitre , qui eft toûjours in-finie, puifqu'elle confifte dans une exclufion éternelle de la gloire dans l'autre vie ; & dans une infinité de maux que nous éprouvons dans celle-cy.

Tel a donc été le Chirographe, telle a été l'obligation , cedule ou tranfaction paffée entre Dieu & l'homme , Dieu le voulant ainfi , fon deffein étoit de le rendre éternellement heureux ; mais à condition qu'il meriteroit fon éternelle felicité : elle portoit du côté de Dieu un engagement envers le premier homme de l'introduire avec toute fa Pof-terité dans la gloire s'il étoit fidele au Commandement ; & du côté de l'homme qu'au defaut de cette fidelité il en feroit éternellement exclus avec tous fes defcendans ; la condition prefcrite dans la Tran-faction ou Chirographe , ne devoit faire aucune peine à Adam, le pre-cepte que Dieu lui fit de ne point toucher au fruit de vie devoit luy paroître d'autant plus facile à obferver qu'il avoit abondamment de quoi fe fatisfaire , auffi n'en fut il point tenté par luy même ; il luy fût donc aifé de fe foumettre au Commandement de Dieu qui n'ayant rien de difficile luy affuroit à luy & à nous un bonheur éternel ; Il figna , pour le dire ainfi , De confentement , ce Chirographe , pour luy & pour nous , ayant entre fes mains nôtre bonheur & nôtre mal-heur : cedant enfuite aux follicitations de fon Epoufe tranfgreffant par fa défobéïffance la claufe à laquelle fa felicité & la nôtre étoit attachée , il s'eſt rendu ſujet & nous avec luy à cette condamnation attachée à la prévarication

Tel étoit le Jugement porté contre toute la nature lorſque le Fils unique de Dieu prenant en main nôtre cauſe s'eſt chargé de nous reconcilier avec ſon Pere, ſon amour & ſa charité ont été audevant de ſa Juſtice pour mitiger ſon couroux lui offrant dans ſa perſonne une victime capable de l'attendrir & de ſatisfaire pour nous ; Il s'eſt ſubſtitué en nôtre lieu & place, ſe chargeant de nôtre dette, ſignant en qualité de ſecond Adam, en ſon nom & au nôtre la nouvelle Tranſaction ou nouveau Chirographe, par lequel il s'eſt rendu caution pour nous, étant appellé pour cette raiſon l'Agneau immolé depuis le commencement du monde. *Agnus Occiſus ab origine mundi.* Apoc. Chap. 13. C'eſt par ce nouveau Chirographe, que l'ancien fut dés lors annullé par l'acceptation que Dieu fit du ſacrifice de ſon Fils aux conditions qu'il nous a revelées ; c'eſt à celui-là que l'on doit raporter tout ce que l'Apôtre enſeigne de la volonté de Dieu pour le ſalut de tous, ce qu'il exprime en tant d'endroits & de manieres differentes avec tant d'évidence ; mais plus particulierement dans l'Epitre aux Corinthiens, chap. 15. où il appelle Jeſus-Chriſt le premier des morts, comme c'eſt par un homme, dit-il, que la mort eſt venuë, c'eſt auſſi par un homme que ſe fait la reſurrection des morts & comme tous meurent en Adam, de même auſſi tous ſeront vivifiez en Jeſus Chriſt. Dans ſon Epitre aux Epheſiens Chap. 2. il parle ainſi avec la même évidence, Dieu, dit-il: riche en miſericorde à raiſon de cette immenſe Charité qu'il a eu pour nous lorſque nous étions morts par les pechez, nous a fait revivre en Jeſus-Chriſt par la grace duquel nous avons été ſauvez, c'eſt avec lui & en lui qu'il nous a reſſuſcité qu'il nous a fait aſſeoir dans les lieux celeſtes, afin de démontrer à tous les ſiécles à venir, l'abondance des treſors de ſa grace, par la bonté qu'il a eûë de nous recevoir dans la perſonne de Jeſus-Chriſt : car c'eſt par la grace que nous ſommes ſauvez par la Foy, rien ne dépend de nous dans cette diſpoſition, c'eſt uniquement le don de Dieu. *Deus autem qui dives eſt in miſericordia, propter nimiam charitatem ſuam quâ dilexit nos, & cum eſſemus mortui peccatis, convivificavit nos in Chriſto (Cujus gratia eſtis ſalvati) & conſuſcitavit, & conſedere fecit in cœleſtibus in Chriſto Jeſu, ut oſtenderet in ſæculis ſupervenientibus abundantes divitias gratiæ ſuæ in bonitate ſuper nos in Chriſto Jeſu ; gratia enim eſtis ſalvati per fidem, & hoc non ex vobis, Dei donum eſt.*

Ce que S. Paul dit ici aux Epheſiens par une attribution particuliere, parce que c'eſt à eux qu'il parle pour leur faire ſentir leur bonheur de plus près & les encourager à la perſeverance, regarde toute la maſſe en general ; il les felicite ſeulement dans cet endroit ſur la grace qu'ils ont reçûë d'être fortis de la maffe, d'avoir reffenti des premiers les avantages du nouveau Chirographe, puifqu'ils étoient nez enfans de colere comme les autres. *Eramus natura filii iræ ficut & cæteri.*

Ce que l'Apôtre écrit aux Colloffiens. chap. 1. N'eft pas moins démonftratif : il les exhorte de rendre grace à Dieu de ce qu'il les a trouvé dignes d'être affociés à la condition des Saints dans la lumiére. Il leur découvre enfuite le principe de cette affociation ; c'eft dit il : parce que il nous a arraché de la puiffance des tenebres, & qu'il nous a tranfporté dans le Royaume du Fils de dilection, c'eft à dire de Jefus-Chrift, par le Sang duquel nous avons obtenu la redemption & la remiffion des péchés... C'eft en lui qu'il a renfermé toutes fes complaifances, & toute plenitude, c'eft à lui qu'il a accordé le droit de reconcilier Tout dans fa perfonne, Pacifiant par le Sang de fa Croix, foit tout ce qui eft en terre, foit tout ce qui eft dans les Cieux, c'eft à dire, ceux qui étant morts dans la reconciliation avec Dieu, tels qu'étoient les Saints qui ont precedé tant dans la loy de nature, que dans l'ancienne alliance. Car quoiqu'ils euffent droit à la gloire le Chirographe qui avoit été annulé n'avoit pas encore été effacé, ce qui étoit refervé à la confommation du facrifice de Jefus Chrift, par confequent ils ont été exclus de la gloire jufqu'à ce que Jefus-Chrift le premier né des Predeftinés en eût pris poffeffion pour lui & pour nous, nul n'y eft entré avant lui. *Gratias agentes Deo Patri qui dignos nos fecit in partem fortis fanctorum in lumine : qui eripuit nos de poteftate tenebrarum, & tranftulit in regnum filii dilectionis fua, in quo habemus redemptionem per fanguinem ejus, remiffionem peccatorum... Quia ipfo complacuit, OMNEM PLENITUDINEM inhabitare. Et per eum reconciliare OMNIA in ipfum, PACIFICANS per fanguinem crucis ejus five quæ in terris, five quæ in cælis funt.*

Ce nouveau Chirographe comme le premier a été paffé fous les conditions qu'il a plû à Dieu d'accepter le facrifice de fon Fils. Nôtre reconciliation a été generale, nous avons tous été retablis dans l'efperance dont nous avions été exclus ; c'eft aux hommes à travailler, à remplir les claufes fous lefquelles le fecond Adam qui s'eft mis à nôtre tête a tranfigé en nôtre nom ; ce n'eft qu'avec des referves que la paix du Fils a été au devant de la Juftice du Pere, que l'une & l'autre fe font embraffés felon l'expreffion du Prophete. Ces conditions font 1°. Le Baptême, *Nifi quis renatus fuerit ex aqua & fpiritu fancto non poteft introire regnum Dei,* c'eft particuliérement à ce Sacrement qu'eft accordée l'entrée dans le Royaume des Cieux, voilà la claufe qui regarde la feule exclufion de la gloire. Mais comme nous tombons dans une infinité d'autres péchés qui meritent par nôtre malice & nos prévarications perfonnelles la punition preparée aux Anges rebelles ; aprés la condirion du Baptême, il faut encore la Foy en Jesus-Chrift qui donne le pouvoir de devenir les enfans de Dieu, *Iis qui credunt in nomine ejus.* La 3 l'obfervance des Commandemens, *Si vis ad vitam ingredi ferva mandata.* La 4 la Penitence de nos péchez, *Nifi pœnitentiam egeritis omnes fimiliter peribitis.* La 5 la perfeverance jufqu'à la fin, *Qui autem perfeverarit ufque in finem hic falvus erit.* Telles font les referves, claufes, conditions de la convention paffée en nôtre nom entre Dieu, & fon Fils bien aimé, qui a été fignée & fçellée dans le tems. par fon Sang qu'il a repandu pour fatisfaire à la Juftice de fon Pere. C'eft au moment de cet augufte immolation où un Dieu s'eft fait la victime d'un Dieu, que l'ancien CHIROGRAPHE a été effacé, felon l'Apôtre "Vous avez été enfevelis avec Jefus-Chrift dans le Baptême, dit-il aux Colloffiens: dans lequel vous êtes reffufcités par la Foi de l'operation de Dieu, qui l'a reffufcité des morts. Et vous lorfque vous étiez morts dans vos péchez & l'incirconcifion de vôtre chair, il vous a vivifiez en lui & avec lui, vous remettant tous vos péchez. Effaçant le CHIROGRAPHE (ou *Cedule*) du decret qui avoit été prononcé contre nous qui nous étoit contraire, & il l'a fuprimé entre lui & nous en l'attachant à la Croix. *Et vos cum mortui effetis in delictis & præputio carnis veftræ, convivificavit cum illo, donans vobis omnia delicta. Delens quod adverfus nos erat CHIROGRAPHUM DECRETI : quod erat contrarium nobis, & ipfum tulit de medio, affigens illud Cruci. Coll. cap. 2.*

C'eft en vertu de cette Predeftination generale que Dieu par les merites de fon Fils Jefus-Chrift difpenfe à tous felon les deffeins de fa providence les moïens neceffaires à chacun de parvenir à la fin generale qu'il s'eft propofée. Tous cependant ne parviennent point au falut éternel : parce que cette volonté generale abfolument gratuite, eft conditionnelle; c'eft à dire que Dieu veut le falut de tous, mais aux conditions qu'il a prefcrites à tous les hommes. Il n'eft que ceux qui font fidéles à les remplir, qui profitent en particulier du fruit de la Redemption & de la volonté generale.

Dieu a certainement prevú ceux qui feroient fidéles ou ne le feroient pas à remplir les conditions avec les fecours neceffaires qu'il leur a preparés, De-là la Predeftination particuliére que je fubdivifé en fpeciale & très-fpeciale. La fpeciale fupofe la previfion des merites fans exclure la gratuité, car l'efpece n'excluë pas le genre. La trés-fpeciale ne fupofe point la previfion des merites, mais auffi ne les exclut pas par la même raifon. Cette Predeftination gratuite & abfoluë eft un privilége fingulier, que Dieu ne doit à perfonne, qu'il accorde à qui lui plaît, fans faire tort, ni injuftice, puifqu'il ne peut y en avoir dans Dieu, qui étant libre dans la difpenfation de fes mifericordes les diftribuë avec telle mefure & telle étenduë qu'il fe le propofe dans le confeil de fon éternelle

nelle fageffe La feconde fupofant les merites prevûs, devient abfoluë & ceux que Dieu a ainfi prevûs feront infailliblement fauvés , parceque le decret qui intervient fur la prefçience eft auffi infaillible que la prefçience même.

Ceux qui n'ont pas voulu répondre à la volonté de Dieu, ni au benefice de la Redemption univerfelle n'ont point à fe plaindre, car la volonté de Dieu eft fincere, s'il avoient rempli les conditions aufquelles Dieu veut fauver tous les hommes avec le fecours des graces qu'il ne refufe à perfonne, qu'il a decretées de toute éternité leur offrir dans le temps , ayant prevû que plufieurs refifteroient, il les a laiffés dans la maffe de damnation, dans laquelle ils rentreront volontairement ; s'étant ainfi perdus de leur plain gré, ils n'auront aucun reproche à faire à fa Juftice.

C'eft parce que Calvin n'a point reconnu cet ordre de la Predeftination ; qu'en admettant une toute contraire ; prétendant que Dieu fans autre motif que celui de fon bon plaifir a creé les uns exprés pour la gloire & les autres pour la damnation éternelle , il a été obligé d'etablir un decret fatal ; cet impie a eu lui même horreur de fon execrable blafphême, *Decretum horribile fateor.* " J'avoüe que c'eft un horrible decret. „ Livre 3 des Inftitutions, chap. 23.

C'eft parce que Janfenius a voulu l'ignorer que deguifant en aparence l'horreur du fiftème de Calvin, il n'a reconnu dans Dieu qu'une feule volonté de fauver les Elûs, & de laiffer le refte dans la maffe de perdition à raifon du péché originel ; il a nié en confequence que Jefus-Chrift fut mort pour tous les hommes, que la Redemption fut univerfelle ; d'où il eft aifé de conclure qu'il a prétendu que le péché d'Adam a furabondé la grace de la Redemption , que les Réprouvés n'en peuvent fentir le fruit en aucune maniére , non pas même la remiffion du péché originel par le Baptême. Voici fes monftrueufes paroles, qui ne font pas moins horreur que le decret de Calvin, que fes difciples prétendent n'être point dans fon Livre, parce que peut-être il ne les ont jamais lûës. *Scivit hoc decretum neque ullius pretii oblatione mutandum effe , nec feipfum velle mutare , ex quo factum eft , ut juxta fanctiffimum Doctorem , non magis patrem pro aterna liberatione eorum quam pro diaboli deprecatus fuerit.* " Jefus-Chrift a fçû que ce decret ne pouvoit être changé par aucun prix , ni qu'il y vouloit rien changer lui même. D'où il s'enfuit, felon le faint Docteur, qu'il n'a pas plus prié pour le falut des Reprouvés que pour celui du Diable. „ *Lib. 3. de gratia Chrifti falvat. cap. ultimo.* Janfenius n'a pas voulu fe charger de ce blâphême fans fe donner un complice auffi celebre que faint Auguftin, qui pût lui fervir d'excufe & de caution, mais c'eft un fecond blafphême contre ce faint Docteur. Il enfeigne la même doctrine dans le Livre

9 chap. 3. Auguſtinus indicat …. non minus æternam damnationem præ-
deſtinari malis , atque bonis beatitudinem ſempiternam " Saint Auguſtin
marque par ces maniéres de parler, que la damnation eſt predeſtinée
aux mauvais comme la beatitude aux bons. ,, Par conſequent ſans aucune preſçience de merites & de démerites , la preſçience ſelon ce
Docteur n'étant fondée que ſur le decret de la Prédeſtination. Comme
tout ſon Livre tend à démontrer cette propoſition, ſon ſiſtème n'a pas
laiſſé que de l'étonner , *Quamvis alicui paradoxum videatur non poterit*
quis non admittere. ,, Quoique ceci paroiſſe un paradoxe à quelqu'un ,
on ne peut cependant s'empêcher de l'admettre, *Lib. de grat. hom. &*
angelorum.

Les Opinioniſtes Prédeterminans ſe maſquent d'un peu plus loin que
Calvin & que Janſenius, comme eux ils ne reconnoiſſent point d'autre preſçience en Dieu que celle qui ſuit ſes decrets , parce que les decrets étans
l'unique principe des choſes futures, Dieu ne les prévoit que quand il les
a decretées, ainſi indépendamment de toute preſçience il predeſtine à la
gloire ceux qui lui plaît ſelon ſon deſſein, ſans avoir aucun égard aux
merites futurs , d'où il s'enſuit une ſeule Prédeſtination gratuite. Ce
principe a des conſequences dangereuſes ſans nombre dont je remar-
querai ici les principales. 1°. Que Dieu prévoit tous les péchés, mais
qu'il ne les prévoit que dans ſon decret, le fondement de ſa preſçience.
2°. Que le péché étant decreté il eſt inevitable, car rien ne peut décliner le decret de Dieu. Ainſi Adam a été dans une neceſſité inévitable de la tranſgreſſion du precepte que Dieu lui fit. 3°. Que Dieu
ne prévoyant rien que dans ſes decrets ; la réprobation eſt décretée
auſſi poſitivement que la Prédeſtination , par conſequent tous les vices ,
toutes les vertus qui conduiſent infaillıblement à l'une & à l'autre. 4°.
Que c'eſt une illuſion groſſiere dans le ſiſtême des Opinioniſtes Prédeterminans , que Dieu predeſtine les uns ſans réprouver ceux qu'il
ne choiſit pas, puiſque n'étant pas choiſis ils n'ont point en conſequence
les graces neceſſaires pour entrer dans un ordre dont ils ſont exclus ,
n'étant point prédeſtinés , ils n'auront jamais les moïens qui conduiſent
à la gloire, car ils ſe ſauveroient contre l'ordre de Dieu, ce qui eſt impoſſible. 5°. Ils ſont forcés de reconnoître une cauſe de reprobation,
n'oſant la chercher comme Calvin dans le ſeul bon plaiſir de Dieu ,
ils la rejettent comme Janſenius ſur le péché originel, par conſequent
dans la neceſſité par leur principe d'épouſer tout ſon ſiſtème , ou de nier
toutes les conſequences qui s'enſuivent neceſſairement, ſans cela il n'eſt
plus queſtion de catolicité. S'ils nient les conſequences, c'eſt certainement quelles ſont mauvaiſes, fauſſes, heretiques, injurieuſes à la Juſtice
& à la miſericorde de Dieu : Or que doit on penſer d'un principe qui
produit des conſequences de cette nature. En établiſſant le decret de

Dieu, le fondement de la preſçience, par conſequent le principe de toutes choſes, il falloit diſtinguer la cauſe libre de la cauſe neceſſaire, démontrer que chaque operation eſt decretée dans ſa cauſe, *in uni-verſum*, en general; ou même ſi l'on veut encore, *in individuo*, en par-ticulier, pour les effets des cauſes neceſſaires, mais non pas pour les cauſes libres. Car en vain Dieu auroit-il creé deux ſortes de cauſes, s'il les conduiſoit également dans la production de leurs effets. Il ne ſeroit plus queſtion de liberté : J'avoüe que la Prédetermination, *ad ſingulos actus in individuo*; me paroit irreconciliable avec elle. Qu'eſt-on forcé de dire à la vûë de toutes ces terribles & évidentes conſe-quences, Calvin a dit, *decretum horribile*; un decret affreux. Janſenius, *quamvis paradoxum*; quoique ce ſoit un paradoxe. G* M*** prend pour deviſe : *Res abſtruſiſſima*; c'eſt une choſe trés-embaraſſée. Il pré-tend à l'exemple des premiers ſe décharger de cet embaras ſur d'illuſtres cautions, mais avec un pareil ſuccès. Car je vois le *Res abſtruſiſſima*, dans le paradoxe de Janſenius, & le paradoxe de Janſenius dans le decret horrible de Calvin, très-contraire à la doctrine de l'Ecriture, des Conciles & des Saints Peres; qui tous enſeignent que l'homme a été creé libre; qu'il n'y a jamais eu un decret de Dieu poſitif pour chaque action, car en vain dit-on, que l'action eſt décretée, mais pour être faite librement, c'eſt une contradiction groſſiere, car ſi l'action eſt decretée elle eſt neceſſaire, étant neceſſaire il n'eſt point dans la liberté de l'homme de s'en abſtenir. Il ne peut s'en abſtenir, il eſt vrai dit-on, mais dans la neceſſité d'agir, il ſera dans la neceſſité d'agir librement : cela ne peut être, car la liberté eſt une cauſe qui a ſon action, qui eſt *conſenſus aut diſſenſus*, le conſentement ou ſon contraire, cette action eſt auſſi decretée poſitivement. Où eſt donc le libre, l'indiferen-ce, & la liberté par conſequent ? Dieu par un ſemblable decret n'au-ra t il pas en même tems decreté le vice & ſa malice, la vertu & ſon merite ? Or comment peut il punir l'un & recompenſer l'autre ? Non il a fait un decret tout contraire, c'eſt de laiſſer l'homme maître des actions de ſa liberté, *ad quod volueris porrige manum tuam, Eccl. cap.* 15; en decretant la liberté, il a decreté qu'elle ſeroit maîtreſſe de ſes actions; qui pour être libres ne ſont pas moins ſujettes à ſa Providen-ce, comme il ſera démontré dans la ſuite.

C'eſt en vain qu'on ſe flâte d'avoir l'Ecriture, les Corciles, Saint Auguſtin & ſaint Proſper, pour ſoûtenir avec honneur un ſiſtème outré. Je crois que le raiſonnement que je vas faire ſera aſſés ſolide pour arracher cette preſomption de l'eſprit de l'Opinioniſte. Il eſt conſtant que les ſaints Peres qui ont precedé ſaint Auguſtin & ſaint Proſper ſon diſciple, n'ont jamais été repris, ni par l'Egliſe, ni par ſaint Auguſtin, d'avoir enſeigné que le decret de la Predeſtination étoit fondé ſur la

K ij

prefçience : Or ce font tous les faints Peres qui depuis le commencement de l'Eglife ont écrit jufqu'au tems de faint Auguftin qui ont conftamment enfeigné la Prédeftination fondée fur la prefçience des merites, comme faint Profper le témoigne lui même , écrivant au faint
Docteur en ces termes. *Penè omnium par invenitur , & una fententia , quâ
propofitum & Prædeftinationem Dei fecundum præfçientiam receperunt.* "On
trouve prefque tous les anciens d'un commun accord que le propos
de Dieu & la Prédeftination eft fondé fur la prefçience. ,, La Lettre
de faint Profper fe trouve à la tête du Livre de la Prédeftination des
Saints. Le faint Docteur ne s'eft jamais plaint qu'ils fe fuffent trompés
ni par confequent l'Eglife qui a pris leurs Livres à fon ufage ; il n'eft
pas à croire non plus que faint Auguftin ait voulu forcer le torrent de
tous les Peres , dont il auroit rompu la chaîne de Doctrine dans l'Eglife
pour enfeigner une foy nouvelle, contraire à celle des anciens : Donc
c'eft s'autorifer mal à propos fur faint Profper qui donne un aveu contraire à celui des Opinioniftes, & fur faint Auguftin qui n'a jamais entrepris d'interrompre la tradition conftante de l'Eglife jufqu'à fon tems.
Ecrivant à Julien d'Eclane , conformement à l'Apôtre faint Paul il
met la prefçience de Dieu avant la Prédeftination. "Parce que ceux
dit-il qu'il a prefçû auparavant & prédeftinés il les a appellés. ,, *Quoniam
quos A N T E' præfcivit , & prædeftinavit.* Peu après il reprend : "Mais
ceux qu'il a predeftinés il les a appellés. ,, *Quos autem Prædeftinavit , illos
& vocavit ,* il fepare la Prédeftination de la prefçience qu'il fait préceder.
Lib. 5 contra Jul. cap. 4. Si faint Auguftin femble dans le 7 chap. du
4 Livre reftraindre la mort de Jefus-Chrift pour les feuls Predeftinés ,
& qu'en cet endroit il change la diction univerfelle de l'Apôtre, en difant que le mot de *Tous* eft mis pour celui de *Plufieurs.* Omnes *pofitos
effe pro* Multis, il eft évident qu'il ne parle que de la Prédeftination
particuliére, qu'il n'a jamais entendu que Jefus-Chrift ne fût pas mort
pour ceux qui periffent, la diction reftrictive ne tombe que fur ceux que
Dieu a connu devoir profiter de la volonté generale de Dieu & s'appli-
quer le fruit de la Redemption felon les conditions & les moïens que
Dieu propofe, ou que par un privilege fingulier il a choifi fans aucune previfion de merite , qui eft la Prédeftination qu'il a principalle-
ment foutenu contre les Pelagiens qui la prétendoient fondée fur les
merites de la nature ; il leur demontre au contraire que Dieu même
en prédeftine non feulement fans aucuns merites de nature ; comme les
enfans mourans fans Baptême, mais encore fans aucuns merites prevûs
fondés fur la grace. Dieu pouvans dans la grace univerferfelle privi-
légier qui il lui plaît fans faire injuftice à perfonne, puifque rien ne nous
eft dû que ce qu'il veut : nul ne fe fauve au hazard, Dieu connoît ceux
qui font à lui, foit qu'il ait prevû les merites, foit qu'il ait choifi fans

merites ; c'eſt ce que dit ſaint Auguſtin. *Novit Dominus qui ſunt ejus, & in eorum ſalutè atque in ſuum regnum introductione certa eſt voluntas.* " Le Seigneur a connu ceux qui ſont à lui, & ſa volonté ſur leur ſalut & ſur leur entrée dans ſon Royaume eſt certaine. „ C'eſt ſur cette Prédeſtination priſe *in individuo*, que tombe la reſtriction de ſaint Auguſtin, *Pro multis* : Prétendre que S. Auguſtin n'ait reconnu que celle là, c'eſt élever le ſaint Docteur contre la doctrine de tous les Peres qui l'ont precedé, contre la ſienne en pluſieurs endroits où il la ſupoſe évidamment : c'eſt lui faire reſtraindre la Redemption de Jeſus-Ch. aux ſeuls Prédeſtinés *in individuo* . C'eſt à dire pour ceux qui le ſont quant à l'effet, c'eſt vouloir l'enveloper dans la condamnation de Janſenius, qui a enſeigné que Jeſus-Chriſt n'avoit pas plus prié & répandu ſon Sang pour les Reprouvés que pour le Diable ; ni que Dieu veüille le ſalut de tout le monde.

C'eſt gratuitement que l'on s'efforceroit de fletrir ce grand homme qui a pourvû lui même à ſa deffence ; car ſi l'on trouve qu'il ait dit en quelques endroits, ſur tout en parlant des enfans mourans ſans Baptême, que s'étoit un effet de la Juſtice de Dieu, & que Julien lui faiſant cette objection, Pourquoi Dieu qui eſt bon, punit-il ceux qui n'ont jamais fait de mal ? *Bonus eſt Deus, Juſtus eſt Deus, poteſt aliquos ſine bonis meritis liberare, quia bonus eſt : Non poteſt quemquam ſine malis meritis damnare qui juſtus eſt.* " Dieu eſt bon & juſte „ diſoit le Saint : " comme bon il peut en ſauver quelques uns ſans merites. Comme juſte il ne peut en damner aucun ſans demerites. lib 3. cont. Jul. Chap. 18. *Où eſt le demerite des Enfans qui meurent en naiſſant ?* reprenoit Julien : S. Auguſtin lui demontre qu'il eſt dans le peche Originel que chacun aporte en naiſſant. *Si le Baptême leur eſt neceſſaire pour effacer ce demerite, pourquoi Dieu qui eſt bon ne fait il pas que tous le reçoivent ?* S. Auguſtin aprés avoir démontré que le peché Originel eſt la cauſe particuliere du demerite des Enfans mourans ſans Baptême : du peché Originel comme cauſe particuliere, remonte au peché Originel comme à la cauſe generale ; Que tous en conſequence étant envelopez dans la maſſe de perdition, il a voulu le ſalut de tous à certaines conditions, ſçavoir : Que nul n'entreroit dans le Royaume des Cieux s'il n'étoit regeneré une ſeconde fois. La condition eſt facile, & le remede inſtitué univerſellement pour tous ; nul n'eſt exclus de la Regeneration.

Pour ceux qui ſont en uſage de raiſon, il a ordonné des loix, fait des préceptes, ſans l'obſervation deſquels nul ne peut entrer dans la vie éternelle ; ces preceptes étans trés-difficiles il n'a pas voulu laiſſer les hommes dans l'impoſſibilité de les obſerver dans l'état preſent ; il a bien voulu s'engager de donner les graces qui les rendent poſſibles, cet engagement que Dieu s'eſt fait avec une grande liberté, paroît par le commandement qu'il a fait de le prier. Mais Dieu étant un

Auteur de la nature , comme de la grace & de la gloire , en propofant à tous celle-ci , en donnant à tous celle-là , il n'a pas prétendu renverfer les loix de la nature qu'il change cependant comme il lui plaît à fon arbitre , en étant le maître, fouverain : Si l'on dit pourquoi Dieu qui veut le falut de tout le monde ne change t'il point les loix de la nature. Je répons que s'il le veut il le peut, il l'a fait plufieurs fois à la priere des Saints : s'il ne le fait pas toûjours c'eft parce que rien ne l'y oblige ; puifqu'en vertu du peché Originel comme caufe generale de la Reprobation , il pouvoit laiffer toute la pofterité d'Adam dans la maffe de perdition ; c'eft un effet de la mifericorde de Dieu fi nous ne fommes pas tous confommez. C'eft une grande grace , qu'il ait voulu le falut de tout le monde ; mais en le voulant il a été libre d'y mettre telle reftriction ou condition qu'il a plû à fa Juftice ; en prefentant cependant aux uns des moyens trés-aifez , aux autres des moyens trés efficaces.

S. Auguftin pour anneantir l'inftance de Julien qui vouloit que Dieu fit continuellement des miracles changeant les loix de la nature en faveur des hommes , lui retorque l'argument & lui dit : " fi vous " me dites : Pourquoi Dieu ne change-t-il pas les volontez de ceux qui " ne veulent point ? Je vous repondrai de même : Pourquoi Dieu n'a-"dopte-t-il point par le Sacrement de la Regeneration tous ceux qui doi-" vent mourir ? *Ubi fi dixeris mihi, Cur ergo non convertit omnium nolentium voluntates ? Refpondebo . Cur non omnes morituros adoptat lavacro regenerationis infantes ?* lib. 4. Contr. Jul. Chap. 8. Si l'on me demande auffi comme Julien , pourquoi Dieu n'adopte-t-il point par le Sacrement de la Regeneration tous les Enfans mourans ? Je repondrai avec S. Auguftin : *Pourquoi ne change t il pas les volontez de ceux qui ne veulent pas ?* Dieu étant libre de vouloir nôtre falut, il l'a voulu aux conditions qui'l lui a plû , il n'a pas voulu renverfer les loix de la nature ? dans les uns ni pour les autres. *Pourquoi l'a-t-il voulu ainfi !* C'eft le fecret de Dieu qu'il ne nous eft pas permis d'aprofondir : Il ne fait injuftice a perfonne en faifant mifericorde a qu'il veut,& aux conditions qu'il l'a voulu. Il n'en eft pas moins conftant felon S. Auguftin qu'il veut le falut de tous les hommes. Qu'il n'en eft pas un feul en general dont il n'ait voulu le falut. Qu'il n'en eft pas un feul en particulier qui puiffe être fauvé s'il ne le veut. " Ainfi conclut-il , comme perfonne ne " peut être fauvé qu'il ne le veüille, ainfi il faut prier afin qu'il le veüil-"le : car s'il le veut il faut que cela arrive neceffairement. *Non quod nullus fit hominum , nifi quem falvum fieri ipfe voluerit , fed quod nullus fiat nifi quem velit , & ideo fit rogandus ut velit , quia neceffe eft fieri fi voluerit.* Enchirid. init. cap 103. On ne peut établir plus clairement la Predeftination generalle precedant toute Prefcience : ni la Predeftination particuliete fpeciale fondée fur la Prefcience que le fait ici Saint Auguftin : car fi Dieu en predeftine en faveur de la Priere des Saints, on ne peut dire qu'il a été furpris dans cette Predeftination, que par confequent il a prévû de toute éternité ceux qui devoient le prier, en faveur de qui ils devoient prier, & fondé fon Decret fpecial fur la Priere qu'il devoit exaucer dans le temps.

Mon Lecteur remarquera que je tiens les œuvres de Saint Augu-ftin d'un fameux Novateur qui m'a fait un grand fervice : Car comme il a noté les Textes qu'il a crû favorables à fa Doctrine, il m'épargne une recherche trop laborieufe ; à l'ouverture du livre où il n'y a point de notes, je trouve tout le contraire de ce qu'il croit que S. Auguftin a penfé, aux lieux où il en a fait, je trouve reciproquement ou plus haut ou plus bas la condamnation de fes préjugez, & fort fouvent même dans fes propres remarques.

S. Profper, que l'on ne peut contefter avoir été difciple trés-attaché & zelé defenfeur de la Doctrine de Saint Auguftin, enfeigne évidamment cette Predeftination generale dans fon fecond Livre de la Vocation des Gentils, qu'il employe tout entier en preuves de cette verité. Il me feroit prefqu'inutile d'en citer des endroits particuliers ; mais comme nos adverfaires fe contentent fouvent de citer les Noms des SS. Peres pour en impofer aux efprits trop credules qui s'en raportent trop à leur bonne foy, j'en raporterai quelques endroits de celui-ci, qu'ils citent indeferemment ; afin qu'on ne m'accufe point de troncation ni d'interpolation, reproche que nous faifons à bon droit à nos adverfaires, fans parler des additions falcifications, & traductions infidelles dont on les convainc tous les jours ; je tranfcriray mot à mot le Chap 31. *Elaboratum eft enim quantum Dominus adjuvit, ut non folum in noviffimis diebus fed etiam in cunctis retro feculis probaretur, gratiam Dei omnibus hominibus affuiffe, providentia quidem pari & bonitate generali, fed multimodo opere diverfaque menfura : quoniam five occultè five manifeftè,* Ipfe eft (*ut Apoftolus ait*) Salvator omnium hominum, maxime fidelium. *Cuæ fententia fubtiliffimæ brevitatis, & validiffimi roboris, fi tranquillo confideretur intuitu, totam hanc (de qua egimus) Controverfiam dirimit. Dicendo enim :* Qui eft Salvator omnium hominum : *Confirmavit bonitatem fuper* UNIVERSOS HOMINES *effè* GENERALEM. *Adjiciendo autem,* Maxime fidelium : *Oftendit effe partem generis humani, quæ merito fi lci divinitus infpirata, ad fummam atque æternam falutem fpecialibus benificiis provehatur : quod utique nulla iniquitate agitur juftiffimi & mifericoraiffimi Dei cujus judicium in difpenfationibus non cum arrogantia difcutiendum, fed cum tremore laudandum eft* Bibliot. veter. Patr. Tom. 5 part. 3. Edit. Colon. 1618. Pag. 183. item cap. 25. Car c'eft avec foin qu'on a re-
" cherché & autant qu'il a plû au Seigneur de nous fecourir pour de-

" montrer que Dieu a non feulement affifté tous les hommes de fa
" grace, d'une Providence égale & d'une bonté univerfelle dans ces der-
" niers temps ; mais encore dans tous les fiécles qui ont précedé , en
" plufieurs manieres diferentes cependant, & avec diferente mefure ,
" parce que foit d'une maniere cachée, oculte ou evidente, *C'eſt lui*, dit
" l'Apôtre, qui *eſt le Sauveur de tous , principalement des fidéles*. Si l'on con-
" fidere cette Sentence fans prevention, c'eſt elle qui en trés-peu de
" mots refoud avec une extrême fubtilité , & une force invincible
" toute la difficulté que nous avons traitée : Car en difant ,
" *Qu'il eſt le Sauveur de tous* , l'Apôtre a confirmé que la mife-
" ricorde de Dieu fur TOUS les Hommes étoit UNIVERSELLE.
" Mais ajoûtant , *Sur tous des fidelles* ; il démontre qu'il y a une par-
" tie du genre humain qui ayant été éclairée de la foy , eſt conduite
" à la vie éternelle & fouveraine par des fecours particuliers : & ce-
" la fans qu'il y ait aucune injuſtice dans Dieu trés juſte & trés bon ; Il
" n'apartient à perfonne de difcuter avec témerité ces difpofitions de
" fa Providence que l'on doit adorer avec tremblement.

On ne peut établir plus clairement la Predeſtination univerfelle ou
volonté antecedente de Dieu que fait Saint Profper, volonté generale , volonté antecedente, que Saint Thomas appelle volonté de *figne*;
mais figne également fincere & efficace du côté de Dieu , qui a marqué aux hommes les conditions fages & juſtes aufquelles elle eſt an-
nexée , fans lefquelles du côté des hommes elle ne peut avoir fon effet. Ce S. Docteur ne s'exprime pas moins nettement dans le Chap. 2.
du fecond Livre " Y a t'il dans le Commandement que Jefus-Chriſt
" a fait , une referve de quelque Nation ou de quelques hommes ? Il
" n'a excepté perfonne, il n'en a exclus d'aucun genre, il n'a fait dif-
" cernement d'aucune condition. L'Evangile de la Croix de J. Chriſt
" a été envoyé univerfellement à tous hommes. *Numquid* (in) *hac pra-
ceptione ullarum nationum , ullorum ve hominum facta eſt difcretio? Neminem merito excepit , Neminem feparavit genere , Neminem conditione diſtrin-
xit. Ad omnes prorfus homines miffum eſt Evangelium Crucis Chriſti.* Il ne
fuffifoit point encore à Saint Profper d'établir cette volonté ou Prédeſtination univerfelle d'une maniere fi folide & fi confolante fans y
conformer un moyen qui lui fervit de preuve ; on le trouve dans le
16 Chap. du même Livre, où Il parle ainfi. *Nulla ratio igitur dubitandi
eſt Jefum Chriſtum Dominum noſtrum , pro impiis & peccatoribus mortuum
à quorum numero (fi aliquis) liber inventus eſt , non eſt pro omnibus mortuus Chriſtus. Sed pro omnibus mortuus eſt Chriſtus.* " Il n'y a donc aucu-
" ne raifon de douter que Nôtre Seigneur Jefus Chriſt eſt mort pour
" les impies & pour les pécheurs , du nombre defquels fi on en exce-
" pte un feul , il fera vrai de dire que Jefus-Chriſt ne fera pas mort

pour

" pour tout le monde ; Mais Jesus-Christ est mort pour tous.

C'est en consequence que ce Saint Docteur exclût tous les merites de la nature ; mais il reconnoit ceux qui sont fondez sur la grace comme les caules d'une Predestination speciale, qui supose toûjours la bonté gratuite de Dieu ; c'est ainsi qu'il s'en explique répondant au 7 Chef ou Chapitre proposé par les Evêques de France, Livre 1. *Gratia Dei non potius eos deservit, quam ab iis deferetur . & quia hoc ipsos voluntaria defectione facturos pravidit, ideo in Prædestinationis electione non habuit.* " La grace de Dieu ce les a pas tant abandonné. (Il parle des " Réprouvez) qu'ils l'ont eux mêmes abandonné : Or parce qu'il a " prévû qu'ils tomberoient dans une defection volontaire ; c'est pour " cela qu'il ne les a pas compris dans l'Election de la Prédestination. „ „ Par consequent Dieu comprend dans l'Election qui s'ensuit de la Prédestination generale ceux qu'il a prevû qui seroient fidelles & ne l'abandonneroient pas ; l'Election dont parle Saint Prosper n'est autre chose que la Predestination speciale qui suit de l'universelle, en consequence de laquelle Dieu accorde les secours necessaires pour parvenir à la particuliere, dont les Réprouvez sont exclus à raison de l'abandon qu'ils ont fait de Dieu les premiers.

S. Thomas ne lui est pas plus favorable, il établit nettement l'une & l'autre Predestination. " On peut considerer d'une maniere l'effet " de la Predestination en general, dit-il : alors il est impossible que tout " l'effet de la Predestination en general ait aucune cause de nôtre part. „ *Alio modo potest considerari effectus Prædestinationis in communi, & sic impossibile quod totus effectus Prædestinationis in communi habeat aliquam causam ex parte nostra* Il ajoûte : " On peut considerer la Predestination " en particulier, & de cette maniere rien n'empêche que quelqu'ef-" fet ne soit la cause de la Predestination. *Uno modo in particulari, & sic nihil prohibet aliquem effectum esse Predestinationis causam.* S. Thomas ne pouvoit expliquer plus clairement la Predestination generale qui ne supose aucun merite, ni la Predestination particuliere fondée sur les merites. L'on ne peut disputer que les merites ne soient un des effets de la Predestination generale : Or le Saint Docteur dit formellement " Que cet effet est la cause, ou peut être la cause de la Predestination particuliere. *Priorem vero Posterioris secundum rationem causæ meritoria. prima primæ* Quest. 23. Art. 5.

XXVI. De ces erreurs, & de ces meprises si dangereuses, il s'en est ensuivi d'autres inconveniens qui ne le font pas moins. Chacun des Novateurs a été forcé de recourir à des moyens violens, pour parvenir à l'objet qu'il s'est proposé dans son sistème. Ainsi Calvin a mis une telle efficacité dans l'operation de la grace qu'elle contraint toute liberté, laissant neanmoins une espece ou ombre de volontaire ; c'est ce qui fe conclud de fes paroles. *Liberi ergo arbitrii hoc modo dicitur homo, non quia liberam habeat boni ac mali electionem, fed quia voluntate agit non coactione.* lib. 2°. Inftit. Cap. 2 Num. 7. L'Homme donc eft libre en cette maniere, " Non pas qu'il foit libre dans le choix du bien & du mal " mais parce qu'il agit de volonté & non pas par contrainte. „

La ciontrainte que Calvin femble exclure ici n'eft qu'une contrainte ou volence qui force la volonté à faire ce qu'elle ne veut pas ; mais il n'eût jamais intention d'exclure la contrainte interieure, qui non feulement ôte toute election fuivie de la deliberation ; mais encore ne fupofe qu'une irruption fpecifique à laquelle la volonté eft déterminée par l'impulfion & le decret de Dieu , s'il admet une fpontaneité en ce qu'il dit que l'homme agit de volonté *voluntate agit* , elle n'eft point opofée à la violence interieure ou contrainte , puifque c'eft Dieu luy-même , & non pas la volonté qui forme cette fpontaneité. Dans le fecond Livre de fon inftitution, chap. 4, Il femble en fupofant cette fpontaneité ; mettre une diftinction entre la contrainte & la neceffité; d'où il conclud que celuy qui peche quoiqu'il peche par neceffité, il n'en peche pas moins volontairement , *nihilo tamen minus voluntariè peccare;* mais ce volontaire n'eft point formé par la volonté même , il l'eft par l'impulfion de Dieu qui agite nôtre volonté, comme nous agiterions le bras ou la main d'un enfant , qui feroit contraint de fuivre un mouvement violent qu'il ne feroit pas maître d'arrêter. Calvin fait aifément comprendre fa pensée en comparant nôtre volonté à un cheval qui eft à la difpofition de celuy qui le monte. Si c'eft Dieu : comme un habile & fage écuyer il la conduit avec methode , il excite fa lenteur, reprime fa trop grande viteffe, il contraint fa petulence , il tempere fa luxure, il brife fa pervicacité, & la conduit en beau chemin. Si c'eft le diable comme un écuyer fol & emporté, il la précipite dans les abîmes , dans les foffes, la pouffe dans des chemins écartez , &c. & plus bas il dit que ceux que Dieu ne veut pas prendre fous fa conduite, il les abandonne à celle du diable. De ces manieres de parler de Calvin il eft facile de conclure que la contrainte qu'il rejette eft la feule contrainte exterieure , que fa neceffité eft une vraye contrainte interieure , qu'il n'a diftingué la coaction interieure de l'exterieure que par le terme de neceffité. Mais cét impie qui compare la volonté des méchans à un cheval monté par un écuyer fougueux tel qu'eft fatan, attribue auffi fes mauvaifes manœuvres à Dieu même. " Satan, dit il, & les impies „ font tellement fous la main & le Commandement de Dieu , qu'il „ conduit leur malice à toute fin, telle qu'il fe l'eft proposée. *sub Dei manu & imperio fatanam & impios omnes ita effe, ut eorum malitiam in quencunque vifum eft finem dirigat.* Il fe propofe fur l'Ecriture une queftion difficile au commencement du Chap. 18. Nomb. 1. du 1 Livre de fes

Inſtitutions en ces termes. " Des autres lieux de l'Ecriture où il eſt dit
" que Dieu flechit ou entraine à ſon arbitre Satan & les réprouvez;
il y a une plus grande difficulté. *Ex aliis locis ubi Deus Satanam ipſum
& omnes reprobos ſuo Arbitrio flectere vel trahere dicitur dificilior emergit
difficultas.* Au même endroit quelques lignes plus bas, voicy comme il
" la reſoud : L'on prouve par un nombre infini de témoignages évidens
" que les hommes ne font rien ſi ce n'eſt par une ſecrette impreſſion
" de Dieu , qu'ils ne font choſe que ce puiſſe être par déliberation
" que ce que Dieu a deja décreté en luy même , & qu'il établiſſe ſes
" ſecrets ſur ſa direction. *Quod autem nihil efficiant homines , niſi arca-
no Dei nutu , Nec quicquam deliberando agitent , niſi quod ipſe jam apud
ſe decreverit , & arcana ſua directione conſtituat innumeris & claris teſtimo-
niis probatur.* au Nomb. 4 du même Chapitre, pour juſtifier Dieu du crime auquel il le pouſſe, il dit qu'il n'y a point d'accord mutuel entre Dieu
& l'Homme , lorſque par ſa juſte impulſion il fait ce qu'il ne doit pas
faire. *Si quos magis impediat quod nunc dicimus nullum eſſe Dei cum homi-
ne conſenſum . ubi hic juſto illius impulſu agit quod ſibi non licet.* Dans le
3 Chap. Nomb. 5. du 2 Livre de ſes Inſtitutions Sur l'objection que
lui faiſoient ſes adverſaires qu'il admettoit une contrainte ou coaction
dans la volonté, voicy ce qu'il répond. "Or de ce que je dis que la volonté
" depouillée de toute liberté eſt entrainée & conduite au mal par la
" neceſſité , il eſt étonnant que cette expreſſion paroiſſe dure puiſquel-
" le n'a rien de choquant , ni de contraire à la maniere de parler des
" Saints, *Porro quod libertate , abdicatam voluntatem dico , neceſſitate in malum vel trahi vel duci , mirum eſt ſi cui videatur aſpera locutio , qua nec
abſonum habet quippiam, nec à ſanctorum uſu aliena eſt.* " Cela ſcandaliſe,
" ajoûte-t'il , ceux qui ne ſçavent pas diſtinguer entre la neceſſité & la
coaction , *offendit autem eos qui inter neceſſitatem & coactionem diſtinge-
re neſciunt.* Il diſtingue fort mal l'une de l'autre par la comparaiſon
qu'il fait enſuite, de la neceſſité de la bonté de Dieu & de la neceſſité de la malice du Diable ; c'eſt une neceſſité dans Dieu d'être bon,
parce que c'eſt ſon eſſence : c'eſt une neceſſité dans le Diable d'être
mauvais , parce que c'eſt ſon état aprés ſa chûte : Mais nôtre volonté
n'eſt ni neceſſairement bonne ni neceſſairement mauvaiſe, ſoit par nature
ſoit par état , Calvin eſt forcé d'en convenir dans ſon horrible ſiſtème puiſqu'il dit que c'eſt par l'impulſion de Dieu , *Juſto illius impulſu
agit* , que la volonté fait le mal. Elle n'auroit pas beſoin de cette
impulſion ſi elle étoit mauvaiſe ou par nature ou par état ; Il eſt enfin contraint luy même de confeſſer ce qu'il a voulu nier ; en faiſant
comprendre que la neceſſité qu'il admet eſt ſeulement oppoſée à la violence & non pas à la coaction : voicy comme il s'exprime au même
endroit. " Il faut obſerver cette maniere de diſtinguer , que l'homme

étant vicié par sa chûte , il péche à la verité avec volonté , non pas
" malgré lui ni contraint , mais par une affection d'ame trés inclinée,
"non pas par une coaction violente. *Hæc igitur distinctionis forma observetur , hominem ut est vitiatus ex lapsu , volentem quidem peccare , non invitum non coactum affectione animi propensissima , non violenta coactione.* La
coaction selon lui n'est pas violente parce qu'elle n'est point externe ,
non extraria coactione ; elle est naturelle parce qu'elle vient du mouvement de la concupiscence ; mais tout ce qu'il dit ici est contradictoire à
l'impulsion de Dieu , qui exprime sinon une violence exterieure qui
est la seule qu'il nie , du moins une trés grande contrainte interieure :
Il ne s'en peut de plus grande , puisque rien n'est plus fort que Dieu ,
que rien ne peut resister à son decret. Plus bas encore pour exprimer
cette contrainte , il dit que l'homme seul entre les animaux est libre ,
mais que cependant depuis le péché il souffre lui-même une certaine
violence du côté de la volonté ; mais non pas du côté de sa nature.
*Solus homo inter animalia liber , & tamen intervenientè peccato , patitur
quandam vim & ipse : sed à voluntate , non à natura.*
Voila tout autant de Jugemens que Calvin rend contre luy-même
en voulant répondre aux objections des Docteurs Catholiques : Or ce
qu'il enseigne de la liberté par raport au mal, est la regle de sa Doctrine touchant le bien. Il commence par faire le Procez à Saint Jean
Chrisostome , pour avoir enseigné que la volonté sans la grace ni la
grace sans la volonté ne pouvoient rien agir ; "Comme si ce n'étoit pas
la grace dit-il , qui fit la volonté. *Quasi vero non ipsam quoque voluntatem operetur gratia.* Nomb. 7. du même Chapitre Liv. 3. au nombre
11. "Il dit que Dieu meut la volonté ; Mais ce n'est pas comme on
"l'a crû durant plusieurs siecles , & comme on l'a écrit, sçavoir, qu'il
' depende de nôtre élection d'obéïr ou de resister à cette motion ; mais
" il la meut en l'affectant efficacement *Ac voluntatem movet , non qualiter multis sæculis traditum est & creditum ut nostra postea sit electionis , motioni aut obtemperare aut refragari , sed illam efficaciter afficiendo.* Jansenius
n'a pas jugé à propos de raporter ces dernieres paroles. Il est vrai
qu'il en donne la raison dans la premiere réponse qu'il fait aux objections qu'on peut faire contre luy sur la Doctrine de Calvin qu'il a si
bien imitée. Tout ce que les Heretiques enseignent n'est point Heretique ; dit il : *Non omnia qua hæretici docent , hæretica.* Cap. 21. Lib. 9. de
Grat. Christ. Salvatoris. Pag. 370. Mais si tout ce que disent les Hetiques n'est point heretique, il doit être tenu pour trés suspect. Pourquoi Calvin dit-il qu'il n'y a point d'élection ? la raison qu'il en donne c'est parce que la volonté est efficacement affectée , *sed illam efficaciter afficiendo.* La supression de l'Election paroit Heretique à Jansenius,
mais non pas la raison de la supression.

Toute la difference qui fe trouve entre le fiftême de Calvin & celui de Janfenius, eft que Calvin donnant à nôtre volonté la fpontaneité de bêtes aufquelles il la compare, a nié abfolument toute déliberation, toute élection, par confequent toute liberté, il le dit affez nettement. Janfenius un peu plus moderé dans fes termes reproche à Calvin de ce qu'il nie l'Election qu'il admet; mais à quelle condition l'admet-il? Il prétend que c'eft fe tromper groffierement que pour démontrer la liberté du franc arbitre il faille établir l'indifference, & nier la néceffité, c'eft ce qu'il enfeigne formellement en plufieurs endroits d'une maniere affez chancellante; mais aprés qu'il croit avoir fuffifamment preparé fon Lecteur à recevoir fa leçon il franchit le pas, voici comme il s'exprime dans le 6. Chap. du 6. Livre de la grace du Sauveur. Pag. 267. *Ex his vides quam enormiter aberrent illi qui ut probent ad libertatem arbitrii requiri indeferentiam, & abeffe debere neceffitatem.* Calvin fuprime toute liberté, Janfenius admet un phantôme. Tels font les moyens violens qu'on eft obligé d'employer pour demontrer des fiftèmes horribles ou Paradoxes. *Decretum Horribile. Paradoxum.*

Les Opinioniftes Prédeterminans à la fuite des deux premiers, font contrains de les fuivre de prés dans leur moyen, introduifans une efficacité Prédeterminante dans la grace, qui prévenant tout confentement de la volonté qu'elle n'attend point, a fon effet infaillible d'une maniere invincible & indéclinable. Je ne puis mettre aucune difference entre ce que Calvin & Janfenius on dit, & ce que ceux ci veulent dire; tout ce qu'il y a de plus n'eft qu'un verbiage puerile ou contradictoire. On reconnoit une grace fuffifante, avec laquelle on peut agir; mais avec laquelle feule on agira jamais; une grace efficace à laquelle on peut refifter, & à laquelle on ne refifte jamais; & pour fur tout une grace fuffifante avec laquelle on peut agir, avec laquelle non feulement on n'agit point; mais bien loin d'agir en conformité du bien qu'elle infpire, on eft prédeterminé fpecifiquement *in individuo* à une action contraire. Je ne vois par tout qu'une vraye neceffité regnante, que chacun modifie felon fon gré avec tout l'artifice qu'il peut.

J'ai dit que je ne remarquois aucune difference entre la neceffité & la Prédetermination Phifique des Opinioniftes; elle eft une fuite des decrets de Dieu: Or les decrets de Dieu font immuables: Donc tous nos actes prédeterminez font immuables; étans immuables ils ne font pas plus dans nôtre liberté que les decrets de Dieu dans la liberté de Dieu même, qui étant une fois formés, font irrévocables quand ils font abfolus. Les Opinioniftes Prédeterminans n'en reconnoiffent point ici d'autres, *Procul hinc ergo decreta illa indiferentia qua libero arbitrio fafces fubmittunt. Thefis Grandi - Mont. Rothom. append. 4. Janf. lib 2°*

de grat. Chrifti falv. cap. 12. *pag.* 56. *col.* 2. Le Docteur Habert qui fçavoit certainement tout le fecret de l'Opinionifte Prédeterminant, n'a
pû fe difpenfer de reconnoître une neceffité dans nos actions , pofé le
principe ; il a cru cependant pouvoir s'écarter de Janfenius en diftin-
guant deux fortes de neceffitez , une neceffité phifique , & une neceffité
morale ; il a laiffé la premiere à Janfenius, en foûtenant la feconde.
Mais difant ailleurs en parlant des demons , qu'ils haïffent Dieu éternellement d'une neceffité morale ; cette neceffité étant invincible &
infurmontable dans les demons , on voit à quoi l'on peut reduire la
liberté de l'Opinionifme fous la Prédetermination phifique *ad omnes*
actus. Toute la difference qu'il y a entre le tour de Janfenius & celuy
d'Habert , ne confifte que dans la difference des attributions ; Janfenius met liberté , mais en même tems neceffité dans Dieu & dans les
Anges qui ne peuvent le haïr *fe Negare* Et Habert compare la fienne à
celle des demons , qui ne peuvent que haïr Dieu : Voilà fans doute un
Opinionifme bien illuftré. L'on veut cependant que les Decrets qu'ils
apellent Prédeterminans établiffent plus la liberté qu'ils ne l'offenfent.
Ceci me paroît incomprehenfible : car fi ce Decret Prédeterminant eft
invariable , comment l'indifference active qui fait toute l'effence de
nôtre liberté , fubfiftera-t-elle avec l'immutabilité du Decret ? Où il
faut que nôtre liberté fléchiffe le Decret, alors il n'eft plus invariable ;
s'il n'eft plus invariable de quelle utilité eft-il ? car fi nôtre liberté peut
fléchir le Decret de Dieu , à plus forte raifon fe fléchira-t-elle elle-
même ; ou fi elle ne peut fe fléchir, elle eft dans une neceffité phifique
& abfoluë de fubir le Decret Prédeterminant de Dieu.

Les Opinioniftes prédeterminans pour parer à ces confequences , fe
font fait comme un rempart de la diftinction du *fens divis* & du *fens*
compofé, dont il eft parlé pag. 21. C'eft à fa faveur que Janfenius a tâché de couvrir fon fiftème , de le rendre inataquable. Il dit qu'on ne
peut rien luy objecter qu'il ne le refolve par cette folution tant elle eft
favorable à l'erreur, & contraire à la liberté. Voici l'ufage qu'il en fait
par raport à fa grace, que perfonne ne peut nier être neceffitante , c'eft
dans fon Livre 8 de la grace du Sauveur, chap. 4, qu'il dit que la volonté peut ne pas faire dans le *fens divis* ce que Dieu opere en elle par
fa grace efficace ; mais non pas dans le *fens compofé. Itaque* in fenfu di-
vifo *poteft voluntas non facere : id quod Deus per gratiam efficacem in ea*
operatur, in fenfu compofito *nequdquam* ; c'eft-à-dire plus nettement,
qu'on ne refifte pas plus à la Prédetermination phifique fpeciale de la
grace efficace des Opinioniftes , qu'à celle de Janfenius. C'eft pourquoy, ajoûte-t-il : " Tout ce que les deffenfeurs de la Prédetermination phifique ont inventé pour deffendre leur opinion, pour perfuader
que la volonté eft libre fous fon impreffion, pour refoudre les argu-

mens de leurs adverfaires , & leur retorquer leurs fleches , appliquez-
le à tout ce que nous avons dit. *Nam fere quidquid ab adverfariis objici
poteft , unica fenfus compofiti ac divifi , quam ipfi prædeterminationis phi-
fica defenfores adhibent , folvi ac diffipari poteft.* En quoi donc confifte
tout le nerf, la force de la fubtilité de cette diftinction ? le voicy, c'eft
de dire que lorfque la grace efficace n'agit point fur la volonté , qui
eft au contraire predeterminée fpecialement & efficacement à un acte
oppofé , elle peut alors ne pas faire , ce qu'elle fait neceffairement
avec la grace efficace quand la grace efficace eft jointe avec elle , c'eft
ce qu'on apelle pouvoir dans le *fens divis.* Mais ils conviennent que
dans le *fens compofé* : c'eft à dire que lorfque la grace efficace predeterminante eft jointe à la volonté , il ne lui eft pas poffible de ne pas
agir conformément, de ne pas produire l'acte auquel elle eft predeterminée ; parce que pour agir autrement il faudroit encore une feconde predetermination , ce qui eft impoffible, la volonté ne pouvant
produire deux actes contradictoires fur un même objet en même temps,
Dieu même ne pouvant predeterminer contradictoirement. C'eft à dire à parler nettement que lorfque que je fuis preffé par une faim cruelle , que je n'ay pas de Pain, je puis dans le *fens divis* ne pas manger ;
voilà ce que l'Opinionifte m'accorde. Mais quand j'ay du pain que je
le devore preffé par l'extreme neceffité , je puis ne pas manger actuellement , c'eft ce qu'il me nie dans le *fens compofé* ; Il faut certainement
que l'Opinionifte inventeur fe foit levé de bon matin qu'il ait fait long-
tems fentinelle pour épier cette diftinction, qui laiffe la difficulté dans
tout fon entier ; ce n'eft point une réponfe mais un faux fuyant , une
fauffe porte pour fortir fans répondre. Ce qui fuit de plus clair de tout
ce verbiage frivole , c'eft que Calvin a enfeveli la liberté, que Janfenius la
mife aux fers ; & que les Opinioniftes en font une Paralitique qui ne peut
fe mouvoir que par un mobile étranger ; qui n'a pas plus de droit à
fon action qu'un Paralitique univerfel que l'on tranfporte d'un lieu en
un autre , qui confent à tout, parce qu'il ne peut refifter à rien ; qui
dans le *fens compofé* ne peut pas n'être pas agi lorfqu'on l'agite ; mais
qui dans le *divis* lorfqu'on ne l'agitera pas fera en puiffance de n'être
pas agi, qui n'a par confequent qu'une puiffance paffive pour recevoir
telle action qu'on voudra luy donner : Voilà l'idée la plus naturelle de
la liberté dans le fentiment des Opinioniftes. En vain reclament ils
contre ce Jugement, en difant que la volonté eft un inftrument vital
qui par confequent agit de fon côté , parce qu'elle veut en voulant,
vult volendo. Calvin & Janfenius en difent autant, fans fe relâcher l'un
de la contrainte ni l'autre de la neceffité : car fi la volonté veut , ce
n'eft point par elle même qu'elle veut, c'eft par l'impreffion de la Prédetermination phifique fpeciale de la grace efficace qui l'applique à

vouloir , alors il n'eft pas à fon choix de vouloir une autre chofe que celle à laquelle elle eft actuellement appliquée , & elle n'en voudra une autre que par une impreffion nouvelle : Ainfi la vitalité ne diffère en rien de celle du Paralitique , qui quoiqu'il foit un corps vivant ne contribue cependant que paffivement à fon tranfport d'un lieu à un autre. D'ailleurs Dieu & les Anges font des fubftances fpirituelles qui ont des volontez : Dieu fe veut toûjours , les Anges veulent toûjours Dieu ; mais Dieu & les Anges voulant ce qu'ils veulent , quoique puiffances actives , veulent neceffairement ce qu'ils veulent. C'eft par cette idée même que Janfenius prétend prouver que la neceffité ne nuit point à nôtre liberté , que l'indifference active ne luy eft pas neceffaire. L'on ne peut dire , ni l'on ne pourra jamais faire comprendre qu'une puiffance qui n'eft mûë que par une impreffion étrangere , fondée fur un Decret immuable, jouiffe de l'indifference active , ou foit exempte de neceffité. La Doctrine de Janfenius me paroît même plus moderée dans fon fiftème s'il prétend que la liberté eft neceffitée fous l'impreffion de la grace efficace. Il ne reconnoît point d'autre caufe du peché que la liberté feule , fondée fur la réponfe de S. Auguftin aux Pelagiens , *neque enim valet liberum arbitrium nifi ad peccandum* ; Mais les Opinioniftes , étendant la Prédetermination indifferemment fur tous les actes , la liberté dans ce fiftème eft également appliquée au mal comme au bien , au vice comme aux vertus.

Ces nouveaux Docteurs pour fe juftifier de ces confequences , démontrer qu'il n'en font pas coupables , & nous donner une plus parfaite intelligence de leur fiftême, font forcez de fe jetter dans le Pelagianifme d'une maniere fort finguliere. Pour nous faire comprendre que quoique Dieu prédetermine nos volontez à tous leurs actes , il n'eft cependant point coupable de nos actions mauvaifes, ils comparent l'action de Dieu fur la volonté à celle de la volonté par raport aux mouvemens qu'elle imprime au corps ; c'eft l'ame , difent ils : qui non feulement lui donne la vie ; mais encore qui difpofe des affections qui dependent d'elle , qui influë en genre de caufe efficiente, fpeciale, predeterminante fur l'action des parties fujettes à fon commandement : mais s'il fe trouve une deffectuofité dans une jambe qui par exemple, fera tortuë, la volonté qui ordonne au corps de marcher , fera-t-elle coupable s'il ne marche pas droit ? Non, difent ils ; le reproche tombe fur la partie mal affectée ? de même auffi en eft-il de l'action de Dieu fur nous , fi lorfqu'il nous applique à l'action nous agiffons mal ; c'eft nôtre faute & non pas celle de Dieu. Cét exemple feroit admirable pour démontrer la Prémotion Phifique generale que nos volontez fléchiffent comme elles font affectées ; d'où il s'enfuit que Dieu ne peut recevoir aucun reproche du mal que nous faifons, parce qu'il n'en eft que la caufe

generale,

generale; nôtre volonté en étant la caufe particuliere, elle en eft par confequent feule coupable : Or dans le fiftème des Prédeterminans, Dieu eft non-feulement la caufe generale ; mais encore la caufe fpeciale applicante : s'il n'eft point dit cependant auteur du mal ; par la raifon des contraires il ne doit pas non plus être dit auteur du bien, quoiqu'il foit la caufe efficiente, fpeciale, prédeterminante des actions bonnes ou mauvaifes, comme l'on n'attribuë point à la volonté fi le corps marche droit ou s'il boitte, mais au corps bien pofé fur fes jambes droites. Sur cette idée on conclura que c'eft nôtre volonté feule qui fous l'impreffion fpeciale de Dieu, fait le bien ou le mal felon qu'elle eft affectée, par confequent que c'eft de fa nature qu'elle tient l'un ou l'autre, le bien fi elle eft bonne, le mal fi elle eft mauvaife. Perfonne n'ignore que nos ames tenant beaucoup des temperammens des corps qu'elles regiffent, reçoivent differentes affections, desdifferentes humeurs qui prédominent en nous, l'experience nous aprend affés même par raport à chacun de nous que nos ames ne font pas toûjours dans l'egalité, tantôt plus tranquilles, tantôt plus agitées, tantôt plus douces, tantôt plus feroces ; quoique ces affections de nos ames ne viennent point de leur nature, de leur fubftance, on ne laiffe cependant pas que de les leur attribuer, *Sortitus fum animam bonam*, difoit le fage : " J'ay eu une bonne ame en partage. „ Ce feroit donc à cet heureux partage que l'on feroit redevable, par confequent à la nature, comme le marcher droit à la jambe droite. Que l'on rejette fi l'on veut les bonnes ou mauvaifes affections de l'ame fur les impreffions des élemens differens & prédominans des corps qu'elles regiffent, ou fur les ames mêmes, cela eft indifferent, c'eft toûjours pure nature ; par confequent pur Pelagianifme ; ou fi l'on veut enfin que les actions n'appartiennent point à l'ame ni à fes affections, comme le marcher droit appartient à la jambe droite ; il faut confeffer neceffairement deux chofes : la premiere que la comparaifon eft mal inftituée dans toutes fes parties ; la feconde que les bonnes ou mauvaifes actions n'appartiennent à perfonne. Elles n'appartiennent point à l'ame ou à la volonté felon qu'elle eft affectée ou par l'habitude du corps, ou par les habitudes bonnes ou mauvaifes qu'elle s'eft acquifes : parce que ce feroit le pur Pelagianifme ; elles n'apartiennent point à Dieu, parce qu'il feroit l'unique auteur du mal ; ce qui feroit un blafphème ; ou l'unique auteur du bien que nous faifons, ce qui détruiroit abfolument le merite de nos actions, puifque la beauté ni la laideur du Tableau n'eft point attribuée aux qualitez du pinceau ; mais à l'habileté ou à l'ignorance du Peintre ; par confequent nulle liberté dans l'un ni dans l'autre.

Calvin pour deffendre fon *Decret horrible*. Janfenius fon *Paradoxe* : ont cherché des cautions, apprehendans de n'être pas crûs fur leur pa-

$\bullet$ole. Le premier s'eſt ſaiſi de l'Ecriture ; le ſecond de S. Auguſtin ; &
les Opinioniſtes Prédeterminans de S. Thomas. La fécondité de ceux-
ci paroît étonnante , S. Thomas n'a admis le terme de Prédetermination qu'en trois endroits de trois differens Ouvrages , & les Opinioniſtes ont compoſé des Livres ſans nombre ſur ce ſeul terme , non-ſeulement dans le ſens que le S. Docteur ne l'a pas entendu ; mais encore
abſolument contraire à ſon eſprit. Je les raporterai tous avec toute
l'exactitude que l'on peut deſirer.

Le premier endroit où S. Thomas parle de Prédetermination, c'eſt
dans la Queſtion 23. art. 1. de la premiere partie , tiré du troiſiéme
Livre contre les Gentils ; où il ſe propoſe une objection , priſe du 30
chap. du 2 Livre de S. Jean Damaſcene, en ces termes : *Oportet cognoſ-*
cere quod omnia quidem prœcognoſcit Deus : non autem omnia prœdeterminat.
Prœcognoſcit enim ea quœ in nobis ſunt non autem prœdeterminat. " Il faut
donc ſçavoir , que Dieu préconnoît toutes choſes : Mais qu'il ne les
prédetermine pas toutes. Car il préconnoît les choſes qui ſont en nous ,
mais il ne les prédetermine point. „ Saint Thomas répondant à cette
objection parle ainſi. *Dicendum quod Damaſcenus nominat Prœdeterminatio-*
nem impoſitionem neceſſitatis , ſicut eſt in rebus naturalibus , quœ ſunt deter-
minatœ ad unum. " Il faut dire que Damaſcene nomme Prédetermination , ce qui eſt une impoſition de neceſſité , telle qu'elle ſe trouve dans
les choſes naturelles , qui ſont déterminées à une ſeule choſe. „ Saint
Thomas entend ici par les choſes neceſſaires , qui ſont déterminés à un
effet , comme le feu à brûler , &c. Il eſt évident que le ſaint Docteur ne
répond à l'autorité de ſaint Jean Damaſcene que pour expliquer le
mot de Prédetermination que ce Saint emploïe pour ſignifier une neceſſité opoſée à la liberté , par conſequent ſuprimant tout merite & dé-
merite, il la rejette dans ce ſens & ne l'admet que pour démontrer la
Providence de Dieu ſur toutes choſes ; que comme il eſt l'unique Createur des cauſes , ſoit libres , ſoit neceſſaires , il en eſt auſſi le ſeul conſer-
vateur ; qu'aucune d'elles ne peut ſe porter à produire ſes actes ou ſes
effets ſans ſon concours actuel. C'eſt ce qu'il démontre particulierement dans ſon 3 Livre contre les Gentils , il dit dans les Chap. 18
& 82 contre les fauſſes préventions des Philoſophes , que les corps celeſtes , le hazard , le deſtin , la fortune , &c. Ne ſont point les cauſes de
nos penſées & de nos volontés ; que la nature même n'eſt point leur
cauſe efficiente (par la nature , il entend une cauſe neceſſaire) parce que
ſi la nature étoit cauſe efficiente de nos idées & de nos volontés
tous les hommes ne penſeroient & ne voudroient qu'une ſeule même
choſe , la cauſe naturelle ou neceſſaire étant déterminée à la production
d'un ſeul effet , la lumiére à éclairer , le feu à brûler , ainſi du reſte ,
d'où il conclud qu'aucune ſubſtance creée ne peut être cauſe efficiente

de nôtre volonté & de nôtre choix ne leur étant point foumifes, *Nulla igitur fubftantia creata poteft agere in voluntatem vel effe caufa electionis noftra.* Ce faint Docteur agit également contre ceux d'entre les Chrétiens, qui pour deffendre le libre arbitre prétendoient que la Providence de Dieu aprés nous avoir donné la volonté, & la vertu de vouloir étoit fimplement fpectatrice des actes fpecifiques de cette puiffance de vouloir, que nous pouvions fans fon concours & indépendamment de fa vertu vouloir telle ou telle chofe, voici comme parloit Origene. *Deus caufat in nobis* velle & perficere, *in quantum dat virtutem volendi, Non autem fic, quod faciat nos velle hoc vel illud.* Chap. 89. du même Livre. Dieu caufe en nous le vouloir & l'action, en tant qu'il donne la vertu ou puiffance de vouloir, mais non pas qu'il faffe que nous voulions telle ou telle chofe. Saint Thomas lui répond, par ce paffage d'Ifaïe. " Le Seigneur a fait en nous toutes nos œuvres ,,, d'où il eft aifé de conclure que Dieu non feulement donne la vertu de vouloir, mais encore l'operation. *Omnia opera noftra operatus es in nobis Domine : unde non folum virtutem volendi à Deo habemus fed etiam operationem.*

Il eft néanmoins évident que faint Thomas ne parle que des évenemens extraordinaires, par lefquels il prouve que nos volontés font fujettes à la Providence de Dieu, qui felon fes deffeins les tourne à fon gré, comme il le dit immediatement aprés en citant Salomon. *Quocumque voluerit vertet illud.* " Il le tournera du côté qu'il voudra. ,, Ce qui montre dit faint Thomas que la Puiffance de Dieu comme caufe efficiente ne s'étend pas fimplement fur la puiffance de la volonté, mais encore à l'acte même de vouloir. *Oftendit non folum Divinam caufalitatem ad potentiam voluntatis extendi fed etiam ad actum ipfius.* S. Thomas n'entreprend pas de prouver que parce que Dieu le peut faire quand il lui plaît, il le faffe toûjours abfolument d'une manière fpéciale, prédeterminante, le paffage d'Ifaïe qu'il employe ne pourroit lui fervir, puifque que le Prophête ne parle que des prodiges & des évenemens finguliers que Dieu avoit operé parmi le peuple. Il continué dans la fuite de ce chapitre de démontrer que nos volontés font tellement fujettes à la Providence de Dieu, qu'elles ne peuvent ufer du pouvoir qu'elle leur a donné fans le fien, enforte que fi fon concours abandonnoit un inftant nos volontés, nous n'aurions pas plus la vertu de vouloir ou de produire aucun acte qu'un inftrument indépendamment de la main d'un Artifant quoiqu'il ne tienne rien de la figure de la main qui s'en fert, mais nous tenons tout de Dieu ; à plus forte raifon avons nous befoin de fa vertu pour pouvoir exercer la nôtre. *Ergo homo non poteft virtute voluntatis fibi data uti nifi in quantum agit in virtute Dei, illud autem in cujus virtute agit eft caufa non folum virtutis, fed etiam actus : quod in artifice apparet : in cujus virtute agit inftru-*

mentum etiam quod ab hoc artifice propriam formam non accipit, sed solum ab ipso applicatur ad actum. On ne peut rien dire de plus fort pour dé-monter la dépendance de nos volontés, mais c'eſt abuſer de la penſée de ſaint Thomas que de la pouſſer plus loin qu'il n'avoit à prouver contre les Philoſophes, & contre Origene, contre leſquels il s'eſt pro-poſé de démontrer que les ſubſtances créés n'étoient point les cauſes de nos volontés, qu'il ne ſuffiſoit pas que Dieu leur eût donné la puiſſan-ce de vouloir, mais qu'elles avoient encore beſoin de l'aſſiſtance de Dieu pour l'exercer, parce qu'il apartient à celui la ſeul de conſerver à qui il apatient de creer ; Or la conſervation étant une ſeconde crea-tion continuelle, c'eſt dans ce ſens que l'on dit avec juſtice, avec veri-té que Dieu opere tout dans nous. Si cela n'étoit pas ainſi que l'on pût faire quelqu'action ſans le concours de Dieu, penſer quelque cho-ſe ſans luy, cette action & cette penſée étant indépendantes, elles ſe-roient par conſéquent produites par une puiſſance qui ſeroit ſouveraine, du moins quant à cette production : Or c'eſt ce que l'on ne peut attri-buer ni à nôtre volonté, ni puiſſance de vouloir en quelque inſtant que ce puiſſe être. Telle eſt donc toute l'eſſence de la Prédetermination de Saint Jean Damaſcene, expliquée par S. Thomas contre ceux qui en faiſoient abus ; elle conſiſte à demontrer 1°. Que comme la cauſe creatriceſeſt avant la choſe ou l'objet creé : la cauſe conſervatrice qu'il appelle auſ-ſi efficiente entant que la conſervation eſt une ſeconde creation, eſt avant la choſe ou l'objet conſervé, avec laquelle elle eſt jointe en con-cours. 2°. Que ſi la volonté pouvoit par ſa vertu produire tel ou tel acte independemment, elle ſeroit ſouveraine, par conſequent independante de la puiſſance de Dieu, elle ne ſeroit point ſoûmiſe à ſa Providençe quant à ſon exercice. 3°. Que nos volontez ſont tellement ſoûmiſes, quoique libres mêmes en genre de cauſe, que Dieu les peut tourner comme il luy plaît quand il veut ; leur faire produire des actes ſur-prenans, des actes extraordinaires, ce qu'il ne pourroit pas quand il le voudroit ſi à raiſon de leur liberté elles avoient acquis une inde-pendance abſoluë. Mais ce ne fut jamais l'intention ni le deſſein de S. Thomas de nous faire comprendre que l'action de Dieu ſur nos vo-lontez allât juſqu'à former en nous les actes de nôtre volonté, com-me il forma la parole dans la bouche de l'Aſneſſe de Balaam ; s'il avoit voulu nous perſuader de cette idée il luy étoit aiſé, en employant la Prédetermination phiſique, ſpeciale, efficace, des Opinioniſtes avec laquelle on peut faire penſer & parler juſqu'aux pierres ; le mot n'é-toit pas inconnu à ce Saint Docteur, il l'avoit apris de S. Jean Damaſ-cene : il ne s'en eſt cependant ſervi qu'une ſeule fois dans un Livre en-tier où elle paroiſſoit ſi neceſſaire. A l'égard des enjolivemens o. epi-thetes de phiſique, de ſpeciale, qui a plû à l'Inventeur d'y ajoûter,

non feulement ces noms & leurs fignifications luy ont été inconnuës ;
mais en mille endroits il enfeigne formellement le contraire fans aucun detour. Répondant à quelques autôritez de l'Ecriture fur la fin
du Chap. 90. par lefquelles quelques adverfaires prétendoient prouver
que les choix & les mouvemens de nos volontez dépendoient tellement
de nous qu'elles n'étoient en aucune maniere fujettes à la Providence
de Dieu, il dit : " Ces authoritez fervent à démontrer le franc arbi-
" tre des hommes ; mais non pas à prouver qu'en confequence leurs
" elections ne foient point fujettes ou dans la dépendence de la Provi-
" dence de Dieu la caufe univerfelle de toutes chofes. „ C'étoit là une
belle occafion à Saint Thomas de dire que nos volontez & leurs élec-
tions étoient fpecialement predeterminées de Dieu phifiquement, non
feulement, comme caufe univerfelle de tous les mouvemens fpecifiques
de la volonté ; mais encore comme caufe fpeciale. *Hæc autem verba in
ducuntur , ut homines effe liberi Arbitrii oftendantur : non ut eorum electio-
nes à divina Providentia fubtrahantur.* Saint Thomas explique nettement
fa penfée dans la 1. 2. de fa Somme, Queft. 9. Article 1. au 3. où il
attribuë le mouvement fpecifique de la volonté à l'entendement. *Sed
quantum ad determinationem actus qui eft ex parte objecti, intellectus movet
voluntatem.* Dans les 3. Livre contre les Gentils Chap. 10, il dit la même chofe, que la volonté eft müe par le jugement de la vertu ou force aprehenfive qui juge que cela eft bon ou mauvais : *voluntas vero movetur à judicio virtutis aprehenfiva qua judicat hoc effe bonum vel malum*
Mais on ne peut rien de plus decifif, de plus clair & de plus ruineux
contre la Prédetermination des Opinioniftes que ce qu'il enfeigne dans
l'Article 6. de la Queft 9 de la 1. 2. répondant au 3. Arg. " Il faut
" dire que Dieu en qualité de moteur univerfel meut la volonté de
" l'homme vers l'objet univerfel de la volonté qui eft le bien : & fans
" cette motion univerfelle , l'homme ne peut vouloir quelque chofe ;
" mais l'homme par la raifon fe détermine à vouloir tel ou tel bien
qui eft un vrai bien ou un bien aparent. *Dicendum quod Deus movet voluntatem hominis , ficut univerfalis motor ad univerfale objectum voluntatis
quod eft bonum , & fine hac univerfali motione homo non poteft aliquid velle : fea homo per rationem determinat fe ad volendum hoc vel illud quod eft
vere bonum , vel apparens bonum.* Ce que Saint Thomas ajoûte immediatement ruine abfolument avec le dernier degré d'évidence la Pré-
determin tion phifique fpeciale, en enfeignant les circonftances ou l'homme a befoin pour agir audeffus de fes forces naturelles d'une motion
fpeciale ; fi elle étoit neceffaire indifferemment pour toutes nos actions
il n'auroit point diftingué entre motion univerfelle & motion fpeciale
comme il fait icy en parlant de la grace. " Mais cependant a-
joûte t'il, il en eft que Dieu meut fpecialement pour vouloir quelque,,

chofe determinément, qui eft bon, comme il paroit dans ceux que Dieu meut par fa grace. ,, *Sed tamen interdum specialiter movet aliquos ac aliquid determinatè volendum, quos eft bonum, ficut in iis quos movet per gratiam.* Il n'eft point de Molinifte fi outré que fe puiffe fupofer un Opinionifte Prédeterminant, qui n'enfeigne cette Doctrine aprés S. Thomas, qui ne dife même encore plus que ce Saint Doäeur, que nous fommes prédeterminez fpecialement, phifiquement même fi l'on veut encore par la grace à vouloir un bien déterminément ou *in individuo*; mais on ne peut conclure de'ià que fous cette Prédetermination nous ne puiffons pas ne pas vouloir, où que fouvent même nous ne voulions pas le bien fpecial auquel nous fommes prédeterminez. S. Thomas dit bien qu'il en eft qui font mus par la grace; mais il ne conclud point qu'en vertu de cette motion fpeciale on agiffe toûjours, que l'on opere indeclinablement le bien auquel elle nous determine : car autre chofe eft d'être determiné par la grace à vouloir un tel bien fpecifiquement, & autre chofe eft d'être déterminé à le vouloir effectivement ou d'être appliqué à l'action du vouloir. Le premier eft de S. Thomas, le fecond de l'addition des Opinioniftes, qui ont entrepris de fupléer à fa capacité, ou de l'étendre contre fon gré au delà de fes bornes ; mais en excedant ainfi, leur Prédetermination phifique fpeciale à l'égard des actes de l'Ordre naturel eft abfolument anneantie par la diftinction que le Saint Doäeur fait ici de la motion fpeciale de la grace pour les actes de l'ordre furnaturel, parce que cette diftinction dans cet ordre eft une vraye exclufion de la motion fpeciale ou predetermination dans les actes de l'ordre naturel ; nous dirons par tout avec S. Thomas que fi Dieu meut nôtre volonté à l'égard de quelqu'objet fpecial, qu'il eft impoffible que nôtre volonté ne foit pas meuë, cette motion ne touche en rien à nôtre liberté, qui ne confifte point dans fon premier acte, mais dans le fecond qui eft de fon choix. Lorfque le Saint Doäeur parle quelquefois de neceffité, il eft évident que c'eft d'une neceffité confequente, qui n'offence point la liberté, d'une neceffité qui eft feulement opofée à deux contradictoires qui ne pouvent fubfifter enfemble, comme tous en conviennent.

Il eft étonnant que l'on fe foit porté avec tant de prévention contre le fiftème de la fçience moyenne, l'ambition & la vanité des Opinioniftes y a plus de part que le defir de la verité. Il en eft beaucoup parmy eux qui devroient lui faire grace par charité pour eux-mêmes, car fe croïant d'une fçience fublime & elevée, ils ne voyent pas qu'en attaquant & en infultant à la fçience moyenne, c'eft la leur qu'ils attaquent à laquelle, ils infultent, puifque non feulement leur fçience eft de cette qualité, mais fouvent encore infiniment au deffous de la mediocre : Or j'apelle fçience mediocre & trés mediocre, toute Doctri-

ne qui fous prétexte de fubtilité entreprend d'exceder celle d'un habile Maître, qui met fon defenfeur dans la neceffité de nier, fous
peine d'être heretique, des confequences qui s'enfuivent infailliblement
des principes qu'il établit, & quand on luy démontre par les vices des
confequences les vices de fes principes, fe trouver contraint alors pour
fe debaraffer de tout, de recourir à un RES ABSTRUSISSIMA,
cette Theologie & cette fçience doivent paroitre en effet bien embrouil-
lées. Thef. Grandi mont. Rotom. Anno 1720. 7 Nov

Que les Opinioniftes reconnoiffent 1°. Une volonté en Dieu trés fincere de fauver generalement tous les Hommes, par confequent une
Predeftination generale *in ordine intentionis*. Qui faffe éclater la mifericorde de Dieu fur tous, puifqu'il ne veut pas qu'aucun periffe ; Qu'il
veut que fon Evangile foit preché à tous. Qu'il foit annoncé à toute
creature ; Que l'on prie pour tous, Qu'ils reconnoiffent. 2°. Que Jefus-
Chrift eft mort univerfellement pour tous les hommes, puifque croire
le contraire, cette croiance eft fauffe, temeraire, fçandaleufe : qu'il
eft impie, blafphematoire, injurieux, dérogeant à la mifericorde de Dieu,
& heretique de dire qu'il n'eft mort que pour le falut des feuls Predeftinez ; s'il eft heretique de dire qu'il n'eft mort que pour le falut des
feuls Predeftinez, il eft de foi par confequent qu'il eft mort pour le
falut de quelqu'uns de ceux qui ne font pas Prédeftinez, or l'on ne
peut fans une extreme folie entreprendre d'en marquer en particulier,
fi l'on ne peut pas en marquer, pourquoi en excepter ? D'ailleurs la
definition contre la 5. propofition de Janfenius ne regarde que les Prédeftinez fpecialement *in ordine executionis* : Or fur le fondemet de la Prédeftination generale, felon la volonté pofitive de Dieu trés fincere & trés
univerfelle tous étans predeftinez, *in ordine intentionis*. Il eft heretique
de dire qu'il y en ait pour lefquels Jefus Chrift ne foit pas mort, puifqu'il feroit vrai de dire dans ce fens qu'il y auroit des Prédeftinez pour
lefquels il n'auroit pas verfé fon Sang, ce que l'on ne peut affurer fans
herefie J'avoüe que cette Prédeftination n'étant que conditionnelle
elle n'a pas toûjours fon effet *in ordine executionis* ; mais cependant comme il eft vrai que ceux que Dieu fauve font infailliblement fauvez, auffi n'eft-t'il pas moins certain que voulant le falut de tous, il ne fauve
perfonne contre fon gré, fi plufieurs fe perdent, ce n'eft point que
Dieu d'une volonté antecedante veüille la perte d'aucun de ceux qui
periffent, mais qu'ils fe perdent uniquement parce qu'ils veulent bien
fe perdre en refufant les graces neceffaires qui leur font offertes pour
travailler à leur falut. 3°. Que fur ces principes, les Opinioniftes Errans & Predeterminans reconnoiffent 1°. Qu'il n'eft plus queftion du
péché Originel comme caufe generale d'une Reprobation particuliere,
antecedente en vertu de laquelle plufieurs fans autres démerites, &

par la feule volonté de **Dieu** foient exclus pofitivement de la gloire, qui leur refufant en confequence les fecours neceffaires pour parvenir à une fin à laquelle ils ne font pas appellez, tombent neceffairement dans des péchez qui leur font perfonnels, qui avec l'exclufion de la gloire leur meritent encore la condamnation aux flammes éternelles. 2°. Que l'exclufion de la gloire n'eft point antecedemment decretée contre plufieurs en vertu du peché Originel ; mais confequemment en ce qu'ils n'ont pas le bonheur de parvenir au remede établi de Dieu pour en effacer la tache, ne s'étant point engagé dans l'ordre de nôtre falut de renverfer le cours des caufes fecondes, ni de changer les loix de la nature ; puifqu'on ne trouve l'exclufion de la gloire prononcée que contre celui qui n'aura pas été regeneré. *Nifi quis renatus fueris.* 4°. Qu'ils reconnoiffent qu'en vertu de cette Predeftination & Rédemption univerfelle il n'eft plus queftion d'une maffe refervée pour la damnation que pour ceux qui y rentrent volontairement, qui étant appellez refufent de venir *Vocavi & renuiftis.* Puifqu'il auroit été inutile que Jefus Chrift ordonnât de prêcher l'Evangile à toute creature ; de fouhaiter & de vouloir que tous fuffent fauvez, que tous vinffent à la connoiffance de la verité ; d'inftituer un remede-univerfel pour tous ; à Saint Paul de recommander de prier pour tous les hommes, fi par un decret fpecial antecedent il avoit & arrêté dans le Confeil de la Juftice de Dieu d'exclure plufieurs du fruit de l'Evangile de l'ufage du remede, & de l'effet des prieres. 5°. Qu'aprés ces Principes generaux cette Prédeftination & Redemption univerfelle ils reconnoiffent une Prédeftination particuliere, ou *in Ordine executionis*, divifée en fpeciale & trés fpeciale, celle là fondée fur la Prefçience des merites, celle cy fur la bonté de Dieu purement gratuite ; que s'attachant à la foutenir fans nier les autres qu'ils doivent fupofer, ils y conforment leurs moyens ; mais qu'en établiffant l'empire de la grace fur la liberté ils ne l'aneantiffent pas fous fes Operations victorieufes & triomphantes, pour exclure toute neceffité & fauver les merites, alors tout fera Catholique, par confequent tout d'accord ; & l'on ne prevoit point en fuivant cette route tracée par l'Ecriture, la Doctrine des SS. Peres, de fçavans Docteurs, & les décifions de l'Eglife, fur quoi l'herefie touchant fes matieres pourroit à l'avenir repofer fes pieds.

Cet avantage eft fuivi d'un fecond confolant pour tous, chacun ayant cette ferme efperance qu'il eft dans l'ordre general de la Prédeftination & de la Redemption univerfelle dont par la bonté gratuite de Dieu nul n'eft exclus, animé de cette confiance travaillera à fon falut avec courage. Chacun fera ce qu'il pourra, il demandera avec humilité, avec inftance, que Dieu augmente en luy fes fecours pour fupleer à ce qu'il ne pourra pas, perfuadé que Dieu qui nous a fait un

Commandement

de le prier, une promeſſe de nous exaucer, ne le refuſera pas Si au contraire il néglige de travailler, il ne pourra s'en prendre de ſa perte qu'à lui ſeul, ni faire de reproches ſans injuſtice à la miſericorde de Dieu qui a toûjours les mains étenduës juſque ſur les incredules. Mais dans les ſiſtèmes des Errans ou des Opinioniſtes qui les ſuivent de trop prés, ſi tôt que l'on ſe formera cette queſtion : Suis-je du nombre des Prédeſtinez, n'en ſuis-je pas ? ſuis-je compris dans le fatal decret de la reprobation poſitive ou excluſive, indépendamment de toute preſçience ? mon ſort eſt affreux, toutes les Ecritures s'accordent à me tromper, il n'eſt pas vrai que Dieu veüille le ſalut de tous, Jeſus-Chriſt en conſequence n'eſt pas mort pour tous ; envain l'Egliſe a défini ſes verités ; je n'aurai jamais les graces pour parvenir à la gloire à laquelle je ne ſuis pas appellé ; je prierai en vain ; Dieu qui n'a rien à changer dans ſon decret immuable ne m'exauçera pas, ainſi mes travaux, mes priéres étant ſans fruit, pourquoi travailler ? pourquoi prier ? ſi je ſuis du nombre des Prédeſtinez, quelque choſe que je faſſe Dieu ſçaura bien me trouver. Quelque détour que l'on tâche de donner à ces conſequences, on ne peut reſoudre ce dillemme qui conduit au libertiniſme de plein pied. Que diroit-on d'un Prédicateur qui précheroit ainſi au peuple. "Travaillés, mes Freres, combattés contre les puiſſan-
" ces ennemies de vôtre ſalut, il n'eſt que celui qui aura courageuſe-
" ment combattu juſqu'à la fin qui remportera la couronne. Et qui pour
" le prouver, diroit; Parceque Dieu ne veut pas ſauver tout le monde;
" Que Jeſus-Chriſt n'eſt pas mort pour tous ; Qu'on ne peut rien ſans
" la grace efficace à laquelle on ne reſiſte jamais & qui n'eſt pas ac-
" cordées à tous. „ Quelle conſolation ſeroit-ce là pour un auditoire ? qu'y penſeroit-on du Prédicateur ? c'eſt ce qu'il faut penſer du Theologien. Enſeigner ſur les bancs des prétenduës verités qu'on n'oſeroit enſeigner au peuple dans les chaires, cela doit paroître aſſés paradoxe. Janſenius l'a confeſſé.

Un Superieur d'un Ordre puiſſant me faiſant un jour ſes plaintes ſur le grand nombre de leurs fugitifs, malgré toutes les commodités de la vie que l'on fourniſſoit à des malheureux qui pour la plûpart auroient eu de la peine à trouver du pain dans leurs familles. Je lui repondis, que tant qu'on emploiroit S. Auguſtin contre ſon gré à démolir leurs Clotures, à percer leurs Monaſteres ; il ne devoit pas s'étonner de voir une jeuneſſe impetueuſe, bien nourrie, trop reſſerrée, profiter des bréches ouvertes par leurs ſiſtèmes. Cela nous fit entrer en matiere ; reduit à ne pouvoir me répondre, il me dit : c'eſt *cependant la verité*. Je lui repliqué : "Non mon P *** c'eſt la clef des champs. „ Nous nous quitâmes ainſi. Quatre ans aprés une de leurs Maiſons fut embraſée à deux repriſes à trois ou quatre jours de diſtance, bâtimens vieux, bâ-

N

timens neufs , tout fut reduit en cendre ; ce fpeſtacle fût le plus effrayant quel'on ait vû depuis long-tems. L'Incendiaire ſe ſauva & prit parti; il deſerta avec un des chevaux de ſon Officier, un Trompette fut depêché après lui ; il trouva ce miſerable étendu, endormi ſur le chemin, ſon cheval paiſſant dans la campagne. Le Trompette le raméne avec main forte, il eſt mis au Conſeil de Guerre, ayant été trouvé le viſage tourné à l'Ennemi il devoit être condamné à mort. Une perſonne de ma connoiſſance qui étoit ſur les lieux, ayant ſçû ſa condition en donna avis au Seigneur Evêque Sufragant, vivant alors ; ce ſaint & ſçavant Prélat , ami de l'état Religieux (car les Evêques l'aiment en ce païslà) fut luy-même faire oppoſition au Conſeil de Guerre, demanda ſur-ſeance du Jugement, le reclama au nom de ſes Superieurs, à qui il en écrivit. Ceux-ci le deſavouërent. Ce digne Prélat ſe pourvût en Cour. Le Roy Louïs XIV. qui faiſoit de ſon illuſtre perſonne une eſtime ſinguliere, ayant même voulu l'attirer en France , ce que ſon humilité refuſa ; ſur ſa lettre fit grace au malheureux, donna ordre par ſon Miniſtre (Mr de Chamillard) de le remettre entre les mains de qui il appartenoit ſous bonne eſcorte ; enjoint à l'Officier de prendre un *Recepiſſe* de ſa perſonne. Celuy à qui on le livra, qui l'avoit deſavoué ſur les premiers avis de ce S. Evêque, fut obligé de ſe conformer aux ordres de la Cour. Etant allé pour conſoler mon ami que j'avois dans cette Maiſon, il me rapella nôtre converſation, me diſant tout baigné de larmes, les mains jointes & ſerrées, les yeux vers le Cielt : *Ah.... Je crois que vous avez trouvé le point.* Je reviens à mon Bachelier, qui me fit l'objection ſuivante :

Mais le Decret de la Prédeſtination, fondé même ſur la preſcience des merites, étant de toute éternité, ſi vous n'y êtes pas compris à raiſon de vos demerites, vous ne pouvez y rien changer dans le temps, étant également immuable.

Il eſt vrai, luy dis je, je l'avoüe, mais auſſi comme je ne ſçai point ce que Dieu a prévû à mon égard, ni ce qu'il a décreté en conſequence, je travaillerai toûjours, & ſa ſainte grace avec moi, à remplir les conditions de la Prédeſtination generale dans laquelle ſeule je me regarde, ſans laquelle je ſçai certainement, ſur la parole de Jeſus-Chriſt dans ſon Evangile, que je ne puis être compris dans l'Ordre de la Prédeſtination ſpeciale : l'une nourrira mon eſperance, tandis que l'autre me tiendra dans une crainte ſalutaire, ſelon le commandement de l'Apôtre Saint Pierre, je n'oublieray rien de ce qui dépendra de moy pour rendre par mes bonnes œuvres ma vocation & mon élection certaine *Satagite ut per bona opera certam veſtram vocationem & electionem faciatis. 2. Pet. Cap. 1°.* Mais en vain me conſommerois je dans le travail, ſi par un decret antecedant à toutes mes œuvres j'étois ex-

clûs du nombre des Elûs, uniquement parce que Dieu l'a voulu ainſi; qu'innocent par moi-même, coupable ſeulement par autrui, il m'avoit laiſſé en
vertu du ſeul péché Originel dans la maſſe de perdition, comme étant la
ſeule cauſe ſpeciale de ma damnation ou Réprobation : ſans autre deſſein
que de faire éclater ſur moi les traits de ſa fureur & les tréſors de ſon cor-
roux ; m'abandonnant en conſequence en proye à toute iniquité, pour
avoir de moy une indignité perſonnelle, ſans autre ſecours que celui
qui n'aura jamais ſon effet. Si Dieu par un privilege ſingulier de ſa miſericorde purement gratuite a voulu ſe choiſir un certain nombre de
Saints, ſans avoir prévû leurs merites, pour les faire éclater dés ce
monde en miracles de ſainteté, en prodiges de vertus, en ſignes é-
tonnans, & dans l'autre comme des vaſes brillans de gloire : J'en glorifie le Seigneur, loin d'en être jaloux, j'honore en eux l'etenduë de
ſes miſericordes, comme je ſçai qu'ils n'ont rien à mon préjudice, loin
de leur porter envie, je m'adreſſe à eux comme aux amis de Dieu, je
les prie avec confiance de s'interreſſer pour moy, perſuadé qu'étans
prévenus de nos beſoins par les combats qu'ils ont eux-mêmes éprouvés
ſur la terre, ils intercederont pour moy auprés de nôtre ſouverain
Mediateur Jeſus-Chriſt : dans cette confiance je continuerai mes travaux juſqu'au dernier ſoupir de ma vie avec ſa ſainte grace, comme
ſi Dieu n'attendoit à former le decret de ma Prédeſtination particuliere, que le moment auquel on me fermera les yeux.

Si cela étoit ainſi, reprit mon adverſaire : verroit-on tant de peuples dans les tenebres de l'infidelité ou l'aveuglement de l'hereſie : Si Dieu
par un decret antecedent, abſolu, independant de toute Preſçience de
merites, n'avoit choiſi un certain nombre d'Elûs à l'excluſion de
tous autres qu'il auroit laiſſé dans la maſſe de perdition, & en conſequence denués de tout ſecours, comme l'experience le démontre aſſez.

Je luy demandé. 1°. S'il avoit revelation de ce qui ſe paſſoit dans
le cœur de tant de malheureux, ou de ce que Dieu faiſoit ou ne faiſoit pas dans leurs ames : N'ayant point cette connoiſſance reſervée à
Dieu ſeul, comment il pouvoit conclure que s'étoient des Réprouvez, a-
bandonnez de tous ſecours. 2°. S'il n'avoit pas l'experience que tous
les peuples connus ont été appellez à l'Evangile, que les uns n'ont pas
voulu le recevoir, qu'ils n'ont pas crû, parce qu'ils n'ont pas voulu;
comme Saint Auguſtin le dit des Juifs; que les autres aprés l'avoir reçû l'ont abandonné, comme ont fait l'Aſie, l'Affrique, une partie de
l'Europe, que le Chriſtianiſme eſt connu aux uns, aux autres l'Egliſe Catholique dont ils ſe ſont ſeparez 3°. S'il ignoroit qu'elle avoit
toûjours été la rage & la fureur des Grecs contre l'Egliſe Romaine,
qui ont favoriſé les invaſions du Turc ſur les terres Chrétiennes, pre-
ferans le Turban à la Thiarre ; ſentimens de phreneſie adoptez par

N ij

tous les Proteſtans du 16 ſiecle qui ont employé tous leurs moyens pour mettre les Infideles dans leurs intereſts, qui ont favoriſé par leur revolte contre les Empereurs, les Rois & les Princes, leurs conquêtes ſur les Etats Catholiques : & porté par tout chacun leur Alcoran formé ſur celui de Mahomet, comme le démontre Florimond de Rémond, pour ſéduire tous les peuples : On ne peut ignorer ce qu'en a dit & écrit Luther, de concert avec les autres Auteurs, de ces prodigieux nombre de ſectes athées auſquelles la ſienne donna naiſſance. Mais pourquoi Dieu l'a t'il permis ainſi ? " Pour punir les péchez des uns, éprouver la fidélité des autres. „ Pourquoi permet il que leurs poſteritez qui ne ſont pas coupables du premier crime, ſoient enſevelies dans le même aveuglement ? „ Parce qu'il eſt volontaire en eux quant à la perſeverance. Peut être eſt ce un effet de la miſericorde de Dieu, qui veut encore leur épargner de plus grands châtimens, en leur ſuprimant l'occaſion de tomber dans de plus grands péchez, en tombant eux mêmes de plein gré dans l'Apoſtaſie où leurs Peres n'ont peut être fait que les prévenir, Judas qui avoit une parfaite connoiſſance de Jeſus Chriſt, fit un plus grand péché, que Pilate qui ne le connoiſſoit point. Si le Pape & le Turc venoient aujourd'huy à diſputer entr'eux de la Monarchie univerſelle ; l'on verroit juſqu'à des Brebis enfermées errantes dans la ſolitude, envelopées dans le Parti de la nouvelle rebellion, ſe mettre les unes en prieres pour la proſperité des armes du Sultan, les autres s'épuiſer en bijoux, donner juſqu'à leurs Croix d'argent, pour ſubvenir aux frais de la guerre qu'il feroit au Souverain Pontife. C'eſt une choſe monſtrueuſe de voir les Maiſons de Dieu ſe peupler d'un certain genre de folles, qui frappées de la vapeur heretique ne ſçauroient entendre prononcer ce nom reſpectable ſans s'évanouir. *Ah quel mot*, LE PAPE. *ie me meurs* diſoit M. D*. B**, *Vite de la Reine ; je n'en puis plus*. Le remede que la charite employe dans les Maiſons de Force pour faire revenir les infenſées luy auroit été ſans doute beaucoup plus efficace & plus ſalutaire : Ne ſeroit il pas plus à propos pour cette malheureuſe, & tant d'autres qui luy reſſemblent, d'avoir pris naiſſance dans le ſein du Mahometiſme, ou n'ayant qu'une connoiſſance obſcure de ſa Religion elle auroit de moindres châtimens à craindre ; parce qu'elle auroit moins de compte à rendre au Trône du grand Dieu.

XXVII. Mon adverſaire ayant ceſſé de me faire des demandes ou de repliquer ſur la matiere de la Prédeſtination, revint en inſtance ſur l'inamiſſibilité conditionnelle du Don de Perſeverance, il me forma deux queſtions ſur ce ſujet, la premiere : ce que j'entendois par cette expreſſion ; la ſeconde, comment je pouvois ſoûtenir que l'on pouvoit meriter la Perſeverance, Saint Auguſtin enſeignant par tout la gratuité de ce Don, qui ne seroit plus une grâce, si 'elle étoit dûë aux merites : qu'il manque souvent à des Justes qui ont vecû lung temps dans la justice.

Je répondis. 1°. Que Dieu étant constant dans ces Dons, il ne les retiroit jamais tant que le Juste étoit fidelle à y correspondre : Que la perpetuité du Don étoit fondée sur la misericorde de Dieu qui l'accordoit, & sur la correspondance libre de celuy à qui il étoit accordé ; Que cette libre correspondance ou cooperation étoit la condition *sine quâ* du secours *sine quo*. Que l'une & l'autre étant jointe ensemble, rien n'étoit capable de l'arracher au Juste ni de luy faire perdre, le Don de Dieu étant invincible, n'y ayant rien de plus puissant que Dieu ; le Juste employant ce Don, c'est-à-dire y cooperant autant qu'il est en lui par sa volonté, toûjours aidée dans sa cooperation, il pourra dire comme Saint Paul, que rien ne pourra le separer de l'amour de Jesus Christ. 2°. Que S. Augustin enseignoit clairement que l'on pouvoit demander & obtenir le Don de la Perseverance par les Prieres & les supplications. *Hoc Donum suppliciter emereri potest.* Je démontray la verité de ma premiere reponse. 1°. Par l'exemple de plusieurs Justes qui étoient tombés, comme David, &c. 2°. Par l'Ecriture, les Conciles, les Ss Peres, S Augustin & S. Prosper, que Dieu n'abandonne jamais le premier. Si Dieu n'abandonne que parce qu'il est abandonné le premier, c'est une preuve certaine que le don de la perseverance n'est inamissible que conditionnellement. Je démontré 2°. comment il falloit entendre S. Augustin lorsqu'il enseigne que le don de la Perseverance étoit gratuit. 1°. Parce que rien n'est dû à nos Prieres, à nos suplications, que par sa bonté gratuite ; s'il nous a fait le precepte de la Priere, avec promesse de l'écouter, c'est parce qu'il l'a bien voulu, que rien ne l'y a contraint : il paroît assez par l'exemple du Larron penitent que ce fut à la priere qu'il fit à Jesus-Christ mourant, de se souvenir de luy quand il seroit dans son Royaume, que ce divin Sauveur l'asseura qu'il seroit avec luy le même jour dans le Paradis. 2°. Lorsque Dieu accorde à nos prieres, c'est son propre don qu'il couronne, puisque c'est par le secours de sa grace que nous prions. 3°. S. Augustin ayant toûjours les Pelagiens & Semipelagiens à combattre, il leur démontre par tout que la nature ne pouvant meriter ni quant au commencement du salut ni quant à sa continuation, c'étoit en vain qu'ils prétendoient se fier sur les œuvres de la liberté seule. Pour les évincer de cette erreur il avilit la liberté jusqu'à leur dire qu'elle n'a de force que pour pecher, par consequent que pour démeriter : de là les Predestinatiens qui tenoient quant à ce chef quelque chose de l'erreur du Manichéïsme, prétendoient à leur tour que nous étions necessitez au peché, ce que S. Augustin n'a ja-

mais dit ni prétendu dire : car comme il le dit lui-même " Si la liberté n'étoit capable que de pecher lorsqu'elle agit , nul ne feroit
coupable. Il y a des coupables , continuë-t-il : On peche. Donc on
a pû s'abftenir de pecher ; nul n'étant réprehenfible dans ce qu'il ne
peut éviter,,.

Mon adverfaire me demanda encore fi les Barbares & les Infidéles
avoient des graces pour ne point pecher. Je répondis que fur le fondement de la Prédeftination generale je n'en doutois nullement ; Dieu
ayant decreté la fin il a en même tems decreté les moyens pour parvenir à cette fin ; ainfi fa grace n'abandonne abfolument perfonne.
" Mais fi les Barbares & les Infidéles , reprit il , ont des graces pour
ne point pécher , ils en ont auffi pour faire du bien , pour accomplir
le precepte : or tout bien fait avec la grace merite la gloire éternelle,
dont cependant les Barbares & les Infidéles font privez.,, Je convins
que par le même principe ils avoient des graces pour accomplir les
preceptes communs à tout le genre humain de quelque Religion ou
fuperftition qu'ils fuffent , parce que la nature & fes loix font communes à tous les peuples ; que les preceptes de la Loy naturelle étans
faits pour tous les hommes fans reftriction , Dieu ne commandant
rien d'impoffible , c'eft une fuite naturelle qu'il leur prefente à tous
les moyens. Un Barbare pofé dans la circonftance que le met S. Thomas , s'il étoit docile à ces graces que Dieu ne refufe point , il luy enverroit plûtôt un Ange pour l'inftruire que de permettre qu'il perît.
Mais c'eft mal conclure que quiconque avec la grace obferve les préceptes ; (Je fupofe même qu'il les obferve tous ,) qu'il merite la gloire
éternelle, quoiqu'elle foit dûë à l'obfervance fidéle ; parce qu'il ne
fuffit pas de bien vivre , il faut encore bien croire. Si un Chrétien
perd le merite de toutes fes bonnes œuvres par un peché mortel, que
mourant en cét état il foit damné , que doit-on penfer de celuy qui
les pratique fans la foy , fans laquelle il eft impoffible de plaire à Dieu,
Sine fide impoffibile eft placere Deo. Rien démontre-t-il mieux le merite
de ces bonnes œuvres que la Doctrine des Theologiens qui enfeignent
que celles qui ont été mortifiées par le peché revivent par la Penitence. C'eft ainfi qu'il faut raifonner des Infidéles , s'ils ne parviennent
pas à la foi, Dieu ne leur refufera pas ce qu'il a accordé aux fages
Femmes de l'Egipte pour leur charité , & aux Romains pour leur juftice : car toute bonne œuvre qui ne peut attendre de récompenfe
éternelle à raifon des obftacles de celuy qui les fait , ne fera pas privé
de la récompenfe temporelle. De cette doctrine il eft aifé de conclure
de la fauffeté de la Propofition condamnée dans Baïus ; renouvellée
par les Janfeniftes , que toutes les œuvres des Infidéles font des pechez. On ne peut pecher dans les œuvres qu'on fait avec le fecours

de la grace, Dieu juſte ne peut récompenſer le peché d'une proſperité temporelle.

Le Bachelier qui eût ſcrupule de m'avoir abandonné à trop bon compte le fameux paſſage *Subventum eſt* , revint ſur ces pas , me diſant que ſi S. Auguſtin avoit prétendu conſerver la liberté avec la grace , il n'avoit pû s'expliquer plus mal , ou du moins d'une maniere plus obſcure , qui trompoit tant de Theologiens.

Cette nouvelle inſtance m'obligea de retirer de ma poche mon petit Traité de Controverſe ſur S. Auguſtin , où j'ai ramaſſé tous les paſſages employez par les Novateurs, & placé ſur une colomne opoſée tous ceux qui donnent la veritable intelligence des autres dont on fait abus, Je lui dis qu'il n'étoit pas de paſſage dans Saint Auguſtin qui defendît plus demonſtrativement la grace & la liberté contre les Pelagiens qui vouloient abſolument nier l'une ou l'autre ; que l'erreur des Theologiens dont il parloit partoit uniquement de leurs préjugez & de leurs préventions : que pour les luy faire connoître il n'étoit queſtion que d'en faire l'analiſe ſuivant ſa conſtruction grammaticale , Saint Auguſtin s'exprime ainſi *ſubventum eſt infirmitati volun.tatis humanæ* "Il a été accordé à l'infirmité de la volonté humaine : " *Ut Divinâ gratiâ indeclinabiliter & inſuperabiliter ageretur* , " afin qu'elle fut conduite , ou agie , par la grace divine indeclinablement & inſurmontablement. ,, Je crois que voila la maniere la plus litterale , dont on puiſſe rendre ce texte dans nôtre langue : Or il eſt aiſé en conſequence de voir ſur quoi tombe ce verbe *ſubventum eſt* , " il a été accordé.,, J'ajoûte encore : " Il a été neceſſaire d'accorder , ou de ſubvenir : ,, Mais ſelon cette force grammaticale à qui eſt ce que ce ſecours eſt préciſément neceſſaire ſelon la valeur des termes : eſt-ce à *la volonté* ou à l'*infirmité* de la volonté ; ce ne peut être à la volonté , la conſtruction grammaticale ſeroit fauſſe , *ſubventum eſt* demande un datif , & le nom de *voluntatis* eſt au genitif ; je ne trouve que le ſubſtantif *infirmitati* , à l'infirmité , qui ſoit au datif ; ce n'eſt donc point ſur la volonté , mais ſur l'infirmité de la volonté que tombe le ſecours, " La volonté eſt celle par laquelle on peche , & par laquelle on vit bien , ,, dit S. Auguſtin : Ainſi quant à ſa nature elle eſt la même qu'elle étoit avant le peché , le peché n'a rien changé à ſa ſubſtance ou eſſence ; comme la maladie ne change rien ni dans l'eſſence ni la ſubſtance de l'homme ; la maladie eſt un accident étranger , les accidens de cette nature du moins ne changent rien dans les ſubſtances. *Voluntas quippe eſt quâ & peccatur & rectè vivitur.* Qui empêche donc aujourd huy que l'on diſe que la volonté n'eſt pas en égal pouvoir de pecher ou de bien vivre. Pourquoy S. Auguſtin luy-même dit il que la volonté ou libre arbitre (car la volonté , priſe ici dans l'eſprit de ſaint

Auguſtin, eſt la volonté maîtreſſe de ſon action , ou liberté de vouloir telle choſe ou ſon contraire ou contradictoire) n'a de puiſſancé que pour pecher , *Neque enim valet liberum arbitrium niſi ad peccandum.* C'eſt parce que la volonté a reçû une playe par le peché de nos peres, que la concupiſcence , les paſſions , en un mot que la partie inferieure étant revoltée contre la ſuperieure , que l'ayant pour ainſi dire aſſujet-tie , elle a beſoin d'un ſecours qui humilie ſes ennemis pour qu'elle ſe rende ſuperieure , qu'elle puiſſe uſer de ſes pouvoirs en devenant maî-treſſe de ſes actions ; elle a été réduite en eſclavage, elle a beſoin d'en être délivrée.   C'eſt pour cette raiſon que le S. Docteur dit : " Si la volonté n'eſt délivrée de la ſervitude à laquelle elle a été aſſujettie par le peché, & qu'elle ne ſoit AIDE'E pour ſurmonter les vices , les Hommes ne peuvent bien vivre ni avec pieté. „ *Voluntas ergo ... & ut vitia ſuperet* ADJUVETUR , *& ut ſupra lib* 1°. *Retract. cap.* 9. Mais ſi la volonté aſſujettie à la partie inferieure eſt élevée au deſſus par une grace qui ſoit indéclinable & inſurmontable par cette infirmité étant ainſi préparée par le Seigneur, comme elle peut y être fidéle , elle peut auſſi ne l'être pas, pouvant manquer de fidelité. Cela ſe prouve 1°. par ce que dit S Auguſtin : Que le libre arbitre eſt puiſſant pour pécher ; Qu'il n'eſt puiſ-ſant que pour le peché : Ce qui ne ſeroit point vray ſi le ſecours étoit in-déclinable & inſurmontable à la liberté. 2°. Par un exemple fameux que S. Auguſtin raporte contre les Pelagiens en ſe mocquant de leurs fauſſes ſubtilitez ; par leſquelles ils croyoient l'embaraſſer , & qu'il leur accorde ; voicy comme il leur parle : " Ou ſi vous prétendez " que le libre arbitre de l'Homme que vous ne defendez point ſelon · la grace ; mais contre la grace puiſſe donner le pouvoir à un chacun d e perſeverer dans le bien, ou de n'y perſeverer pas, que ce droit luy " apartienne ; Que s'il perſevere ce n'eſt point un Don de Dieu ; mais " l'Operation de la volonté humaine : qu'avez vous à répondre , à repliquer contre les paroles de celuy qui dit , *J'ay prié pour toi Pierre afin que ta foy ne manque point.* „ Saint Auguſtin prevenant la replique leur dit : " Oſerez-vous dire que Jeſus Chriſt priant pour l'indefecti- " bilité de la foy de Pierre , elle auroit manqué ſi Pierre eût voulu " qu'elle manquât , c'eſt à dire , s'il n'eût pas voulu qu'elle perſeverât " juſqu'à la fin : comme ſi Pierre eût voulu autrement , que Jeſus. " Chriſt eut prié qu'il voulut. „ Belle ſubtilité · dit Saint Auguſtin. " Car qui eſt ce qui ignore que la foy de Pierre devoit alors manquer " ſi la volonté qui étoit fidelle en luy venoit elle même à manquer ; " & que ſa foy perſevereroit ſi cette même volonté demeuroit en lui. " Mais parce que la volonté eſt preparée par le Seigneur , il s'enſuit " que la Priere de Jeſus-Chriſt ; pouvoit n'être pas vaine pour lui. Quand " donc il a prié pour que ſa foy ne manquât point , Qu'a-t'il demandé

autre

" autre chofe , finon qu'il eût une volonté trés libre dans fa foy, trés forte , trés invincible , & trés perfeverante. ,, *Aut fi ad liberum Arbitrium hominis , quod non fecundum Dei gratiam , fed contra eam defendis , pertinere dicis ut perfeveret in bono quifque , vel non perfiveret , non Deo conante fi perfeveret ; fed humana voluntate faciente , Quid moliturus es contra verba dicentis* Rogavi pro te , Petre , ne deficiat fides tua ? *An audebis dicere etiam rogante Chrifto ne deficeret fides Petri , defecturam fuiffe fi Petrus eam deficere voluiffet : quafi aliud Petrus ullo modo vellet , quam pro illo Chriftus rogaffet ut vellet. Nam quis ignorat tunc fuiffe perituram fidem Petri , fic ea qua fidelis erat , voluntas deficeret : & permanfuram , fi eadem voluntas maneret ? fed quia præparatur voluntas à Domino , ideo pro illo Chrifti non poffet effe inanis oratio. Quando rogavit ergo ne fides ejus deficeret , quid aliud rogavit nifi ut haberet in fide Liberrimam, Fortiffimam , Invictiffimam Perfeveratiffimam voluntatem ?* Lib. de Correptione & Grat. Chap. 8ọ.

S. Auguftin répond icy directement à la penfée des Pelagiens, qui croïant la liberté bleffée par la grace vouloient abfolument que le franc Arbitre fût feul en pouvoir par fes propres forces de perfeverer ou de ne perfeverer pas. Pour les convaincre de faux , il leur aporte l'exemple de la Priere de Jefus-Chrift pour la perfeverance de Pierre dans la foy. Si la chofe étoit comme vous le dites ; que le franc arbirre fut feul maître de perfeverer ou non : Pourquoi Jefus-Chrift a t'il donc prié pour la Perfeverance de Pierre ? Si chacun peut fans aucun fecours perfeverer , la Priere de Jefus-Chrift étoit également inutile & fuperflue ; parce qu'on ne s'avife point de demander pour un autre ce qu'il peut feul par lui même : On priroit encore moins fi l'on prevoyoit que le fecours que l'on demande pour lui fût plus capable de l'embarraffer que de l'aider , comme vous prétendez que la grace embaraffe la liberté, parce que dites vous, qu'elle la gefne , qu'elle la contraint : comme fi Pierre voudroit , ou auroit pû vouloir autre chofe en quelque maniere que celle pour laquelle il auroit prié qu'il voulût , c'eft-à dire pour fa Perfeverance dans la Foy que Jefus Chrift fe propofa dans fa Priere. *Quafi aliud Petrus ullo modo vellet quam pro illo Chriftus rogaffet ut vellet.* Ainfi s'expliquoit Saint Auguftin , pour defabufer les Pelagiens fur le pouvoir qu'ils attribuoient à la feule liberté pour entreprendre tout bien & pour y perfeverer : car fi Jefus-Chrift pria pour Pierre, ce ne fût que pour lui obtenir ce qui ne dependoit point de luy, la fin qu'il fe propofa dans fa Priere ce fût de demander pour l'Apôtre cette Perfeverance qu'il ne pouvoit fe procurer à luy-même , que Dieu y préparât fa volonté , par confequent un fecours infiniment au deffus de la nature , une grace qui degageât fa liberté de la fervitude , qui guerit l'infirmité de fa volonté , qui fupleât à fon impuif-

O

fance, qui l'aidât dans fa foibleſſe ; une grace enfin trés forte, trés invincible, trés perſeverante, mais en même temps une grace trés libre, c'eſt à-dire qui n'impoſât à ſa liberté ni neceſſité ni contrainte ; liberté, qui parût dans la chûte de Pierre, qui ne tomba que parce qn'il ne garda pas cette volonté fidelle que le Seigneur avoit preparée en luy. Si l'Apôtre avoit pû par les ſeules forces de la nature arriver à la fin que Jeſus-Chriſt ſe propoſa en priant pour luy, ſa Priere auroit été ſuperfluë, Pierre auroit ſeulement eu beſoin de conſeil & d'avis ; mais non pas de ſecours. *Quid aliud rogavit niſi ut haberet in fide Liberrimam, Fortiſſimam, Invictiſſimam & Perſeverantiſſimam voluntatem.* Saint Auguſtin conclut ſur la preparation de la volonté qui ſe fait par le Seigneur, que la Priere que Jeſus-Chriſt fit en faveur de Pierre pouvoit n'être pas vaine ; mais elle l'auroit été infailliblement s'il n'avoit ſeulement prié qu'afin qu'il ſe determinât luy-même par les ſeules forces de ſon franc arbitre à la perſeverance, ainſi que les Pelagiens le ſoutenoient : car pour ſauver la liberté, non point ſelon la grace ; mais contre la grace ; ſuprimant toute preparation de la volonté faite par le Seigneur ; ils expoſoient Jeſus-Chriſt à prier ſans aucune eſperance de ſuccez ; la ſeule liberté deſtituée du ſecours de Dieu étant incapable de la perſeverance, ayant déja même prouvé contr'eux que tout ſon pouvoir ne s'étendoit que ſur le péché. *Sed quia præparatur voluntas à Domino, ideo pro illi Chriſti non poſſet eſſe inanis oratio* Le Saint Docteur pour autôriſer ſa Doctrine ſur le ſecours accordé à l'infirmité de la volonté bleſſée par le péché, fait venir à ſon ſujet les paroles de l'Apôtre, *Vbi autem abundavit delictum, ſuper abundavit gratia.* " Où le péché a abondé, la grace a ſurabondé. " Il attribuë la premiere partie de cette propoſition au ravage du péché qui a revolté tout l'homme contre l'homme, qui a rempli nôtre eſprit des tenebres de l'ignorance, accablé nôtre volonté d'infirmités, frapé nôtre liberté d'un extrême langueur, jetté dans nos cœurs une corruption profonde : *ubi abundavit delictum.* Il attribuë la ſeconde, à la grace qui repare en nous non ſeulement tous ces maux ; mais qui ſous ſon empire rend encore nôtre condition plus heureuſe qu'elle n'étoit avant le péché ; repandant dans nos eſprits des lumieres celeſtes, fortifiant nôtre volonté contre les foibleſſes, donnant à nôtre franc Arbitre des forces plus conſiderables que celles de la ſanté, que celle de l'Homme innocent, en créant en nous un cœur nouveau, nous ſervant de rempart contre les tentations du Monde, du Démon & de la Chair, *ſuperabundavit gratia.* C'eſt de tous ces grands avantages que la grace nous procure audeſſus des forces de la nature de l'état preſent, où l'homme peut perſeverer où il perſevere en effet, qu'il conclud cette volonté trés libre, trés perſeverante ; trés invincible, trés forte dans la Foy que Jeſus Chriſt demanda pour Pierre. *Quid aliud rogavit nisi ut haberet in fide libertrimam fortissimam ... voluntatem.* C'est une preference d'état que Saint Augustin établit par tout, l'excellence de la grace au dessus de la nature, celle cy ne pouvant rien sans celle-là, & non pas un attentat qu'il fasse sur la liberté en la ruinant par la grace, comme le prétendent les Pelagiens de nos jours. Que l'on ne soit pas surpris si je donne ce nom aux Calvinistes ou aux Janfenistes, que l'on traite communément de Predestinatiens, que l'on se rapelle pourquoi les Pelagiens & les Semipelagiens déclaroient si fort la guerre à la grace ; ils avoient un zele outré pour la liberté, qu'ils n'entreprenoient de défendre que par une erreur opposée, prévenus que la grace & la liberté ne pouvoient s'accorder ni subsister ensemble ; qu'elles étoient incompatibles comme deux contraires, ils prétendoient qu'en defendant la liberté, il falloit nier la grace ; reciproquement qu'en soûtenant la necessité de la grace, il falloit nier la liberté ; les anciens Pelagiens se sont déterminez au premier parti, les nouveaux ont embrassé le second.

La méprise de ces Nouveaux Docteurs vient de leur obstination à ne pas reconnoître que Saint Augustin combattoit deux adversaires tout à la fois, les Manichéens qui nioient la liberté, & les Pelagiens qui nioient la grace ; le combat étoit dificile. *Quastio ... ad discernendum dificilis,* comme il l'avoüe luy-même : car il auroit été dificile à tout autre qui n'auroit point eu la prudence habile & éclairée de Saint Augustin, de ne point favoriser une erreur en détruisant celle qui lui étoit entierement opposée ; la liberté ne peut rien du tout, disoit le Manichéen : la liberté peut tout, disoit le Pelagien : Saint Augustin disoit à l'un & à l'autre, vous vous trompez tous deux, la liberté peut quelque chose ; mais elle ne peut pas tout, elle peut s'abstenir du péché elle n'y est contrainte ni par fatalité ni par une cause superieure, ainsi parloit-il au Manichéen ; Mais si elle peut s'abstenir du péché, elle ne peut faire le bien meritoire sans la grace, elle n'a nulle force pour cela, disoit il au Pelagien : celui cy ne pouvant comprendre que la liberté qui ne pouvoit faire le bien sans la grace le pût faire sans y être necessitée par ce secours, s'imaginoit que Saint Augustin rendoit les armes au Manichéen, & lui cedoit la victoire. Vous vous trompez encore, reprenoit Saint Augustin : la grace vient au secours de la liberté qui ayant été blessée par le péché, peut bien à la verité le commettre derechef sans aucune fatalité ni contrainte, comme elle ne le fut point dans Adam innocent, voila tout le droit qu'elle a conservé depuis sa chûte. *Neque enim valet liberum Arbitrium nisi ad peccandum :* Or comme non seulement elle a conservé tout droit de commettre le péché, que l'infirmité s'étant emparée de nôtre volonté lui donne encore une tres forte inclination, que tout ce qui est dans nous & hors de nous l'y invite puiſſamment , miſeres auſquelles l'homme n'étoit point ſujet dans l'état d'innocence, elle a beſoin d'un trés puiſſant ſecours pour l'aider à la dégager de cette ſervitude qu'elle a contractée pour lui faire vouloir & entreprendre la pratique du bien dont le travail lui donne tant de répugnance & de dégoût , c'eſt ce que Saint Auguſtin exprime par ces paroles. *Voluntas ergo ipſa niſi Dei gratiâ liberetur à ſervitute quâ facta eſt ſerva peccati , & ut vitia ſuperet Adjuvetur, rectè pièque à mortalibus vivi non poteſt.*

Sçavoir ſi ſaint Auguſtin agiſſant contre Pelage démontroit que la volonté étoit impuiſſante pour tout bien meritoire de la gloire éternelle , comme cet Heretique prétendoit que la nature le pouvoit ſans la grace ; auroit auſſi ſoutenu la même Doctrine pour toute action moralement bonne : que la liberté n'ayant de pouvoir que pour le péché, ſeroit également impuiſſante à toute ſorte de bien de quelqu'ordre ou nature qu'il puiſſe être ; c'eſt ce que je n'ay point à examiner ; fondé ſur le principe de la Prédeſtination generale , je ne crois même aucun infidèle deſtitué des graces neceſſaires pour tout bien , ſupoſé que la volonté y eſt une impuiſſance, la miſericorde de Dieu n'a fait à perſonne de preceptes impoſſibles ; s'ils l'étoient par raport à cette impuiſſance, il ne leur refuſe point les ſecours neceſſaires pour les rendre poſſibles ; ſi leur obſervation n'eſt point meritoire pour la gloire parce que ſans la Foi il eſt impoſſible de plaire à Dieu , je la crois du moins meritoire pour la diminution des peines de l'éternité ; un infidèle qui ſeroit conſtant dans cette obſervation ne ſeroit point abandonné de Dieu , qui ne veut pas que perſonne periſſe , comme je l'ay dit aprés ſaint Thomas , il lui enverroit plutôt un Ange au défaut de ſes Miniſtres pour l'inſtruire. Si nous convenons que les Chrétiens par leur mauvaiſe vie, peu conforme à la grandeur de leur vocation , meritent d'être privés de la Foi, qu'ils ſçandaliſent par leurs œuvres , que des Etats tous entiers l'ont perduë : pourquoi ne croirons nous pas que Dieu reciproquement fait miſericorde, qu'il apelle à la Foi ceux d'entre les infidèles qui correſpondent à ſes graces , qui nous empêche d'attribuer à cette conduite admirable de Dieu , la converſion de ceux qui ſortent du Judaïſme, de l'Hereſie, de l'Idolâtrie & du Mahometiſme. Tout le deſſein de ſaint Auguſtin eſt de n'attribuer rien à la nature pour la Foi ou pour le ſalut ; mais ce ne fut jamais ſon intention de nier les merites de la grace , ce qui leur eſt dû , c'eſt à Dieu même qu'il eſt dû , qu'il recompenſe ſes dons en recompenſant nos merites , ſoit en ce monde par l'augmentation de ſa grace , ſoit en l'autre par la couronne de la gloire.

Tel a donc été l'ordre de la Doctrine de ſaint Auguſtin , tant par raport aux Manichéens, que par raport aux Pelagiens, comme il ſoutient contre les premiers que la liberté n'est point forcée, ni par le destin, ni par aucune cause étrangere ou superieure à faire le mal, parce que l'on ne pécheroit point, que si l'on péche c'est une preuve que l'on a pû s'abtenir de pécher, nul n'étant coupable, ni blâmable dans ce qu'il ne peut éviter : Il enseigne contre les second que cette même liberté qui peut pécher, qui peut s'abstenir de pécher, ne peut vouloir, ni faire le bien si elle n'est secouruë dans son infirmité, & que de la servitude du péché la volonté passant par le secours de la grace à la servitude de la justice, devenant infiniment plus libre, elle ne peut dans cet heureux état que vouloir le bien & l'executer, comme dans l'autre elle n'a de pouvoir que pour le péché, mais dans l'un & dans l'autre elle n'est ni forcée ni contrainte, car comme elle peut dans le second s'abstenir du péché, elle peut s'abstenir dans le precedent de vouloir le bien & cesser de correspondre à la grace ; quoique difficilement dans tous les deux. Il est aisé de faire comprendre ceci par un exemple sensible. Julien l'a produit, saint Augustin ne l'a pas méprisé, il s'en est même servi contre lui. Je ne prêtens cependant pas l'employer dans une exacte proportion & je crois cet aveu necessaire pour obvier à toutes les consequences abusives que l'on pourroit en tirer pour s'autoriser contre moi dans la défense d'un mauvais sistème. Je ne m'en servirai que dans l'esprit de saint Augustin combattant les Pelagiens qui soutenoient que la liberté étoit capable de tout bien meritoire & surnaturel sans aucun secours, je ne prêtens point exceder cet objet dans lequel je me renferme uniquement. L'on peut donc comparer la volonté infirme de l'état present, à l'indisposition qu'un homme auroit contractée, soit par nature ou naissance, soit par accident, qui l'empêcheroit de marcher droit : Or quoique posé dans cette circonstance & qu'il soit vrai de dire qu'il n'est pas dans un vrai pouvoir, ni actuel, ni habituel de ne boiter pas ; on ne peut neanmoins contester qu'il ne soit dans un vrai pouvoir de s'en abstenir, rien ne le contraignant à marcher, (que l'on fasse attention que je me reduis ici dans la pure expression de saint Augustin sur la liberté dans le sens le plus étroit que l'on puisse la prendre par cet axiome,) je puis le nommer ainsi : *Neque enim valet*, *&c.* Mais si son indisposition étoit de telle nature, que par le secours qu'on pourroit lui donner il pût marcher droit, qu'il ne puisse même le faire sans lui ; comme il est dans la liberté de s'abstenir de boiter en s'abstenant de marcher ; de même aussi il est dans une égale liberté de refuser le secours qu'on lui presenteroit pour l'aider à bien marcher, quelque sollicitation qu'on lui en fit ou quelque empressement que l'on témoignât pour lui procurer cet avantage : j'avouë qu'il seroit difficile qu'il le refusât, non pas que les offres qu'on lui feroit lui impolassent aucune necessité, ni violence, au contraire ce feroit faciliter fa liberté : parce que tout homme gueri de prevention ne demande pas mieux que fon bien & le vrai bien, que fa liberté s'y porte toute entiére ; c'eft par cette raifon qu'elle fe porte au mal, parce qu'elle croit trouver celui qui lui convient ; quand elle ne croit pas l'y trouver elle s'en abftient, *Caveri igitur poteft.*

Il en eft ainfi toute propofition gardée de nôtre liberté à l'égard du bien & du mal dans l'état prefent. Nôtre volonté a contracté une infirmitée qui la dévoyée de cette droiture qu'elle avoit avant fa chute, infirmité qui lui donne un penchant naturel au mal, une grande inclination à le commettre, elle s'y porte avec d'autant plus de liberté qu'elle croit y trouver un bien, trompée par la concupifcence ; c'eft le fens dans lequel faint Auguftin difoit aux Pelagiens. *Neque enim valet libe-rum arbitrium nifi ad peccandum :* Mais la loi lui deffendant ce qu'elle croit être un bien, elle peut s'en abftenir & ne le pas vouloir, car fi elle ne pouvoit s'en abftenir, repondoit le faint Docteur aux Manichéens, on ne pécheroit jamais, l'on péche cependant, c'eft donc une preuve que l'on peut s'abftenir de ce que la loi nous aprend être un mal en nous le deffendant, *Peccatur ; caveri igitur poteft.* Nous pouvons raifonner, mêmes proportions gardées, de nôtre volonté fous l'empire de la grace, comme nous avons fait par raport à nôtre volonté dans la fervitude du péché, c'eft à dire de la concupifcence, que faint Auguftin aprés l'Apôtre apelle péché, parce qu'elle en eft la peine : elle a befoin d'un puiffant fecours pour la rectifier, la foulager dans fon infirmité, non feulement pour l'aider à la foutenir contre les appas de ce que la concupifcence lui prefente comme un bien & que la loi lui défend ; mais encore pour vouloir ce que la concupifcence lui reprefente comme un mal, & que la loi de Dieu en le lui commandant lui aprend être un bien. C'eft ce fecours qui l'aide à furmonter toutes les difficultés que fon infirmité lui forme, qui lui communiquant des forces furnaturelles qui font infiniment fuperieures à fes foibleffes, à fes maladies, la laiffe libre dans le choix qu'elle doit faire ; elle ne peut guere balancer à prendre le meilleur qui eft celui que la grace lui infpire, qui l'aide, qui la fortifie : comme il eft difficile à un infirme de ne pas prendre le parti de la fanté qu'on lui offre, à un boiteux de ne pas confentir qu'on le retabliffe de fon indifpofition ou de refufer le fecours neceffaire pour fe parer de cette incommodité ; mais comme celui cy peut abfolument refufer le fecours qui lui eft offert, qu'il eft en pleine liberté de le faire, de même auffi la volonté peut refufer & refifter aux plus puiffans fecours de la grace qui lui eft donnée pour l'aider & non pas pour la neceffiter ou la contraindre, car de même que fi elle étoit forcée au mal, qu'elle ne pût s'en abftenir, elle ne pécheroit point ; aussi si elle étoit necessitée ou contrainte dans le bien elle ne meriteroit pas ; si la volonté n'est ni coutrainte ni necessitée par la grace, on peut donc non-seulement lui resister, mais encore lui resister trop souvent, ou du moins quelque fois, ainsi que l'Eglise a défini en condamnant la seconde porposition de Jansenius.

XXVIII. Mon adversaire me fit une objection sur le terme *Ageretur*, *Qu'elle soit agie*, parlant de la volonté sous l'empire de la grace : Si la volonté est agie, me dit-il, donc qu'elle n'agit point. Je repliqué que c'étoit ainsi que Jansenius avoit abusé de ce terme sans aucun fondement ; pour tâcher de démontrer sa grace necessitante, & que s'il prétendoit attribuer le passage *Subventum est* à la grace actuelle, que Jansenius & moi nous étions bien loin de sentiment ; puisque je l'interpretois de la grace prévenante, à laquelle la volonté n'a aucune part, & qu'il faut necessairement que dans ce sens la volonté soit agie, & que Dieu qui l'agit le fait indeclinablement & insurmontablement, en sorte qu'il n'est pas dans le pouvoir de la volonté de n'être pas touchée ni éclairée ; mais ce n'est ni dans cette motion ni cette illumination que consiste l'effet de la grace dont il est question : car on peut resister à cette motion & à cette illumination ; on y resiste en effet l'Eglise a défini l'un & l'autre séparément en differens tems : Si l'on ne peut empêcher que ces deux effets de la grace ne préviennent toute déliberation, l'on peut par le refus de la cooperation prescrire contre l'un & l'autre ; c'est là le point de la dispute, que Jansenius a nié ; il a pris le change en attribuant à la grace le second effet aussi immanquable que les deux premiers ; ceux ci sont sans merite de nôtre part, parce que loin d'y contribuer peut être y avions-nous des oppositions ; mais le second fait nôtre merite, parce qu'il dépend de nous d'agir avec la grace qui nous agit, ou de luy refuser nôtre consentement. Je ne puis comprendre comment Jansénius & les nouveaux Oppinionistes peuvent emploïer ce passage pour démontrer ce qu'ils prétendent, sçavoir que la grace actuelle a indéclinablement son dernier effet, aucun d'eux soit par la force des termes, soit par celles de la construction, ne peut m'évincer de mon attribution & de mon interprétation ; je les évince au contraire de la leur, par les termes dont on doit se servir, & la construction que l'on doit observer pour prouver ce qu'ils veulent avancer ; selon eux Saint Augustin auroit dû dire : *Subventum est infirmitati voluntatis humana, ut devinâ gratiâ ita ageretur*, ut *indeclinabiliter & insuperabiliter* agat, ou, *indeclinabiliter operetur* : Il a été accordé à la volonté humaine à raison de son infirmité, d'être agie de telle maniere par la grace de Dieu qu'elle agisse ou qu'elle opere insurmontablement & indéclinablement. Or c'est ce sens qui exprime les deux effets de la grace, que l'on ne trouvera jamais dans le texte litteral de Saint Auguſtin, qui dit ſimplement, *ſubventum eſt infirmitati voluntatis humanæ , ut divinâ gratiâ indeclinabiliter & inſuperabiliter agaretur* , "Il a été accordé à l'infirmité de la volonté humaine d'être agie indéclinablement & inſurmontablement," D'où Janſenius conclud mal : car il tire une concluſion composée d'un principe ſimple , *à dicto ſimplici , ad dictum ſecundum quid* : c'eſt ainſi qu'il s'eſt trompé par tout, confondant le ſecond effet de la grace avec le premier , attribuant au ſecond l'infaillibilité & l'indéclinabilité , qui ne ſont düës qu'au premier, la motion de la grace diſtinguée réellement de l'operation ou cooperation , ne ſont chez luy qu'une même choſe , ce qui eſt manifeſtement contraire à la doctrine & aux définitions de l'Egliſe.

Il me fit une ſeconde objection ſur la comparaiſon du Boiteux : "S'il eſt gueri de ſon infirmité il ne peut plus boiter ; Donc reciproquement que celuy dont l'infirmité de la volonté eſt guerie par la grace ne peut plus pecher ni reſiſter à la grace de la gueriſon. ,, Je répondis 1°. que cette gueriſon de la volonté étoit plûtôt un ſecours & un ſoulagement procuré par la grace à la volonté qu'elle aide , qu'une gueriſon abſoluë , ce qui eſt exprimé dans le paſſage de S. Auguſtin *ſubventum eſt* ; *ſubvenire* , veut dire *ſecourir* , & par le même Saint en d'autres que j'ai citez par *Adjuvetur* , qu'elle ſoit aidée , parce qu'il eſt conſtant que le foyé du peché , que la concupiſcence, reſtent toûjours en nous ſous l'empire de la grace la plus vehemente , qui nous fortifie , nous ſoûtient contr'elle. 2°. qu'il étoit dans la liberté de celuy qui avoit été gueri de ſa bleſſûre ou infirmité naturelle , d'affecter de boiter , ou de boiter tout de bon en ſe caſſant la jambe , ſoit de propos déliberé ſoit par imprudence , que celui cy arrivoit ſouvent en s'expoſant au danger volontairement ; mais qu'il en étoit peu qui le fiſſent de propos deliberé ; que ſi cependant on n'en trouvoit point qui euſſent cette volonté , on ne peut nier que chacun n'en ait la liberté , que c'étoit ce que je penſois de la volonté ſous l'empire de la grace la plus puiſſante , appellée ordinairement efficace par les Opinioniſtes.

Mon adverſaire pour finir la diſpute , me dit qu'il étoit difficile d'accorder cette doctrine avec l'exclamation de S. Paul. *O altitudo.* Je luy repliqué que quand quelque ſçavant Theologien ou l'Egliſe, n'auroient enſeigné 1°. comment la grace agit ſur la volonté , comment elle touche le cœur & éclaire l'eſprit. 2°. D'où vient que n'ayant aucun merite de nôtre part, Dieu prodigue ſes graces aux uns , tandis qu'il ne les verſe que goute à goute ſur les autres. 3°. Pourquoy ceux qui ont reçû des graces éclatantes , je dis même interieures , accompagnées de la force de la Prédication de la verité , renduë ſenſible par la puiſſante autorité des miracles , ont reſiſté ; tandis que d'autres

dépourvûs

depourvûs de ces puiſſans & prodigieux ſecours, ont couru après la grace qui ſembloit non-ſeulement vouloir ſe dérober à eux, mais encore les rebuter. 4°. Pourquoi les uns rejettent le pain tout entier, tandis que les autres deſirent ardemment de ſe raſſaſier des miettes après leſquelles ils ſoupirent. 5°. D'où vient que les uns naiſſent dans le ſein de l'Egliſe, les autres dans celui de l'erreur ou de l'infidelité, & enfin mille autres myſteres impenetrables à l'eſprit humain & connus de Dieu ſeul. Quand donc j'auray été inſtruit avec évidence de toutes ces profondeurs, je conſentiray à la ſupreſſion de ces paroles de l'Apôtre, ô *Altitudo* ! Mais tant que ces miſteres ſubſiſteront je ne ceſſeray de m'écrier avec lui, ô *Profondeur* !

XXIX. Le jeune Bachelier me raporta pluſieurs autres paſſages dont il tiroit des conſequences à ſon gré; je lui en demontré ſucceſſivement tous les vices, lui avoüant tous les textes, je lui demandé s'il étoit bien convaincu lui même que ſes conſequences y fuſſent évidemment renfermées. Il me proteſta, qu'oüi : Je lui repliqué que je n'en croyois rien ; parce que je ne les y voyois pas, & qu'il ne devoit pas ſe mettre en tête de me le perſuader n'ayant ſur moi aucune autorité pour m'obliger à croire ſes conſequences, ni aucun droit de conviction pour me les perſuader contre mon évidence contraire ; qu'au reſte s'il avoit le pouvoir de faire des miracles peut être m'ébranleroit-il, que je n'en exigeois cependant point ; mais ſeulement ce qui dependoit de lui & ce qu'il ne devoit pas me refuſer, ſçavoir que s'il étoit bien perſuadé qu'il voyoit dans ces paſſages la grace neceſſitante établie par ſaint Auguſtin, ſoit pour me convaincre de ſa perſuaſion, ſoit pour ne rien épargner pour ma converſion ſi j'étois dans l'erreur, je lui demandois ſeulement qu'il tint l'eſpace d'un *Ave Maria* ſa main ſur la lumiére d'une chandelle. Il réva un moment & me dit ; le feriez vous pour me perſuader vôtre Doctrine ? je lui répondis que je n'y heſiterois pas d'un moment ſi je n'avois point le témoignage évident de l'Egliſe, beaucoup plus démonſtratif que les Prodiges, les Miracles & le Martire; qu'ayant défini contre Calvin que l'on pouvoit reſiſter à la grace interieure ; contre Janſenius qu'on y reſiſtoit quelque fois, je m'arrétois conſtamment à ces définitions qui me ſervoient de conviction de la verité pour moi même & de demonſtration invincible contre ceux qui croyoient & enſeignoient une grace de *contrainte* & une grace *neceſſitante* ; que ſi mes adverſaires ne veulent pas ceder à ces témoignages Divins, en vain ferois-je deſcendre des Anges des Cieux pour m'apuyer dans ma preuve, car comment ceux qui ſe révoltent contre le témoignage d'un Dieu revélant par le miniſtere de ſon Egliſe, écouteroient-ils & ſe rendroient-ils à celui des Anges, qui lui eſt infiniment inferieur ? s'ils ne croyent point à la Loi & aux Prophétes diſoit Abra-

P

ham aux mauvais riches , comment croiront-ils aux efprits des morts ;
les Juifs ont ils cru aux miracles ?

Vous prétendés par confequences avoir la doctrine de faint Auguftin ,
& moi je l'ay par les définitions de l'Eglife , vous faites parler un mort
à vôtre gré , mais j'écoute l'Eglife toûjours vivante & parlante. Saint
Auguftin ne peut vous donner de dementi fur les fentimens que vous
lui attribués , & l'Eglife peut me redreffer à tout moment fi je me
trompe, l'écoutant je ne puis être trompé. Vous voulés que l'on vous
écoute & que l'on vous croïe, Luther & Calvin l'ont prétendu comme
vous, fi vous voulés que je vous croïe, par quel endroit m'empêcherés
vous de les croire ; ils ont été condamnés par le Concile de Trente ;
le Concile de Trente reprefentoit l'Eglife & cette même Eglife repre-
fentée par le Concile de Trente qui a condamné Luther & Calvin
vous condamne auffi ; quelle confequence fuis je donc en droit de tirer ?
la voici : C'eft que Luther & Calvin ont mal entendu faint Auguftin ,
que Janfenius , Quefnel & vous , l'entendés auffi mal qu'ils ont fait.
Si-tôt que pour foûtenir vôtre fiftème vous employés les armes de ces
Heretiques, que vous voulés juger par vôtre efprit particulier, éluder
comme eux les Jugemens de l'Eglife , ou vous recrier contre eux à vifage découvert ; je dis à bon droit , les fiftèmes de Luther & Calvin
font Heretiques, & le vôtre auffi. Le fracas que vos Docteurs ont fait,
& font encore contre la Conftitution *Unigenitus* démontre affés que
vous plaidés la même caufe avec tous ces Novateurs. Pour fe vanger
il m'actiona reciproquement de Pelagien & de Semipelagien : Je lui
dis, qu'il me faifoit un reproche qu'il n'entendoit pas, ou par une vieille
habitude dont le fondement étoit condamné avec les propofitions de
Janfenius qui a accufé de Pelagianifme la doctrine & le dogme contraire à fon Calvinifme ; que ma confolation étoit que je recevois de
bon cœur avec une foumiffion profonde toutes les condamnations portées contre les Pelagiens & Semipelagiens , contre Luther , Calvin,
Janfenius & Quefnel , tant par les Conciles, que par les Bulles des
Souverains Pontifes de la fainte Eglife Catolique, Apoftolique & Romaine, la feule Eglife fondée par Jefus-Chrift ; hors de laquelle il n'eft
point de falut. Je l'exhorté vivement à faire une pareille confeffion de
foi en prefence de fa famille témointe de nôtre longue difpute, elle fe
joignit à moi , mais quelques efforts qu'elle fit elle ne pût l'y refoudre ;
indignée de fes refiftances , on le pria de fortir de la maifon , leur zéle
pour la foi Catolique ne pût fouffrir de voir un heros de la nouvelle
grace efficace devenir Calvinifte, qui pour ne pas déroger au fiftème
de fon Profeffeur, aima mieux Apoftafier de l'Eglife Romaine devant
plufieurs de fes Parens, que de déclarer qu'il étoit foumis à la doctrine des Conciles & à l'autorité des Papes : la crainte de reconnoître

du moins tacitement l'infaillibilité des Souverains Pontifes dans les Jugemens de foi, le mit en présence des témoins très-affligés de son obftination, hors de l'Eglife univerfelle. Nous fortîmes enfemble, il me dit alors d'un ton qui témoignoit peu de contentement, que je me ferois bien difpenfé de lui avoir procuré cet affront & de l'avoir brouillé avec fa famille. Je lui repondis, qu'il devoit moins s'en prendre à moi qu'à fon fiftème qui lui joüeroit un tour bien plus funefte pour l'éterni-té, s'il ne penfoit à revenir ferieufement des fatales impreffions qu'on lui avoit données & qu'il avoit eu le malheur de prendre fi à cœur; qu'au refte le mal n'étoit pas fans remede, qu'en rentrant dans le fein de l'Eglife, il lui feroit aifé de rentrer dans fa famille, qu'il avoit affés d'efprit & d'érudition pour fe redreffer foi même en étudiant ferieu-fement & fans prévention de bons Auteurs, pour effacer les fauffes idées d'un mauvais Maître; qu'il lui étoit aifé de les choifir fans fe mépren-dre, qu'il n'étoit queftion que de fçavoir ceux qui étoient univerfellement reçûs de l'Eglife avant Janfenius, les autres Novateurs & aprés; finguliérement depuis l'affaire de la Conftitution les matiéres conteftées ayant été éclaircies & mifes dans tout leur jour par des fçavans Evêques & d'habiles Theologiens. Je le renvoyé aux excellens ouvrages de Meffei-gneurs de Biffi, de Soiffons & autres; quelque inftance que je pûs lui faire je ne pûs avoir fa parole. Je lui fis mes excufes du mieux que je pûs fur le chagrin que je lui avois occafionné innocemment, qu'il étoit rare dans la chaleur de la difpute d'obferver toutes les bien féances qui pouvoient nuire à la verité & étendre le fcandale de l'erreur, que je n'avois pû me difpenfer de le preffer fur la confeffion de foi que je lui avois offert de faire à mon exemple, que c'étoit ma pierre de tou-che pour découvrir dans quel efprit on foutenoit un fiftème : il me quitta, en me remerciant de mon fecret, d'un air très peu con-tent.

J'ay crû que le raport de ces faits pourroit faire quelque plaifir, qu'il pourroit même être de quelqu'utilité; J'ay remarqué en plu-fieurs autres rencontres que je rapellerai lorfque l'occafion s'en prefen-tera, que la meilleure maniere d'attaquer ou de fe défendre de quelque Novateur que ce puiffe être, étoit de le refferrer par les principes de la controverfe, qu'il étoit d'autant plus facile de reüffir contr'eux, qu'on pouvoit aller jufqu'à une demonftration invincible, capable de les contraindre au filence : Or la demonftration devient invincible lorfque vous obligez vôtre adverfaire à déclarer fon Juge dans les ma-tieres de Religion, s'il l'établit mal contre les regles anciennes, il faut le contraindre de cautionner fon Juge d'une maniere claire, évi-dente, qu'il ne puiffe être contefté, ce qu'il ne poura jamais s'il s'écarte des Regles anciennes tant de l'Ecriture que de la Tradition conftan-

P ij

re. Ceux de nos jours vous diront qu'ils écoutent l'Eglise, qu'ils en appellent au Jugement de l'Eglife univerfelle affemblée. Demandez leur. 1°. La definition de l'Eglife, rejetés la leur s'il elle n'eft pas conforme aux anciennes : car elle coincidera neceffairement avec les définitions Proteftantes. 2°. Si dans ces anciennes définitions il n'y trouve pas l'Eglife toûjours affemblée ; & ce qu'ils demandent de plus. Si c'eft un Concile qu'ils demandent. Demandez leur 3'. à vôtre tour, fi ces Conciles font compofez de Prélats & de Chef, qui ayent un autre miffion, une autre autôrité que ceux qui gouvernent actuellement l'Eglife univerfelle, & les Eglifes particulieres qui la compofent. 4°. Si c'eft un autre efprit qui la gouverne dans ces temps & un autre qui la gouverne tous les jours. 5°. Qu'il vous démontre que l'Eglife que l'on doit écouter, ne doit l'être que dans ces temps là. 6°. Où eft le précepte Divin qui ordonne ces affemblées. 7°. Vous combattrez l'infaillibilité refervée felon leurs prétentions à ces affemblées par les mêmes raifons & les faits qu'ils combattent celle des Souverains Pontifes. 8°. Vous aurez au deffus d'eux les promeffes expreffes de Jefus Chrift, que nul fait ne peut infirmer, celles là font faites par un Dieu, reconnuës en tout temps dans la Tradiction tant des Conciles que des SS. PP. qui nous font tranfmifes par les Ecrivains facrez, infpirez de Dieu. Et ceux-cy ne peuvent avoir autôrité fur nous étans feints ou décris par des hommes fans miffion, que je contefte folidement, puifqu'ils conteftent entr'eux. Quant aux Principes du raifonnément ils ne peuvent être que faux ; on en mefure la fauffeté fur celle des conféquences. S'ils veulent les relever par la Doctrine des SS. PP. ils ne peuvent l'employer qu'en fe faifant une intelligence qu'ils ajuftent à leur façon ; il faut de vôtre côté l'ajufter aux définitions de l'Eglife, fi elle y eft contradictoire, ce qui doit être neceffairement, il faut nier fon intelligence, alors le principe tombe avec fa fauffe preuve.

Il faut prendre garde fi le Novateur a de l'Erudition, le tâter avant que d'entrer en difpute ; alors il ne faut lui faire aucune grace ; commencer par affurer la verité par les regles de la controverfe. La verité affurée, fi l'on fe fent bon pour luy on peut difputer Theologiquement ; mais je foutiens que l'on ne viendra point about de l'arrêter ; c'eft l'experience que l'on a dans les Ecoles, où deux adverfaires s'echauffent pendant des heures entieres, à fe debatre par beaucoup de fubtilitez, le tout fe termine par une diftinction fouvent crochuë qui fépare les Parties ; l'une fe glorifie d'avoir bien attaqué, l'autre de s'être bien défenduë, & l'on fait compliment à toutes les deux fans fçavoir laquelle à raifon. Que l'on compare les attaques de Julien avec les deffenfes de Saint Auguftin on verra que ce grand homme avoit a faire à un adroit Sophifte qui fe croyant vainqueur appelloit au Concile du Jugement du Souverain Pontife qu'il croyoit follicité. Saint Auguftin lui tranche court, la caufe eft finie, les Récrits font venus *caufa finita eft refcripta venerunt.* Ainfi finit-il la difpute avec Julien, & moy avec mon Bachelier ; pour continuer mon deffein.

XXX. J'appelle en fecond lieu cette Lettre Critique, parceque la neceffité des matieres que je traite m'oblige pour le bien de ma caufe d'éclarcir des faits que les Novateurs ont gratuitement confondus pour s'autôrifer dans les combats qu'ils livrent à l'Eglife. Ma Critique à trois objets principaux difperfez dans le corps de cet Ouvrage. Le premier eft un examen du fait de Rimini, par lequel on fait voir que les avantage que le Témoignage de l'impofture prétend en tirer ne fervent qu'à démontrer la mauvaife foy du fol apel : Que ce Concile expofé dans toute l'étenduë des fauffes preventions du Novateur, comme dans la verité de l'hiftoire, ruine également tous les fondemens fur lefquels il bâtit l'Edifice de fa honteufe rebellion.

Le fecond eft un examen de la chûte de plufieurs Papes dans l'erreur, par laquelle il prétend infirmer l'infaillibilité du Souverain Miniftre de Jefus Chrift dans la difpenfation qui en eft faite par ces Souverains dépofitaires. Je démontrerai que les differentes entreprifes faites contre cette verité dans les temps de trouble, fervent à prouver ce que l'on veut anneantir. Quoique la Juftification des accufez ou même de ceux que l'on prétend convaincus ne me fut point abfolument neceffaire. J'ay crû cependant que pour le refpect dû au Souverain Miniftre de Jefus-Chrift, en confequence au Souverain Pontificat, il m'étoit interreffant de convaincre mes Parties d'impoftures, de mauvaifes foy, ou de fauffe credulité, par tout où je le puis. Je me fuis fait un devoir de rapeller tous les faits d'accufation par lefquels on a crû pouvoir fans y faire attention infirmer la parolle immuable d'un Dieu ; le Témoignage des hommes étant humain à combien d'illufions & de méprifes n'eft t'il pas fujet ? ceux qui les confultent en font ils moins exempts ? les uns de genie borné ou mal affecté ont rapporté faux ou mal digeré ce qu'ils ont dit, des Lecteurs de même goût les ont reçûs felon leurs préventions, fouvent fans les comprendre ou en les déguifant contre toute verité. De combien d'idées fauffes n'eft on pas revenu depuis prés de deux fiecles, combien de fauffes en échange n'a t-on pas repris à la place ; les Hiftoriens nouveaux femblent ne mettre la plume à la main que pour fe démentir fucceffivement ; quel cahos affreux n'a point formé la Critique Nouvelle en voulant débrouiller l'Hiftoire de fes obfcurités ? Quel accord trouve t'on entre les Hiftoriens même contemporains ? Ces variations étranges n'ont rien de furprenant fi tôt que l'on eft perfuadé que les hommes feuls ont agi, des hommes fujets à l'erreur, à la paffion, à la précipitation, aux préjugez, qui n'ayant été conduits que par eux-mêmes, ont écrit les chofes comme ils auroient fouhaité qu'elles fuffent arrivées : quelquefois, finceres mais mal informez , trompez par d'autres ou par leurs propres idées, ils ont donné leur préventions pour des veritez ; c'eft ce que l'on connoit dans l'homme ; le plus veridique peut fe tromper fans avcir l'intention de tromper. On ne peut rien attribuer de tous ces défauts à la Parole de Dieu comme je l'ay déja remarqué , c'eft fur elle que tout efprit judicieux doit reformer tous les faits humains qui luy font contraires , fi tôt qu'il s'aperçoit qu'il y a contradiction entre cette Divine Parole & les faits , ceux cy lui doivent devenir fufpects malgré toute l'évidence qu'ils femblent porter avec eux , ou que l'artifice d'un Auteur ingenieux a pû lui donner. On a vû par des recherches faites en confequence des faits changer abfolument de face quand ils ont été aprofondis ; l'on évitera aifement de prendre le change quand on s'attachera conftamment à la regle infaillible établie de Dieu, que fouvent l'on a été forcé de fuivre fans s'en appercevoir. J'entreprendrai encore plus, c'eft de démontrer invinciblement par ces mêmes faits vrais ou fupofez que loin de nuire à la verité que je deffens , ils m'aident au contraire à confommer ma démonftration fans replique.

Le troifiéme objet de ma Critique , eft une recherche ou plûtôt une expofition des fubtilitez infinies du Parti, de fon artifice également laborieux & malin, d'avoir tenté & executé en peu d'années , avec tant de travail , d'affiduité , & des dépenfes exorbitantes, ce que les plus formidables Herefies n'ont jamais ozé entreprendre dans aucun fiecle de l'Eglife quelques fameufes qu'elles ayent été , fi l'on excepte celle du 16. Mais il n'eft pas furprenant que foixante & dix fectes paroiffant toutes à la fois , écrivans les unes contre les autres , & toutes contre l'Eglife , ayent fali tant de papier ; la raifon en eft évidente , ces redoutables ennemis de l'Eglife ayant trouvé le fecret de mettre les Empereurs dans leurs interefts il leur a épargné la peine de tant de travaux , l'autôrité qu'ils employoient à leur gré a été un fuplément à l'immenfité laborieufe , nous avons peu de falfifications de leur façon , dans l'Eglife Grecque Macaire d'Antioche avoit pris le party des Monotholites , il paroiffoit affez bon homme , devot à fa maniere, devot entêté , il avoit été féduit & ne vouloit pas en convenir (car la dévotion d'entêtement n'eft ni humble ni foûmife) les bonnes preuves luy manquoient pour déffendre le parti qu'il avoit pris fans trop bien le fçavoir , il fe fioit à un Moine fourbe , maître de fon efprit ; celui-cy luy fit entendre la maniere dont il falloit s'y prendre, la rufe qu'il falloit employer pour déffendre fon erreur ; ce fût de fupofer quatre feuilles au premier Livre du cinquiéme Concile , de changer la quinziéme , d'ajoûter un cahier qui n'étoit point collationné, & de produire quelques Libelles qu'il attribuoit à Vigilius , à Mennas & à quelqu'autres Peres ; on luy demanda raison de ses falsifications , supositions, supreſſions & additions ; il répondit pour toute justification avec une trés grande sincerité qui n'est point ordinaire aux Grecs , que ce quil avoit suposé ou corrompu il l'avoit fait pour parvenir à ces fins & prouver ce qu'il avançoit. Cet aveu le fit condamner , parce que quoiqu'il fût convaincu par les pieces & sa propre conſeſſion , il persiſta toûjours neanmoins, s'imaginant que sa cauſe étoit bonne, qu'il n'avoit manqué que dans la maniere de la deffendre, qu'en ce cas la forme ne devoit pas emporter le fond ; il appella de son jugement prononcé en face du Concile, au Trône de Pierre, le Concile & l'Empereur luy permirent d'y pourſuivre son apel , il fut envoyé a Rome où il mourut quelque temps aprés la confirmation de son Jugement.

Luther & Calvin dans ces derniers siecles se sont contentez de falsifier l'Ecriture Sainte ou d'en retrancher quelque Livres, sans toucher aux autres. Ils se sont rendus les Juges des Conciles, des Peres & de la Tradition , ne recevant de la Doctrine des uns & du témoignage de l'autre , que ce qui pouvoit cadrer avec leurs erreurs, ils se sont épargnez d plus grands travaux en reduisant tout à l'Ecriture , qu'ils accommodent comme il leur plaît , se contentant de la faire parler à leur gré, sans se soucier de la Doctrine des Peres ni d'aucun autre monument de la Religion.

Mais le Jansenisme plus laborieux & plus adroit, s'est étudié à une corruption generalle de tous les Livres, non seulement de la Religion, de la Sainte Ecriture, des Saints Peres, de l'Histoire de l'Egliſe, de la Tradition à l'usage des sçavans ; mais encore de tous les Livres qui peuvent tomber à l'usage des Miniſtres des Autels & des simples fidéles , comme sont les Breviaires , les Rituels ; les Vies des Saints, les Livres de Pieté ; les Livres de Prieres. Il a crû que ce n'étoit pas encore asſez , il n'a rien épargné pour gliſſer le venin par tout , pour empoiſonner tout Lecteur de quelque eſpece qu'il pût être ; les Livres Hiſtoriques , comme Moreri ; jusqu'à ceux de la Grammaire, comme Richelet. Rien ne m'a plus surpris que de voir que ceux qui ont donné l'édition de ce dernier imprimé à Roüen ayent excedé cet Auteur Calviniſte, en y gliſſant des blaſphêmes qui ont échapé à ce Religionnaire , qui vouloit favoriſer le public en luy donnant des preuves de son erudicton & de ses recherches, sans luy donner celle d'une impieté qui ne luy auroit rien coûté. C'est à la tête de ce Livre ou coulant legerement ſur les sçavans Auteurs Catholiques on a donné la liſte & le Panegirique de tous ces fameux Proteſtants du 17 & 18 siecle, avec autant de pompe que de fauſſeté ; preſque tous ces prétendus grands hommes s'étans rendus celebres par leurs égaremens, leurs entreprifes contre la Religion & le fcandale qu'ils lui ont donné par tant de mauvais Ouvrages qui ont corrompû les efprits en corrompant la verité, ce Dictionnaire auroit eu un fort digne de luy, s'il avoit paru dans un temps où l'on condamnoit au feu les mauvais Livres ; mais fous une protection qui a perdu la fienne il a trouvé une faveur, d'autant moins furprenante qu'elle lui a été accordée par un des plus dangereux ennemis de l'Eglife Romaine.

Cette injuftice qui indigne tous les honnêtes gens, qui fe font contentez jufqu'icy d'en gemir infructueufement, m'a engagé de repeindre tous ces fourbes d'aprés nature, tels qu'ils fe font peint eux-mêmes foit par le déreglement de leur vie, foit par le caroctere de leurs Ouvrages fulminez par l'Eglife. J'ay crû qu'il étoit important de retoucher le Calendrier de ces prétendus grands hommes, dont les portraits flateurs pourroient tromper la pofterité, en fervans de caution à des Ouvrages livrez au public uniquement pour le féduire, s'ils n'étoient contredits, que l'on ne croye pas que mon pinceau & ma plume foient trempez dans le fiel, je ferai plus reprochable en refufant toute l'étenduë à la verité, & en fuprimant une partie des faits, qu'en les fupofant ou en les exagerant. Si ces hommes n'avoient point travaillé à fe fcandalifer eux-mêmes, par des moumens que la pofterité ne poura contefter ; je les aurois paffé fous filence fi les Editeurs de Richelot avoient eu la même difcretion ; mais le zele que tout Catholique doit avoir pour fa Religion ne peut fouffrir que l'on faffe des Eloges fi pompeux des Ennemis déclarez de l'Eglife Romaine, dont on recommande les Ouvrages, qui en infpirent un parfait mépris en attaquant fa doctrine & fes traditions ; on feroit refté dans le filance à cet égard fi fuprimant les Noms des Catholiques & le peu que l'on en a dit on avoit a leur place fubftitué les Portraits de Luther, de Calvin, de Beze, des Socins, de Machiavel, l'affortiment auroit été complet, plus jufte, moins trompeur ; & la Genealogie des fourbes mieux foutenuë.

XXXI. Je donne en troifiéme lieu à ma Lettre le Titre de DOGMATIQUE, y traitant des veritez importantes pour répondre aux principaux reproches que les Novateurs font contre la Conftitution. Je crois avoir mis leur témerité, leur mauvaife foy, & leur injuftice dans tout leur jour. J'y établis auffi des principes que je me perfuade également invincibles pour démontrer le point effentiel & capital dans lequel confifte toute la fureté de la Foy, par conféquent la confervation de la Religion Catholique, Apoftolique & Romaine, la feule Eglife de Jefus Chrift, la feule vraie, qui a toûjours été connuë & le fera jufqu'à la confommation par la vifibilité d'un Chef établis de Dieu,

auquel

auquel toutes les parties se réunissent comme au seul centre de l'unité, qui est inseparablement celui de la verité, l'une ne pouvant subsister sans l'autre. Car en vain tous les fidéles seroient ils obligés de se rendre tous à ce centre, si ce centre étoit équivoque, sujet à enseigner l'erreur, comme la verité ; Religion par consequent qui seroit toûjours en risque & sur le penchant de sa ruine dans un Etat, si tôt que les ordres inferieurs usurperont de se rendre égaux aux superieurs, & les superieurs à celui qu'ils doivent regarder comme leur Chef, écouter comme leur Docteur & respecter comme leur Pere ; Chef, contre lequel sur de faux prejugés on se mettra en garde par prévention ; Docteur qu'on écoutera qu'à demi, parce qu'il sera suspect ; Pere à qui l'on disputera l'obéissance dans la crainte qu'il n'ordonne quelque chose d'injuste, ou de contraire à la sainteté & à la verité de son sacré ministere. Je démontre sur ce point si important, la verité de mes principes par des faits & des consequences si évidentes que l'on ne peut entreprendre de les contester qu'en renonçant à la probité, à la droite raison, ou en se livrant au pur Pyrronisme. Je mets dans tout son jour le peril évident des Opinions nouvelles ou sistèmes malignement inventez par l'esprit de l'erreur, & adoptez par celuy de l'independanse & de la vanité, tous propres à aneantir d'une part la vraye défense de la verité, de l'autre toute la sureté de la Religion. Je consens que l'on puisse deffendre quelques points contre les entreprises de l'erreur qui les dispute ; mais je nie que l'on puisse reüssir à l'egard de tous universellement avec un pareil avantage ; l'entreprise me paroit non seulement difficile, je la crois même absolument impossible : car de quelque conviction que l'on puisse accabler un adversaire, je supose même qu'il soit réduit à l'impossible par la capacité superieure de celuy qui aura entrepris de le convaincre : retranché dans son obstination, il ne cedera jamais. " *Vous me dites de belles choses, bien sçavantes,* dira t'il : *Vous êtes plus habile que moy ; je ne puis vous repliquer ; mais je ne vous crois pas & vous n'avez aucune autôrité sur moy pour m'obliger à vous croire, vous n'êtes pas infaillible.* L'on parlera & l'on écrira jusqu'à la fin des siecles sans autre succez. L'experience est un argument persuasif de ce que j'avance, la raison capitale est que la Religion a été moins fondée sur l'érudition que sur l'obéissance. *Celuy qui vous écoute m'écoute ... s'il n'écoute pas l'glise regarde lé comme un Payen,* disoit Jesus Christ à ses Apôtres. En matiere de Foy il faut écouter avec soûmission, une raison orgueilleuse ne peut parvenir à la connoissance des misteres au dessus de toute raison humaine ; un esprit indocile sera toûjours un ignorant dans la Religion, quelqu'étude qu'il puisse avoir d'ailleurs. L'obéissance est le suplément des lumieres humaines, où celles-cy finissent, celle-là doit commencer ; elle nous est impoſée avec d'autant plus de juſtice qu'elle ne peut nous tromper, l'en accuſer c'eſt attaquer Dieu même qui la demande de nous ; il faut commencer par croire pour aprocher de lui. Tout Heretique, tout Impoſteur en tout temps a été forcé de ſe retirer de cette autôrité, en ſe retirant, de l'attaquer perſonnellement pour juſtifier ſon ſchiſme, & ſe retrancher dans l'erreur ; ſi les miracles ne peuvent les convaincre ou plûtôt les convertir, que peuvent faire des raiſonnemens ſans appuy, & où ſera l'appuy ſi tôt que l'on conviendra avec eux du principe que la ſeule neceſſité de ſecourir l'erreur les oblige de ſoûtenir. Je le repete, & on ne peut trop le répeter, qu'il n'eſt aucun Heretique qui ne refuſe cette obéïſſance, que parce qu'il ſe croit en droit d'en uſer ainſi, il ne ſe croit dans ce droit que parce qu'il nie l'infaillibilité de ſon objet ; un Catholique qui s'accorde avec luy en ce point, a déja fait le premier pas pour le ſuivre, ils conviendront enſemble que c'eſt à l'Egliſe qu'il faut obéïr, parce qu'elle eſt infaillible : mais l'Heretique prétendra que c'eſt la ſienne. Le Catholique lui niera ; vous n'avez pas de chef, dira-t'il, qui eſt une marque de la veritable Egliſe. L'Heretique repliquera : *Tant pis pour vous ſi vous l'avez & ſi vous luy obéïſſez, il vous trompera, parce que vous confeſſez qu'il eſt faillible.* Mais l'union des Paſteurs avec luy préviendra l'erreur ou la corrigera : direz vous ; *Cela ne ſe peut, c'eſt à luy, dites vous, à confirmer les Freres dans la Foy, pouvant ſe tromper il les ſéduira, prevenus qu'il ſe trompe parce qu'il peut ſe tromper, vous luy refuſerez obéïſſance, ſi vous ne luy obéïſſez plus de quelle utilité eſt le Chef ? Si vous luy obéïſſez, quel danger pour la foy de vôtre Egliſe : Or une Egliſe toûjours en peril d'être trompée & de perdre ſa Foy n'eſt plus l Egliſe de Jeſus-Chriſt.* Ainſi enſeigner qu'on doit reconnoître un Chef, qu'on doit lui obéïr, croire qu'il n'eſt pas infaillible dans la diſpenſation du ſacré Miniſtere, c'eſt être contradictoire dans la Foy. L'infaillibilité n'eſt accordée, ni au Chef, ni au corps des Paſteurs, ſoit unis, ſoit ſéparez. Mais uniquement au Miniſtere de Jeſus-Chriſt qui perſevere conſtamment dans ſon Egliſe, le Corps uni au Chef ne peut errer dans ſa diſpenſation, ni le Chef dans celle qu'il en fait indépendamment du Corps à la Tête de l'Egliſe.

XXXII. J'appelle enfin cette Lettre POLEMIQUE. Parce que j'entreprens d'y combattre les ennemis de l'Egliſe, avec les mêmes armes ou Principes de controverſe que j'ay employez contre les Proteſtans, ſoit Lutheriens ſoit Calviniſtes ; les ſerrant étroitement tant dans leurs faux Dogmes que dans leurs calomnies contre la Bulle, en comparant ce qu'elle enſeigne ou cequ'elle condamne, avec ce qu'ils luy reprochent, juſqu'à les réduire à l'impoſſible ; comme il ſera trés facile de le juſtifier, par les accuſations qu'ils ont malicieuſement intentées contre la ſainteté de ce Jugement ; ſe plaignant avec une extrême injuſtice qu'il renverſoit le ſimbole & les Commandemens de Dieu. Je leur ferai voir. 1°. Que parmi les Cent une Propoſitions , il n'en eſt pas une ſeule qui diſe : *Je crois en Dieu le Pere tout puiſſant , ou un ſeul Dieu tu adoreras.* Ainſi du reſte. En ſecond lieu que s'ils prétendent y reduire quelques propoſitions, ce ne peut être que par des conſequences , explications ou interpretations à leur maniere ; je les preſſe de même de me montrer qu'aucune ſoit compriſe dans les mêmes Propoſitions condamnées, ce qui leur eſt également impoſſible ; ils reſtent par conſequent convaincus d'impoſture , de calomnie & de mauvaiſe foy. *Que dites-vous de ce Paſſage.* " Dieu a endurci le cœur de Pharaon , " me dit un jour un Off. du Diocéſe de Rheims , qui vouloit diſputer contre la Conſtitution , *Je n'en dis rien :* luy repliquai-je, *n'étant point dans la Bulle , il ne doit pas être controverſé entre nous.* Je l'évincé par ces trois mots de toutes le équivallances dont il vouloit ſe ſervir. Je voyois ſa ruſe ; mais il ne pût l'employer.

Ainſi lorſque j'aurai mis en évidence la mauvaiſe foy de mon Adverſaire , il me ſera dificile que pour la faire ſentir à mes Lecteurs, je ne diſe les choſes comme elle ſont. Je ſçai que ces ſorties ne ſont pas du goût de tout le monde ; que l'on a droit d'éxiger beaucoup de ſerieux dans les matieres de Religion ; mon deſſein eſt de m'y conformer avec toute la veneration qui leur eſt dûë ; je ne crains point de reproche de ce côté-là ; mais auſſi on a aucun droit de s'attendre ; que j'en uſe avec le défenſeur de l'impoſture, avec le même reſpect qui eſt dû à la verité qu'il combat ; ce ſeroit donner de l'encens des deux mains ; reſpecter tout à la fois l'erreur & la verité. Je ſçai qu'il ne faut point irriter les Errans que l'on préſume de ramener ; mais auſſi ne peut on conteſter qu'il en eſt (& c'eſt le plus grand nombre) à qui la douceur eſt inutile. Il eſt tout à fait dangereux de careſſer des monſtres qui ne tardent pas à vous donner des marques de leur ferocité. Celle de l'ennemi que je combas étant indomptable , je ne crois point qu'il y ait de la prudence à le ménager où il ne merite pas de l'être , ce ſont des ménagemens meurtriers , qui d'une part favoriſent l'agreſſeur , de l'autre endomagent le droit du défendeur , qui ſemble trembler ou ſe méfier de la bonté de ſa cauſe ; ces ſortes de graces inſpirent plus de hardieſſe à l'adverſaire , qu'elles ne luy donnent de goût pour la verité qu'il attaque.

D'ailleurs la raiſon demande , que l'on faſſe une grande difference entre un Paſteur chargé d'un troupeau dont il doit rendre compte ame pour ame , qui doit par conſequent s'efforcer de faire rentrer dans le Bercail du Paſteur Souverain des Brebis fugitives qui s'en ſont échapées ; & un Theologien qui ne voit à cet égarement de remede que les miracles, qui ne les convertiroient pas après tant de demarches infruc.

tueuſes, c'eſt moins la converſion qu'il ſe propoſe, que la conviction, le ménagement de l'Errant que la deffenſe de la verité. C'eſt dans cet eſprit que S. Eſtienne diſoit aux Juifs: *Incirconcis du cœur & des oreilles, vous reſiſtez ſans ceſſe au S. Eſprit.* La vivacité d'un Avocat ne conviendroit pas à un Juge, ni la gravité de celui-cy au vif de celui-là ; les Prélats animez de la tendreſſe des Peres, doivent la répandre ſans meſure dans leurs Lettres Paſtoralles, dans leurs Mandemens , dans leurs Inſtructions , conduits par l'eſperance de convertir des Enfans rebelles, de les ramener comme le Prodigue dans la maiſon du Pere de famille ; comme les Juges pleins d'équité dans leurs Arreſts , ne doivent prononcer contre une Partie, que par la neceſſité de rendre Juſtice au bon droit de l'autre, les uns parlent avec toute la douceur qui peut amollir la dureté du cœur , éclairer l'aveuglement du fugitif dont ils eſperent le retour ; les autres prononcent avec tout le ſerieux qui peut conſoler un malheureux qui perd ſa cauſe , en ajugeant à l'autre le gain ſelon l'étenduë de ſon bon droit. Quels chagrins ! quel deſeſpoir, quelle rage ; quelle fureur , ne ſeroit ce point , pour une Partie condamnée, de ſe voir inſultée par les railleries d'un Juge qui luy feroit perdre ſon Procez ? Les autres, je veux dire l'Avocat & le Theologien , étans interreſſez à faire valoir leurs deffenſes , n'omettent rien de ce qui peut en favoriſer la bonté, ſans y mêler rien de faux & de douteux, la verité ne doit jamais être ſecouruë par l'impoſture, ce ſeroit la déshonorer : Mais ſi je remarque au contraire une mauvaiſe foy regnante dans la cauſe de mes Parties , ou dans les moyens qu'elles employent pour la faire valoir ; comment reüſſirai je à faire remarquer que je les ay convaincus de faux , ſi je n'appuye ſur leurs excez, ſur leurs prévaricarions, d'une maniere qui puiſſe faire ſentir leur tort & ma victoire : Le bon ſens du Lecteur en jugera , dira-t'on , je le veux ; mais n'en aurai-je qu'un ? le ſeul que j'aurai ſera t'il un de ces hommes flegmatiques qui allant à la ſuite d'un raiſonnement ſe borne & ſatisfait ſon idée, ſans penſer même que l'on diſpute une cauſe , qui ſe revolte contre une remarque, parce qu'il s'imagine que c'eſt une diſtraction qu'on luy cauſe, où que c'eſt luy-même que l'on prend à partie , où eſt le mal de reveiller ſans injuſtice l'attention d'un Lecteur, de luy faire obſerver par une ſaillie ou une reflexion la ſolidité du principe qu'on établit, la neceſſité de ſes conſequences & l'injuſtice de ceux qui les diſputent ; libre à lui d'examiner ſi le reproche eſt à ſa place.

Si cet Ouvrage tombe entre les mains d'un Adverſaire , il s'irritera. Je répons que le plus fort en ſera fait , que la verité qu'il combat étant démontrée , il ſera réduit au défaut de la replique, à l'extremité des Phariſiens, à grincer les dents comme ils firent contre Saint Eſtienne, ne pouvant reſiſter à l'Eſprit de Dieu qui parloit par ſa bouche. Si l'on

veut ménager la bile furieuse d'un adversaire, la molesse en a déja trouvé le secret, c'est de suprimer la verité que l'on déffend & qui l'irrite.
Peut-on desirer plus de politesse, de mesure, de tendresse, de charité que dans les sçavans Ouvrages de Monseigneur de Soissons ; si un
Heretique pouvoit-être vaincu par ces menagemens dignes de sa vertu,
en resteroit-il un seul qui ne contribuât à ses triomphes ? mais cette force invincible avec laquelle il méne la verité, cette superiorité majes-
tueuse avec laquelle il combat, il écarte, il dissipe les ennemis de la
Foy qui osent lui faire front, font plus de furieux que de penitens.

J'avouë que si abandonnant la déffence de la Religion, on se con-
tentoit de se répandre en reproches, en railleries, en satires,
on travailleroit plus pour le triomphe de l'ennemi que pour la victoire de la verité, qui ne se remporte point avec des armes rempantes ;
une vertu hipocrite en prendroit avantage, habile à profiter de tout
pour séduire, elle affecteroit de les suporter constamment pour en
imposer au simple ; On a vû dans ce genre un Photius Patriarche de
Constantinople, devant lequel les Athanases de nôtre siecle n'auroient
fait que blanchir ; mais lorsqu'on pressera l'hipocrite par la force de
la verité, plus on affectera de moderation à son égard, plus on essui-
ra de ses mauvaises humeurs, il repliera ses philacteres pour lancer ses
cailloux plus commodément.

Il est aisé à des Lecteurs de sang froid, qui n'assistent que des oreille ou des yeux à un combat, de blâmer la cruauté d'un General qui
ne fait aucune grace à l'ennemi qui a le malheur de tomber sous ses
armes ; mais s'il se trouvoit dans la chaleur de l'occasion, qu'il sentit le
peril de l'indulgence, je doute que les armes victorieuses à la main il fût
plus moderé. Rien n'est plus dans nôtre disposition que de critiquer,
approuver, loüer ou blâmer selon la situation où l'on se trouve ; mais
aussi doit-on observer ; si lorsque l'on critique ou que l'on blâme on ne s'expose pas à être traité de même. L'on trouvera à la fin
de cette Lettre quelques remarques sur l'injustice de certains Critiques.
Ce n'est pas assez de prendre la qualité de Juge des Auteurs, il en faut
porter des Jugemens judicieux, ceux qui sont convaincus de la verité
de certains faits avancez avec vivacité, sont obligez d'avoüer que les
reproches faits en consequence sont biens dûs, qu'ils sont bien me-
ritez ; mais ils prétendent qu'on doit les suprimer : J'avoüe à mon
tour qu'il est constant que toutes veritez ne sont pas toûjours bonnes
à dire, qu'il est de la prudence & de la modestie de les taire ; mais voudroit on que cette maxime s'étendit universellement en tout temps &
à l'égard de toute verité ; cette maxime seroit infiniment plus per-
nicieuse qu'elle ne seroit prudente ; elle est souvent imcompatible, avec
la cause que l'on déffend, il est souvent très dificile de taire un juste

reproche sans faire injustice à la verité , ou sans donner faveur au crime par le silence. S'il est des occasions où cette vivacité trop naïve tiendroit uniquement de l'insulte , il en est d'autres où elle est necessaire pour faire sentir au pécheur son égarement ; au menteur son impudence , au fourbe les déguisemens , à l'hipocrite ses menées , au superbe prévenu de sa cause , l'erreur de ses mauvais sistêmes & faire craindre aux Lecteurs de s'exposer aux mêmes humiliations ; quand ils sont convaincus que les reproches ne portent point à faux, qu'ils les préviennent eux mémes avant que de les lire ; il n'est point dans la liberté de tel honnête homme que ce puisse être , quand il voit invinciblement qu'on luy avance faux , de ne pas dire interieurement , voila un séducteur qui veut en imposer.

L'Apôtre S. Paul avoit certainement beaucoup plus à ménager avec des Peuples nouvellement convertis à la Foy , que nous n'avons avec des Rebelles élevez, nourris & engraissez dans le sein de l'Eglise & aux dépens de l'Eglise , dont ils ne marquent leur gratitude que par une honteuse perfidie : Quel est cependant le conseil qu'il donne , ou le commandement qu'il fait à son Disciple Tite ? " Reprenés, lui dit-il ; ,, ceux qui contredisent, car il y a beaucoup d'opiniâtres , de grands ,, diseurs de rien & des séducteurs... Il faut les rependre avec severité ; ,, ils renversent, ils pervertissent toutes les familles , en enseignant ce ,, qu'il ne faut point enseigner : Hâtez par un lucre honteux, Un des ,, leurs , leur plus proche Prophéte a dit : les.... les Candiots sont ,, toûjours menteurs. *Cretenses semper mendaces.* Les Candiots sont de ,, mauvaises bêtes, *mala bestiæ.* Les Candiots sont des ventres paresseux ,, *Ventres pigri.* Ce témoignage est vrai. C'est pourquoi traités lès du, rement, *Testimonium hoc verum est. Quam ob causam increpa illos durè ut sani sint in side.* Saint Paul croyoit l'invective même necessaire pour entretenir ou pour rapeller à la pureté de la Foi ceux qui s'en écartoient. Cette conduite de l'Apôtre est bien opolée à celle que certains faux zélés plus de moitié pervertis , souhaiteroient avec plus d'hipocrisie que de charité qu'on observât avec ceux qui avec la foi qu'ils attaquent sans ménagement , renversent toutes les vertus ; elle aproche beaucoup plus de la morale de Monluc qui blâmoit , dit de Mezeray, la rigueur des tourmens qu'on exerçoit sur des gens qui n'avoient point d'autre crime qu'une persuasion qu'ils croioient bonne, (parlant des Calviniftes.) Ce fourbe plaidoit dans sa propre cause ; il plaidoit de mauvaise foi, l'on ne tarda pas à éprouver dans le Royaume si sa faction n'avoit point d'autre persuasion que celle d'une fausse croyance ; l'attentat qu'elle fit sur la Monarchie sera une leçon éternelle aux Monarques , qu'il n'y a rien à mépriser avec l'Heresie ; celle de nos jours nous prépare des maux infinis. J'en dis assés , & tout bon Catholique Romain sent ce que je dis.

Il n'eſt perſonne pour peu qu'il ait d'idée de la ſageſſe infinie de Dieu, ne le conçoive agité d'aucune paſſion, incapable d'aucun de ces défauts auſquels nôtre foibleſſe nous aſſujettit. Cependant nôtre premier Pere ſeduit par ſon épouſe veut-il ſe rendre habile dans la ſçience du bien & du mal par la tranſgreſſion du precepte de ſon Createur, lui épargna t'il l'ironie qui pouvoit lui faire ſentir le crime de ſon orgüeil. "Adam eſt devenu comme un de nous ſçachant le bien & le mal. „ *Ecce Adam quaſi unus ex nobis factus eſt, ſciens bonum & malum.* Elie ayant provoqué les faux Prophétes de Baal à offrir un ſacrifice dont la victime ne devoit être conſommée que par le feu du Ciel. Ces ſeducteurs ſe tourmenterent en vain en preſence du peuple qui avoit aprouvé la propoſition, ils crioient de toutes leurs forces. *Baal exaudi nos.* "Baal exaucés nous. „ Le Prophéte les inſultant leur diſoit. "Criés encore plus fort : C'eſt un Dieu, peut-être parle-t'il, peut-être eſt-il dans quelque Hôtellerie, peut-être eſt-il en chemin, ou certainement qu'il dort, criés d'une plus grande voix pour le reveiller. „ *Illudebat eis Elias dicens, clamate, voce majore : Deus enim eſt, & forſitan loquitur, aut in itinere, aut certe dormit, ut excitetur.* Perſonne a t'il jamais entrepris de faire un crime au Prophéte Elie, ſur les railleries piquantes qu'il faiſoit à des impoſteurs ; ou d'avancer que Dieu ſoit ſorti des limites de ſa ſageſſe éternelle, en inſultant, ſelon la maniére imparfaite des hommes de penſer & de s'exprimer à l'égard du malheureux Adam.

"Les invectives, les reproches, les railleries ne ſervent qu'à aigrir des eſprits déja trop indiſpoſés & n'avancent point la bonté d'une cauſe. „ Quand les invectives, les reproches, les railleries n'ont point d'autre objet que de piquer, j'en conviens : mais eſt-ce là l'intention qu'on ſe propoſe dans la neceſſité à laquelle nous contraint l'entêtement d'un adverſaire malin, de ne le pas épargner ; & ſi l'on dit qu'il n'y a jamais de neceſſité de venir à de pareils excés, que la charité condamne ; il faut auſſi que l'on ſoutienne que le Fils de Dieu avoit un grand tort de ne menager les Phariſiens en aucune occaſion ; il ne s'eſt pas contenté de leur reprocher tous les vices dont le Public les connoiſſoit coupables, penétrant dans l'interieur de ces ſepulcres blanchis, developant le plus profond de leurs cœurs, il manifeſtoit encore juſqu'à leurs corruptions & leurs penſées les plus ſecretes, *ut quid cogitatis mala.* Peut-on ſe perſuader que ce divin Sauveur, la charité par eſſence, dont l'équité ne ſouffroit point l'acceptation des perſonnes, en uſât avec ces perfides avec la même humanité qu'il témoignoit à des Diſciples qu'il inſtruiſoit avec tendreſſe, parce qu'ils l'écoutoient avec docilité. Il n'y avoit rien à eſperer de ces fameux ſceletats que ſes bontés avoient endurcis, qui ſe faiſoient un devoir de reſiſter à toute verité, & de conteſter tout miracle qui l'autoriſoit. Il falloit détromper les Peuples de la confiance qu'ils avoient en des fourbes qui abufoient de leur credule fimplicité. Jefus Chrift devoit il craindre de les aigrir? Il ne l'a pas craint; a t'il eu tort? quelle faveur ces invectives & ces reproches pouvoient ils donner à une caufe évidamment bonne par elle même, déja démontrée par tant de prodiges? Jefus-Chrift qui les employa en fçavoit certainement l'utilité.

Mais c'eft s'expofer à être traités de la même maniére; alors on abandonnera la défenfe de la Religion pour défendre fon honneur, la caufe de l'Eglife deviendra une querelle perfonnelle. Je demande fi Jefus Chrift attaqué par tant d'impoftures a jamais pris le change? s'il a abandonné la Prédication continuelle de la verité pour mettre fa reputation à couvert des traits malins de la calomnie? Non fans doute, l'apologie de la verité fut en même temps celle de fa vertu. Les Princes de la Sinagogue & les Pharifiens ayant envoyé des Officiers pour fe faifir de fa perfonne, ceux-là leur demandant pourquoy ils ne l'avoient point amené, les Officiers leur donnerent pour toute raifon: " Que jamais homme n'avoit parlé comme cet homme là. „ *Nunquam fic locutus eft homo, ficut hic homo.* Ces calomniateurs non feulement lui épargnoient le foin d'une défenfe perfonnelle, mais encore en ne lui reprochant que des fauffetés qui s'entredétruifoient, il en tiroit contre eux des avantages fi fuperieurs qu'ils reftoient fans replique. Les Pharifiens lui reprochoient-ils que c'eft au nom de Béelzebub Prince des Démons, qu'il chaffe les Démons il en fit naître une démonftration qui juftifia pleinement la fainteté de fon miniftére. " Tout Royaume divifé fera defolé, leur „ dit-il: parce que toute Ville ou toute famille divifées entre elles ne peu- „ vent fubfifter. Si un Démon chaffe un Démon, le Démon eft divifé en lui „ même; comment pourra t'il donc ce faire que fon Royaume fubfifte? „ Et fi c'eft au nom de Béelzebub que je chaffe les Démons, par quelle „ vertu vos Enfans les chaffent-ils? Par confequent il deviendront vos „ Juges. „ *Si autem ego in Beelzebub ejicio dæmonia: filii veftri in quo ejiciunt? Ideo ipfi judices veftri erunt.* Si c'eft au nom de Béelfebub ou par la vertu des Démons que je chaffe les Démons, vos Enfans qui ont operé le prodige font donc auffi des forciers? Car tel étoit le reproche que faifoient les Pharifiens à Jefus-Chrift; tout ce qu'ils pouvoient dire con tre lui retomboit à leur confufion, étans les Peres des forciers; ne pouvant démontrer qu'il y eut une difference entre le pouvoir de Jefus Chrift & celui de leurs enfans le reproche leur revenoit dans tout fon entier. Les Pharifiens ne pouvant y repliquer, leur filence étoit un aveu que fa vertu étoit de Dieu. Le Sauveur du monde continüe la preuve de fon miniftere; " Si donc c'eft par le doigt de Dieu que je chaffe les Démons, vous ne pouves plus douter que le Royaume de Dieu que je vous annonce eft enfin venu. „ *Si in digito Dei ejicio dæmo-*

nia,

nia : profecto pervenit in vos regnum Dei. S. Luc, chap. 11.

Ces mêmes Pharisiens defesperés par la guerison si évidente de l'aveugle né, aprés avoir employé tous leurs artifices pour la contester, toute leur malice pour l'obscurcir & en ravir à Jesus-Christ toute la gloire; ayant cité cet Aveugle gueri pardevant le Conseil, après une infinité de questions malignes qui ne servirent qu'à rendre la preuve du miracle plus éclatante, lui dirent : " Rends gloire à Dieu : ne nous en imposes pas, nous sçavons certainement que cet homme est un pécheur. „ *Quia hic homo peccator est.* L'aveugle gueri ne fût point du tout embarassé dans la défense de son bienfaicteur. " Voila qui est éton-
„ nant, leur dit il. *In hoc enim mirabile est.* Vous ne sçavés, dites vous,
„ d'où est cet homme, à qui il apartient, cependant il m'a ouvert les
„ yeux, nous sçavons que Dieu n'exauce point les pécheurs, il n'accor-
„ de cette grace qu'aux vrais serviteurs, aux vrais adorateurs, qui a
„ jamais oüi dire qu'on ait rendu la vûë à un aveugle né, si celui qui
„ ma gueri, m'a ouvert les yeux, n'étoit point un fidéle serviteur de
„ Dieu, il n'auroit jamais pû y reussir. *Aperuit oculos meos : scimus autem quia Deus peccatores non audit.* S. Jean, chap. 9.

Il faut distinguer deux sortes de reproches, les uns étrangers, & les autres essentiellement liés avec la cause que l'on défend, il est de la probité comme de la charité Chrétienne de s'abstenir absolument des premiers qui ne donnent aucune faveur à la cause, mais il est presque impossible de taire les second sans alterer ses défenses. Prouver évidemment contre un adversaire qu'il enseigne le Calvinisme à visage découvert, & prétendre qu'on n'ose lui dire qu'il est Calviniste, qu'il ne faut pas juger, c'est être contradictoire ; si cette prétention avoit lieu dans la cause presente, elle doit aussi l'avoir par tout, ainsi il ne me sera pas permis de croire qu'un Heretique fletri d'une Excommunication personnelle, soit excommunié ; qu'un Anglican, un Luthe-rien, un Calviniste soient Heretiques ; que les uns & les autres mourans dans l'aveuglement dans leurs sectes, soient irremissiblement damnés : Mais alors que deviendra cet article de ma foy, que je suis obligé de croire moi même sous peine de damnation éternelle, qu'il n'y a qu'une seule Eglise Catolique, qui est la Romaine, & que hors d'icelle il n'y a point de salut ? si je ne juge pas l'Heretique, il faut absolument qu'en lui faisant grace je me juge & me condamne moi même. Que mon adversaire m'attaque par des reproches liés avec la cause que je défens, je l'en défie, il ne m'en fera pas un seul que je ne tourne en conviction contre lui, bien loin de l'infirmer : s'il m'en fait d'étrangers ; j'en prétens cause d'ignorance, parce que ma cause n'en souffre aucun dommage, quand ils me seroient vrais personnellement : s'ils sont faux, je prends le même parti ; si je suis coupable c'est une leçon qu'on me donne, c'eſt à moi d'en profiter ; ſi je ſuis innocent, j'abandonne mon calomniateur au remords de l'impoſture, qui me vange aſſés ; portant avec ſoi ſon tourment, elle devient ſon perſecuteur & ſa propre meurtriére ; entreprendre de la combattre c'eſt perdre du tems, en donner à ſa partie, & prendre le change qu'elle tâche de donner. Avec quel ſuccès M. D. Q. a t'il reproché à un ſçavant Evêque, qu'il étoit enfin tombé dans l'erreur ? Quel a dû être l'étonnement de ce zélé défenſeur de la Foi, lorſque également contraint par la neceſſité du repos, & par les fatigues d'un travail immenſe, d'accorder quelques heures au ſommeil, aprés s'ètre couché bon Catolique, de ſe trouver Donatiſte à ſon reveil, d'aprendre cette nouvelle par la Lettre de l'homme du monde de qui on la devoit moins attendre ; mais la nouveauté rend habile en une nuit; on a vû des gens de métier ne ſçachant ni lire, ni écrire, devenir les premiers & les plus fameux Prédicans du Calviniſme. Si l'illuſtre accuſé eſt Donatiſte il a de quoi ſe conſoler, l'Egliſe Univerſelle l'eſt comme lui & avec lui. Mais ſi ſon accuſateur eſt dans la diſpoſition de conſerver l'unité avec un Curé qui celebreroit dans ſon Egliſe les miſteres du Rite Calviniſte, certainement il paſſe avec lui dans la ſocieté du Calviniſme, ce paſſage feroit il auſſi ſa conſolation ? Toute l'Egliſe, tous les Catoliques Romains défendront la cauſe du premier ſans qu'il s'en donne la peine, parce qu'elle leur eſt commune. Voila ſa gloire ; Tous les Proteſtans, tous les Calviniſtes s'interreſſeront dans le Parti du ſecond. Voilà ſont triomphe, qu'on ne lui enviera pas.

Si un écrivain par une vivacité de zéle, avoit imputé cette honteuſe maxime à M. D. Q. en conſequence du Parti qu'il épouſe ; il auroit crié aux armes contre la calomnie, *A moi Puiſſances de l'Egliſe, à moi Puiſſance de Cezar*, auroit il dit, *vangés cette impoſture homicide de mon honneur & de ma Religion.* Mais c'eſt lui même qui fait cet aveu, qui du Trône Paſtoral debite cette ſcandaleuſe maxime dont on fremit : qui l'annonce au Public ſans pudeur. N'eſt-ce point là vouloir de gayeté de cœur faire revivre en nos jours le fait memorable du zéle Catolique le fameux Pierre Arnaud de Maytie, il eſt digne de loüange éternelle, on ne le propoſe cependant point pour exemple, on ne conſeille à perſonne de l'imiter ? il ſeroit dangereux de le faire avec tant d'éclat, il n'en prévit pas lui même le peril, ou peut être s'y expoſa t'il de plein gré ; il fut heureux de trouver un Senat Catolique qui ſçût rendre juſtice à l'ardeur de ſon zéle, le défendre des pourſuites d'un Heretique, & trop heureux encore ſi dans ces cas les Jugemens continuent de ſe rendre ſelon la Juriſprudence & l'équité de cet Arreſt dans cette Cour Superieure.

Ce fait m'en rapelle un autre arrivé de nos jours, qui meriteroit mieux à la verité d'être tranſmis aux ſiecles futurs , ſi la vivacité du zele équitable du ſage Magiſtrat qui l'entreprît avoit été ſoûtenuë avec une égale fermeté. Il eſt peu de gens qui puiſſent ignorer la maniere dont feu Mr Hypolite de Bethune fit publier le Mandement d'Apel de M. de N*** ſon ami, pour luy ſervir d'acte d'Adheſion, ni le jour qu'il choiſit pour rendre cette démarche ſcandaleuſe plus éclatante : Ce fut celuy de la Fête de tous les Saints, ſi ſolemnel dans l'Egliſe , que Frere Auguſtin Gerard Cordelier, pourvû de la Station de la Cathedrale de l'année 1718 , fut chargé de ſubſtituer au Panegirique des Saints la lecture de l'acte de Separation de l'Egliſe, dans laquelle ſeule ils ont pû ſe ſantifier.

A ces Paroles, *Mandement de ſon Eminence .. pour la publication de l'Apel...* Un Conſeiller de la Cour du Parlement de Metz (Mr Jacquemin) ſe leva, & en vertu de la Declaration du Roy du 7 Octobre 1717, qui impoſoit ſilence, défendant de parler pour & contre la Conſtitution, forma oppoſition à la lecture de cette piece Le Peuple de tout tems eſtimé zelé Catolique, & d'un attachement inviolable au S. Siege Apoſtolique, que la pieté avoit raſſemblé en foule pour entendre la Parole de Dieu, effrayé d'en voir annoncer une autre toute contraire ; ſaiſi d'un ſcandale ſi énorme qu'il ne pût diſſimuler, éclata en murmurs. Mr de Bethune preſent s'effraïa à ſon tour, craignant les ſuites de ce premier ſoulevement, implora avec une extrème vivacité le credit du Commandant de la Place, qu'il avoit toûjours tres peu menagé (Mr Deniſe, Lieutenant de Roy) Cét Officier homme d'eſprit, de prudence, de Lettres & de Religion, luy répondit avec beaucoup de poſſeſſion, qu'il n'avoit par ſon employ aucun droit de commander dans l'Egliſe ; que c'étoit à luy qui donnoit occaſion au tumulte, d'en empêcher le progrez, en faiſant interrompre une lecture qui ne convenoit pas.

Cependant le Peuple jettant les yeux ſur luy ſe calma, Mr de Bethune qui avoit donné ſa foi de Gentilhomme à ſon ami, ne voulut point en démordre ; il profita de ce ſilence pour ordonner à Frere Auguſtin Gerard la continuation de la lecture. Alors le Magiſtrat voyant le peu d'égard que l'on avoit tant aux Ordres du Roy, qu'à ſes remontrances, frapa des mains & remua ſon ſiege pour dérober au peuple la lecture d'un acte d'Apoſtaſie & de ſeparation de ſon Egliſe d'avec l'Egliſe Romaine. Le tumulte recommença plus fort qu'auparavant ; mais non obſtant Frere Auguſtin Gerard tint ferme & continua ſon entrepriſe aprés avoir frapé un grand coup ſur la Chaire. Cette entrepriſe étoit d'autant plus inſultante à l'Aſſembée que l'Adheſion de M. de Bethune ſe faiſoit tant en ſon nom qu'au nom du peuple, qui eut horreur de ce ſchiſme ; le Magiſtrat ayant déja

déclaré que cette violence étoit contre l'aveu public & le sien en particulier ; sa catholicité étant assez connuë. Le Peuple, les Conseillers
du Presidial répondirent de concert au bruit du Cordelier , par un
autre qui accompagna exactement la lecture des deux pieces jusqu'à la
fin , ne pouvant l'entendre sans une extrème horreur. La scene finie il
fut question pour la Trompette du schisme , qui venoit de sonner l'A-
pel , de traverser une presse scandalisée. Il en fut fort mal acueilli :
Le Peuple dans la chaleur de son zele reconduisit ce Prédicant avec
des huées effroyables dont toute l'Eglise retentit ; plusieurs Personnes
dignes de foy , témoins oculaires de ce spectacle honteux , m'ont asseuré qu'elles furent accompagnées de quelque façon de gestes un peu
violens ; chacun criant à pleine voix, à l'impie ! à l'Heretique ! à l'A-
postat ! au scelerat ! à l'Imposteur ! C'est avec ces éloges dignes de son
action qu'il fut conduit jusqu'à la porte de l'Eglise , où il fut trop heureux de trouver les Domestiques du Palais ; si l'un le fit renier , les
autres sauverent le Renegat. Le Prelat comme Roussel fut quitte du
mal , mais non pas de la peur ; il se retira avec précipitation dans le
Chœur, dont on ferma les portes ; il y entendit les Vêpres , d'une
devotion fort émue par les distractions du peril auquel il s'étoit ex-
posé.

Le Magistrat ayant formé son opposition sous un titre respectable,
étoit en droit d'actionner M. de Bethune au Conseil comme Rebelle à
l'autôrité Royale , on y étoit dans la necessité de luy rendre justice,
ou de compromettre une autôrité sacrée , & de traduire le Prédicant
Gerard à son Parlement , où la declaration en vertu de laquelle il
avoit agi avoit été enregistrée ; mais étant revenu de la chaleur de son
zele , il crut avoir fait une faute, dont il craignit les suites. Son Oncle
Lieutenant General du Bailliage, extrémément attaché à la personne
du défunt (comme chacun peut en être convaincu par son aveu , &
le Certificat de distinction qu'il a donné entre tous les autres , qui est
à la fin de la Constitution *Unigenitus* , apostillée par son Prélat , renduë publique par Monseigneur de Soissons) ne contribua pas peu à
l'engager à faire des démarches qui ne convenoient plus. Il écrivit en
conséquence de la frayeur qu'il eut à son tour, une Lettre pleine d'ex-
cuses & trop humiliante, que le Prélat rendit publique, sans borner là le
dessein de se venger : car l'Heresie jointe à l'authorité ne sçait ce que c'est
que de pardonner une injure. Il le prévit, il voulut interesser son Parlement ; celui-ci peu content d'une démarche qui n'honoroit pas assez un
membre d'une Cour Superieure , refusa d'entrer en cause ; Parce qu'il falloit dit on, ou ne rien entreprendre, ou soûtenir l'entreprise avec plus de
fermeté. M. de Bethune ne trouvant aucun obstacle à son ressentiment
n'oublia rien pour le conduire aux derniers excez ; mais les Ordres de

la Cour sçûrent luy donner des bornes en supléant à sa Religion. Le prétendu coupable, qui avoit précipité son propre Jugement, fut derechef condamné par la Cour à suivre son Parlement durant le semestre de ses Vacances. Au reste il luy sera toûjours éternellement glorieux de n'avoir rien oublié pour témoigner la vivacité de son zele pour la Foy Catolique, en défendant la gloire de l'ancienne Religion de ses Compatriotes, toûjours attachez au Thrône de Pierre, que l'on vouloit flétrir contre son gré, en les rendant complices de l'Apostasie. Je reviens à mon sujet.

XXXII. Il est étonnant que l'on se soit fait un devoir d'imiter en tout le sistème d'un Maître, qui pour accréditer son nouveau Calvinisme, a crû qu'il étoit de l'interest de sa cause de commencer par exceder ses adversaires, en les traitans de Pelagiens & de Semipelagiens, attribuant à ces Heretiques la Doctrine qui s'enseigne dans l'Eglise, au sçu & de l'aveu de l'Eglise. Que l'on ne croye pas que je pretende ici en imposer à Jansenius, il sera luy-même le garant de ce que j'avancerai contre luy. On conclura par luy-même de l'aveuglement ou de l'entêtement de certains Theologiens, qui frapez d'une illusion grossiere regardent ce Docteur nouveau comme le seul vrai heritier de l'esprit de S. Augustin C'est en cette qualité qu'il est reveré dans tout le Parti, dont il s'est attiré les respects & la veneration, parce qu'il s'imagine que pensant aussi bien que Calvin il a eu le bonheur de s'expliquer mieux que luy : On l'honore du titre de Restaurateur de la saine Doctrine, de lumiere éclatante, qui a percé les brouillards d'une Ignorante scholastique, dissipé la nubileuse chicane dont l'Eglise avoit obscurci la verité. C'est cependant ce nouvel Augustin qui declare luy-même avec autant de sincerité que de verité quel a été son dessein. Je n'avancerai rien que sur son témoignage, qui ne peut être suspect à des Partisans prévenus, qui le croyent plus éclairez que l'Eglise dans l'intelligence des Peres. plus infaillible dans ses idées que l'Eglise dans ses décisions. C'est Jansenius dis-je : qui dans l'Epilogue qui est à la fin de son X. Livre, *De gratia Salvatoris*, declare en termes positifs, incapables de tout équivoque : "Qu'il ne s'est point embarassé de ce „ qui étoit vray ou de ce qui étoit faux ; de ce qu'il falloit croire ou ne pas croire dans la Doctrine de l'Eglise Catholique, mais de ce que S. Augustin avoit enseigné & asseuré qu'il falloit croire, *Nec enim Ego quid verum quid falsum, quid tenendum aut non tenendum in Catholicæ Ecclesiæ Doctrinâ tradidi, sed quid Augustinus tenendum asserverit ac docuerit, &c. Epilogus omnium* page 443. Edition de Rouen.

Il faut conclure necessairement de cet aveu de Jansenius, 1°. Que la Doctrine de Saint Augustin sur les matieres de la grace & de la Prédestination, n'étoit point la Doctrine de l'Eglise. 2. Que s'il a enseigné la Doctrine de Saint Augustin sur ces deux importants points, l'Eglise s'est trompée en condamnant les cinq fameuses Propositions de Janenius ausquelles se réduisent tout son Livre, qui n'est presque qu'un tissu continuel des expressions & autôrités de Saint Augustin. 3°. Que si l'Eglise n'a pû se tromper dans la condamnation des cinq Propositions qui renferment selon le sentiment de Jansenius toute la Doctrine de S. Augustin ; Jansenius s'est trompé luy même croyant avoir bien penetré le vrai sentiment de ce Saint Docteur ? qu'il est tombé dans l'inconvenient qu'il reproche aux Scolastiques d'avoir ajusté les sentimens de Saint Augustin à leurs opinions particulières, & non pas leurs opinions ou sistèmes à la Doctrine de Saint Augustin. " leur dessein, dit-t'il : n'est point de chercher la Doctrine de Saint Augustin comme la leur ; mais de donner la leur pour celle de Saint Augustin. ,, *Non est Augustini Doctrinam pro sua, sed suam in Augustino quærere.* Chap. 22. & dernier du 3. Livre *de statu naturæ lapsæ.* 4. lignes avant la fin.

Les Partisans de Jansenius prétendent qu'il ne s'est pas trompé, de là ils concluent que c'est l'Eglise qui se trompe, qui condamne la pure Doctrine de Saint Augustin, pour favoriser la mauvaise Doctrine, les faux sistèmes de quelques Scolastiques ennemis de celle du Saint Docteur, en consequence, ils se croyent en droit de resister à ces Jugemens, de se pourvoir contre par apel. Mais s'il est vrai que Jansenius ne se soit pas trompé selon leur prétention, ce ne peut être que parce qu'ils le croyent infaillible, ou que parce qu'ils croyent l'être euxmêmes : s'ils croyent Jansenius infaillible dans l'Exposition de la Doctrine de Saint Augustin ; certainement dés lors ils ne sont point infaillibles eux mêmes ; ils se trompent en faisant plus d honneur à Jansenius qui ne leur en demande ; puisqu'il ne l'a pas crû luy même, ou du moins a t'il fait semblant de ne le pas croire, c'est encore sur son témoignage que je parle, voicy son aveu en termes exprés tirez du même Epilogue. " Je suis homme, par consequent sujet aux foiblesses ,, humaines, Mais comme j'ay fait tout ce que j'ai pû pour m'enga. ,, rantir ; de même aussi je prie mon Lecteur de m'exculer dans ce que ,, je n'ay pû éviter, afin que ou l'attention que l'on fera à un travail ,, continuel efface la témerité de la chûte, ou que la droiture de mes , intentions fasse grace à la simplicité avec laquelle je me suis trompé. *Homo sum, humanorum lapsuum periculis obnoxius, qua sicuti cavi quantum potui, ita ignoscet Lector ubi non potui, & ut assidui laboris consideratio temeritatis labem auferat, & sinceritatis intuitus, errandi simplicitati patrocinetur.*

Non seulement Jansenius ne s'est pas crû infaillible, il s'en est encore raporté à ceux qu'il a crû plus habiles, & plus intelligens que lui dans la Doctrine de Saint Augustin. Quoiqu'il semble que cette

humilité foit une efpece de defi, ne croyant pas que l'on puiffe penfer autrement qu'il a fait ; voicy comme il s'exprime dans le même en-
" droit ; fi l'obfcurité du Saint Docteur ma trompé ; & fi l'on peut
" me démontrer autre chofe par les Ecrits de Saint Auguftin ; j'efti-
" merai cela comme un trés grand fervice , & le regarderai comme une recompenfe abregée de tant de travaux. *Quod fi ejus obfcuritas me fefellerit , maximi beneficii loco ducam , laborumque plurimorum compendium faciam , fi quis aliud ex Auguftini fcriptis demonftraverit.*

Il eft étonnant que les Partifans de la Doctrine de Janfenius voyent fi clair dans la Doctrine de Saint Auguftin , il n'eft pas un feul texte à les entendre dire qui ne porte avec foy une évidence capable de perfuader les plus fimples , tandis que le maître avoüe ingenûment fon obfcurité, & obfcurité par laquelle il a pû être trompé. Il deman-de comme une grace fignalée qu'on le détrompe , en lui faifant voir par la Doctrine même de Saint Auguftin qu'il l'a mal entenduë. Sa mort qui a prévenu l'édition de fon Ouvrage, n'a point donné ce temps ni à l'Eglife ni aux Theologiens ; mais les fectateurs de la Doctrine de fon Li-vre poftume plus fiers que leur Maître, ne veulent ceder ni à la convic-tion de ceux-cy , ni à l'autôrité de celle-là. Eft-ce parce qu'on fe per-fuade que Janfenius a crû que l'Eglife ne pouvoit pas toucher à la Doctrine de Saint Auguftin telle qu'il l'a expofée comme il déclare dans fon Teftament qu'il étoit difficile de le faire, que l'Eglife n'a pas dû l'entreprendre ? En ce cas fi la prétention de fes difciples eft bien fondée , il s'enfuit que ces fçavans Maîtres pour lequel ils ont tant de refpect à été un grand Fourbe , il n'eft point de Molinifte efclave de Rome qui pût donner un acte de foûmiffion envers le Saint Siege plus celebre que celuy de Janfenius ; Je le raporterai ici dans toute fon é-tenduë pour la confolation des Catholiques , à la confufion des No-vateurs. Voicy comme il parle à la fin de fon Epilogue.

" En attendant qu'on execute ce que j'attens avec humilité & avec
" impatience, je foumets au Jugement du Siege Apoftolique & de l'E-
" glife Romaine ma Mere tout ce que j'ay avancé fur tant de matieres
" fi differentes & fi difficiles , *non en fuivant ma penfée ; mais l'Efprit*
" *de Saint Auguftin.* De forte que dés à prefent, je crois tout ce qu'elle
" juge qu'il faut croire , je revoque tout ce qu'il faut revoquer , je con-
" damne & j'anathematife , tout ce qu'il faut condamner & anathe-
" matifer ; car comme dès ma plus tendre jeuneffe j'ay été initié dans
" les Mifteres de cette Eglife & de ce Siege, que j'ay fuccé fa foy
" en fucçant le lait de ma mere , que j'ay crû ,que je fuis venu à l'âge
" d'adolefcence , que j'ay vielly, que jamais , du moins que je fache,
" je ne me fuis écarté en aucune maniere de fes fentimens , foit par
" penfée , foit de fait , ou par paroles ; de même auffi je me fuis

" fait une loy d'y vivre , d'y perfeverer jufqu'au dernier foûpir , d'y
„ mourir Dieu aidant , & enfin de paroître au Jugement de Dieu ; afin
„ que felon la regle facrée qui a été prêchée & cruë dans tout l'Uni-
„ vers depuis le temps des Apôtres jufqu'à nos jours, par une fuccef-
„ fion continuelle des Pontifes Romains ; je reçoive de la mifericorde
„ de Dieu ou de fa Juftice, la recompenfe ou le chatiment. *Quod donec
humiliter ac defideranter expecto , quidquid de rebus tam multiplicibus & ar-
duis , non juxta meam , fed juxta S. Doctoris mentem prononciavi ,
Apoftolica fedis Ecclefiæque Romanæ Matris meæ judicio fententiaque fufpen-
do , ut illud jam nunc teneam fi tenendum , revocem fi revocandum , Dam-
nem & Anathematizem , fi damnandum & Anathematizandum effe Judica-
verit Nam quemadmodum iftius Ecclefia ac fedis Mifteriis infantulus initia-
tus ; & ejus fide cum lacte matris imbutus fui , & crevi , & adolevi , &
fenui , nec ab ea ad latum unguem , quod fciam , animo aut facto , aut fer-
mone deflexi : ita porro ad extremum ufque fpiritum vivere , ac Deo adju-
vante mori divinoque judicio fifti , mihi conftitutum eft , ut juxta facratiffi-
mam ejus regulam , qua à temporibus Apoftolorum per fucceffionem continuam
Romanorum Pontificum per univerfum Orbem prædicata & credita eft , refe-
ram à Dei Mifericordiam aut Juftitia , bonum aut malum.*

Il faut que les Difciples de Janfenius prénent de trois partis l'un ,
ou qu'ils foutiennent qu'il n'a jamais prétendu qu'il y eut rien à retoucher à fa Doctrine, que le faint Siége , que l'Eglife Romaine ne pouvoient le faire fans défigurer la Doctrine de Saint Auguftin dont il
avoit feul l'intelligence , que l'Eglife n'a point comprife ; ou qu'à fon
exemple ils condamnent ce que le faint Siége & l'Eglife Romaine ont
condamnés, qu'ils anathematifent ce qu'elle anathematife : ou enfin qu'ils
préfument connoître mieux Janfenius qu'il ne s'eft connu lui même.
S'ils ofent prendre le premier parti, il decrient Janfenius comme un
fourbe qui a parlé fans aucune fincerité , en foumettant au Jugement
de l'Eglife une Doctrine à laquelle il n'a pas crû qu'elle dût toucher
fans infulter à celle de faint Auguftin. S'ils croyent qu'il a parlé avec
fincerité refufant de fuivre fon exemple , ils font fourbes eux-mêmes,
fans fincerité, puifqu'ils font profeffion d'écouter un Maître dont ils
méprifent les fentimens ; c'eft s'obftiner de mauvaife foy à deffendre
des erreurs qu'il a profcrit par avance en foumettant fon Livre au Ju-
ment de l'Eglife , les Enfans en fçavent-ils plus que leur Patriarche &
les Difciples que leur Maître ? il avoüe qu'il a pû fe tromper parce
qu'il étoit homme ; les Janfeniftes font ils d'une autre nature que luy ,
d'une nature infaillible, fur laquelle l'erreur ne puifle pas avoir de prife , incapable de fe tromper ou d'être trompée ? s'ils croyent mieux connoître Janfenius qu'il ne s'eft connu luy même, qu'il étoit incapable de
donner dans l'erreur, ou que la feule dans laquelle il eft tombe, c'eft

d'avoir

d'avoir crû qu'il peuvoit se tromper, en conséquence d'avoir soumis sa Doctrine au Jugement du Saint Siege, luy laissant le droit de reformer une Doctrine irréformable, il est necessaire pour nous persuader de cette connoissance, qu'ils nous certifient d'où Ils l'ont reçûë ; comme on n'est pas accoûtumé à les croire sur leur parole, il faut qu'ils nous en donnent des Argumens si évidens que nous ne puissions resister à leur persuasion ; ou qu'ils nous produisent une autorité assez puissante pour nous obliger à nous soumettre à leurs lumieres. Nous ne craignons rien de la part de l'évidence, ni par-consequent de la force de la persuasion humaine ; il n'en est point qui puisse surmonter nôtre experience sur laquelle Jansenius a parlé, il a reconnu qu'il étoit homme non seulement ; mais encore sujet aux foiblesses humaines ; il prie même ceux qui s'en appercevront de luy faire la charité de le redresser: Nous craignons encore moins du côté de l'autôrité, puisqu'elle ne peut être divine, Dieu ne pouvant être contradictoire dans les temoignages, nous ayant ordonné d'obéïr à son Eglise ; Jansenius n'a fait que ce qu'il devoit faire en se soumettant à son Jugement. Il sçavoit comme nous que c'est à Pierre à qui Jesus-Christ a dit : "Tu es ,,Pierre, sur cette Pierre je bâtirai mon Eglise, contre laquelle les ,,portes de l'Enfer ne prévaudront point ; ,, que c'est à Pierre qu'il a dit : "Confirme tes Freres dans la foy. ,, Que c'est à Pierre qu'il a dit "Pais mes Brebis, pais mes Agneaux.,, C'est Jansenius qui interprétant ces paroles, attribuë le nom d'Agneaux aux Fidéles, & celuy de Brebis ou d'Oüailles aux Evêques & aux Pasteurs. *Pes Oves, vero Episcops & Pastores in cap.* 18. *in Joan.* Quoiqu'il fut Evêque il se regarda neanmoins comme une Ouaille sous la direction du Pasteur universel ; ce qu'il a confirmé par son Testament, tems auquel on ne peut douter qu'il ne fut Evêque. Or nos adversaires ne peuvent nous fournir de témoignage divin contraire à celuy de l'Evangile, qui ne dispense personne de la soumission qu'il doit au Trône de Pierre ; en tout cas il auroit été inconnu à Jansenius, qui n'auroit pas manqué de s'en servir dans le besoin ; il n'auroit point été aussi embarassé qu'il l'a été à se parer du mauvais tour qu'on pouvoit luy joüer à Rome, comme il le marque dans une de ses Lettres à S. Cyran ; tour qu'il a échapé durant sa vie, n'ayant point produit son Ouvrage ; mais qu'il n'a pû parer aprés sa mort, ni aucun de ceux qui se sont déclarez ses partisans, quelques efforts qu'ils ayent pû faire pour justifier la doctrine de son Livre ; qui a été condamnée dans le sens qu'elle presente à l'esprit Condamnation universellement reçûë depuis un siécle par la soumission soit expresse, soit tacite de toutes les Eglises, particulierement de celles de France, en particulier de plusieurs Prélats, même de ceux qui se trouvent aujourd'huy les plus interressez & les plus embarassez dans

S

la mauvaife caufe qu'ils tâchent de défendre, l'ont reconnu ; Condamnations réïterées en differens tems, contre lefquelles on s'éleve, contre
lefquelles on reclame aujourd huy ; mais à quel deffein ? finon de vouloir prouver contre fes propres aveux, que Janfenius a été infaillible,
& que l'Eglife univerfelle s'eft trompée.

Au refte, quoique Janfenius ait fait une ample Profeffion de fa foumiffion aux Jugemens du S. Siege dans plufieurs endroits de fes Ecrits,
particulierement dans l'Epiloque que j'ai cité ; Je doute neanmoins
qu'elle ait été bien fincere. 1°. Parce qu'il n'a pû ignorer qu'il enfeignoit de nouveau plufieurs opinions condamnées dans Baïus, qui a été
fon Maître. 2°. Parce qu'il infifte toûjours à perfuader qu'il n'a point
enfeigné fes propres fentimens ; mais feulement ceux de S. Auguftin :
Non juxta meam, fed juxta fancti Doctoris mentem pronuntiavi. Ainfi il
eft évident que voulant faire croire qu'il n'a rien enfeigné que S. Auguftin n'ait enfeigné avant luy, il a prétendu par cét artifice mettre
fa Doctrine à couvert à l'ombre de celle de ce faint Docteur ; afin de
perfuader que fi on venoit à la condamner, comme il l'appréhendoit,
c'étoit moins à luy que l'on faifoit cet affront qu'à S. Auguftin. Ses
Difciples les plus adroits ont fuivi fon artifice, fans reclamer trop ou-
vertement fa Doctrine, ils fe plaignent amerement qu'on en veut à
celle du S. Docteur ; & foûtiennent conftamment une Doctrine fulminée, à la faveur d'un nom fi celebre, dont ils étourdiffent les fimples.

Enfin j'ay donné à cette Lettre le tître de Jansenisme demoli
jusqu'aux fondemens. 1°. En fuprimant aux Novateurs le
Juge qu'ils fe font établis, par l'autôrité même de leur propre Juge,
comme les Heretiques du feiziéme fiecle n'ont voulu reconnoître pour
Juge unique que la fainte Ecriture, qu'ils expliquent felon leur efprit
particulier : Auffi ceux du 17 n'en veulent point d'autre que S. Auguftin. Comme les premiers fe font rendus maîtres de leur Juge ; les
feconds à leur exemple veulent qu'on n'écoute le leur que dans le fens
qu'ils le font parler. Mais comme je me fuis trouvé dans l'occafion
de confondre les uns par leur propre Juge, j'en décrirai le fait, qui
me fervira de modele pour impofer filence aux autres par le leur. Le
Lecteur ne doit pas être fâché de ce recit ; il poura en procedant de
la même maniere, fans qu'il faffe beaucoup de frais en érudition,
ôter tout moyen à fon adverfaire de faire aucun employ de la fauffeté
de la fienne, quelqu'habile qu'il puiffe être.

Il y a quelques années que profitant de la liberté de la Paix, je
parcourus cette partie de l'Allemagne qui eft fçituée aux deux côtez du
Rhin depuis Spire jufqu'à Coblentz, qui comprend trois Electorats &
plufieurs Principautez prefque toutes Proteftantes, foit Calvinifte ou

Lutherienne J'arrivé dans un gros Bourg dont le Prince quoique Luthe-rien avoit refugié des François & permis d'avoir un Temple ; il s'y trouvoit un Surintendant ou Surveillant des Eglifes P. R. du Palatinat, qui étoit comme en vifite & devoit placer un Propofant pour Minif-tre à la place du déffunt. Monfieur le C. de G. de la Maifon Palatine de deux Ponts fut requis pour être fpectateur de la Ceremonie, pour le faire plus commodement il voulut bien que l'Affemblée fe tint dans le Prêche du Château. Je priay mon Conducteur de vouloir bien de-mander au Prince dont il etoit fort connu , de me permettre d'y entrer pour fatisfaire ma curiofité ; Il me l'accorda avec beaucoup de civilité , il étoit même difficile qu'il me le refufât. Me trouvant à fa table où il m'avoit fait l'honneur de m'inviter en confideration de mon Conducteur qu'il eftimoit fort , je pris la liberté de luy reïterer ma demande en prefence du Surintendant & de quelques Miniftres d'im-portance pareillement invitez ; aucun d'eux n'ofa refufer le Prince ; ils répondirent que S. A. étoit abfolument en droit de difpofer de tout, que je leur ferois honneur ; mais je ne fçai fi le regret les prit enfui-te , fe voyant fur leur paillié & allez bien étayez, le Prince ayant mis quelques matieres en déliberation , les Miniftres fe lâcherent avec fu-rie fur la Religion Romaine , il n'y eut blafphêmes qu'ils ne pronon-cerent durant tout le repas, je fentis ce que cela vouloit dire , qu'on vouloit me donner mon congé , me priver de ma curiofité , ou m'en payer fur le champ. Je ne répondis pas un feul mot, faifant femblant de les entendre ; je me conformé dans cette occafion au parti que prit autrefois le Prêtre Gorski Polonois , à la table de fon Seigneur le Palatin de Podolie ; comme le raporte Florimond de Remond Liv. 4. Chap. 11. Nomb. 6. Fait qui réjouït tout Lecteur. M. le Comte , furpris de mon filence , m'adreffant la parole de temps à autres , me di-foit : " M. voila qui eft bien preffant, que réponderiez vous à cela ? ,, Cela eft bien fort , Monfeigneur , & trop fort , luy repliquai je ; je ne répondis jamais autre chofe durant tout le repas. Le Propofant qui étoit debout avec quelques Courtifans, le chapeau bas fort refpectueufement devant fon Prince & fes fuperieurs , écoûtant tout en filence. La converfation de fes Maîtres luy donna lieu d'inferer dans le difcours qu'il devoit faire une partie des matieres qu'ils avoient agitées entr'eux , afin de me regaler au Prêche comme ils avoient fait à table ; ce jeu-ne homme à ce que je puis penfer s'étoit mis en tête d'achever ma con-viction , me croyant ebranlé & le jugeant ainfi fur la réponfe que j'a-vois faite à M. le Comte , que ce que ces Meffieurs difoient étoit bien fort , il n'avoit pas pris garde ; au *trop fort*.

La Ceremonie étoit defignée pour le lendemain 6. Octobre. Toute la Noblefle du Païs des environs Lutherienne & Calvinifte s'y trouva ce qui la rendit augufte. Mr. le Comte me fit l'honneur de me faire placer affez prés de luy & mon Conducteur à côté de moi. J'avois pratiqué fon Aumônier le refte du jour , je lui fis comme par fimple curiofité bien des queftions , il me fatisfit fur tout ce que je pouvois defirer , fur les noms de tous les Miniftres , particulierement du Propofant & Surintendant ; je m'affuray de fa Bible Latine & de fa Concordance , qu'il m'offrit trés gracieufement ; j'y marqué tous les endroits dont je pouvois avoir befoin , le priant de me fournir l'une & l'autre promptement dans l'occafion , il me le promit, il s'aperçût bien que j'avois quelque deffein ; mais comme il étoit Lutherien , que ceux de cette Communion n'aiment point les Calviniftes , il fe porta à tout ce qui pouvoit me favorifer pour humilier ces orgueilleux, il s'offrit même de prendre place auprés de moy pour me fervir dans tout ce que je pourrois avoir befoin , ce que j'accepté de bon cœur ; comme les Allemans font charmez lorfqu'ils entendent les étrangers , fur tout les François parler leur langue , il eût beaucoup de plaifir avec mon Conducteur qui la fçavoit dans toute fa délicateffe & toute fa perfection, il profita des careffes infinies qu'il lui faifoit à cette confideration pour me placer bien dans fon efprit , Religion à part, dont nous ne parlâmes point entre nous. Le jour venu l'Aumônier & le Bailly nous conduifirent à l'Audience du Prince qui nous reçût de nouveau avec toute la politeffe imaginable, aprés quelque converfation il nous fit conduire par les mêmes à l'Office, où nous trouvâmes beaucoup de Nobleffe ; le Prince y vint un moment aprés , il nous exhorta à bien prendre nos precautions ; " Parce que , nous dit il ; on entrera à dix heures & qu'on en fortira qu'à quatre , „ je pris la liberté de luy répondre que je croyois que nous en ferions quitte à meilleur marché, que felon toutes les aparences nous ferions dehors avant midy , qu'il ne falloit pas gâter le diner ; " Comment, reprit il , gâter le diner , il y à loin d'icy à quatre heures : „ & fe retira.

Peu de temps aprés la Cloche fonna, le Peuple s'affembla , à dix heures , tout fut prés , nous nous rendimes au fpectacle , où étant placez fuivant l'Ordre du Prince, conduits par fon Aumônier & fon Baillif. Le Propofant monta en Chaire , il débuta par un compliment au Prince & à la Nobleffe , affez ennuyeux pour moy , étant en Langue Allemande que je n'entens que trés peu , le Compliment fini, il commença fon Prêche en Langue Françoife affez poliment , il divifa fon difcours en fix points , tous controverfez entr'eux & nous. Le premier étoit de la Cene , le fecond du Baptême ; le troifiéme de la Penitence , le quatriéme de la Juftification ; le cinquiéme du Culte & Invocation des Saints ; le fixiéme de la Priere pour les morts. Parlant de la Cene , il dit que c'etoit une chofe bien trifte de voir dans quel aveuglement eſt l'Egliſe. *Que dis-je : Meſſieurs ? ſuperſtition Romaine, de croire un aliment fabriqué ſouvent par des mains impures devenir le Corps du Fils de Dieu au commandement d'un Miniſtre ſouvent ſcelerat, qui abuſe de ſa Divine Parole.*

Comme je vis la croyance du Prince attaquée auſſi inſolamment que la mienne, que d'un coup d'œil je m'aperçûs de ſon émotion, je profité de cette conjonchure, je me levé & luy fis ſigne de la main de ſuſpendre un moment ; me retournant auſſi tôt du côté du Prince, je me jetté à ſes genoux luy demandant permiſſion de faire au Propoſant, quelques petites queſtions ſur ce qu'il venoit d'avancer ; ce Prince bleſſé luy-même voyant un Catholique avec toutes les marques de ſon Etat proſterné à ſes pieds, ne pût me le refuſer. Toute l'Aſſemblée ſe troubla, je ne ſçay dans quel eſprit, je me tournay de ſon côté & lui fis le même ſigne que j'avois fait au Propoſant. Le Prince qui favoriſoit ces Refugiez ne voulut cependant rien conclure ſans le communiquer au Surintendant qui étoit auſſi fort proche de luy ſur ſa droite ; il parut embaraſſé, apréhendant, diſoit-il, que cela ne prolongeât la Ceremonie aſſez longue d'elle même, parce qu'il y avoit un examen à faire ; ſur la parole que je donné d'abreger tout, il y conſentit ; il fit ſigne au Peuple de ſe raſſeoir en ſouriant ; je me levé, & je demandé au Surintendant s'il y avoit une Bible & une Concordance Latine dans l'Aſſemblée. L'Aumônier répondit que non ; mais qu'il avoit l'une & l'autre, le Prince ordonna qu'on les aportât, ce qui fut fait dans le moment par la diligence de ſon Aumônier, je m'aperçûs que le Propoſant s'eſſuyoit, la ſaiſon n'étoit pas cependant des plus chaudes, il faiſoit des pluyes trés froides, la Bible & la Concordance miſes entre mes mains ; je ſaluay le Prince, enſuite le Surintendant & le Propoſant, le Peuple à qui ces honneurs de la façon d'un Catholique firent plaiſir, me donna le ſalut univerſellement.

Je dis au Propoſant, ſur quel fondement avancez vous que le vray Corps de Chriſt n'eſt point dans le Sacrement de la Cene, puiſque l'Egliſe l'a crû dans tous les temps, comme on le démontre par tous les Ecrits des SS. PP. des deux Egliſes Orientale & Occidentale, & que Jeremie Patriarche de Conſtantinople, lors du changement de l'ancienne croïance, ne pût jamais être ébranlé quelques ſollicitations qu'on luy fit, & quelqu'ennemi qu'il fût de l'Egliſe Romaine comme ſont tous les Grecs.

Il répondit fierement qu'il n'écoutoit ni Tradition, ni SS. PP. que tous étoient hommes, par conſequent ſujets à l'erreur, à ſe tromper & à tromper. Qu'écoutés vous donc ? " La ſeule Ecriture comme Juge unique & ſuffiſante pour établir toute croyance, & diſſoudre toute erreur. ,, De qui tenés vous que la ſainte Ecriture doit être l'unique Juge en matiére de Religion ; il me faut une autorité ſuperieure à mon

Juge , qui me le cautionne ; Monſeigneur ✗ me tournant du côté du Prince) eſt la caution de tous les Juges de ſes Terres, on n'obeïroit à aucun Baillif ſi on ne le ſçavoit autoriſé de S. A. Voici une matiére bien plus importante. La Religion eſt divine, l'Ecriture l'eſt pareïlement ; ſi la Religion n'eſt pas Juge dans ſa foi, l'Ecriture l'eſt encore moins , car c'eſt la Religion qui a donné les Ecritures, & non pas les Ecritures la Religion ; Jeſus-Chriſt a beaucoup prêché , mais il n'a ni écrit, ni ordonné d'écrire ; il eſt le ſeul Auteur de la Religion, c'étoit à lui à me cautionner le Juge que je devois écouter, il ne m'a point renvoié par devant l'Ecriture, l'Ecriture n'étant point cautionnée du Souverain de la Religion, ne peut me ſervir de Juge.

Le Propoſant ſe ſentant preſſé par cette comparaiſon commença de pâlir ; il repondit cependant que c'étoit l'Ecriture elle même qui ſe cautionnoit. Je dis : comment cela peut il ſe faire ? l'Ecriture ne conſiſte que dans des Lettres aſſemblées : Or c'eſt la Lettre qui tuë, écrit Paul à ceux de Corinthe, *non Littera ... Littera enim occidit.* Tuer, c'eſt le crime d'un meurtrier , ou du moins l'office du miniſtre de la vengeance publique , & non pas l'employ du Juge. Il reprit " Jeſus-Chriſt dit que les Ecritures rendent témoignagede lui. : J'y conſens , mais un témoin n'eſt pas un Juge, les Juifs rendent encore temoignagne de la mort de Jeſus Chriſt. Iis ne ſont pas pour cela reconnus Juges de la Religion ; d'ailleurs ce que Jeſus Chriſt a dit ne peut s'entendre des Ecritures du nouveau Teſtament, car du temps de Jeſus Chriſt , il n'y eut jamais rien d'écrit , cela eſt inconteſtable : & ſi par impoſſible vous pouviés prouver qu'il y eut des Ecritures du nouveau Teſtament, S. Paul diſant que la Lettre tuë , Jeſus-Chriſt que les Ecritures rendent témoignage de lui, voila contradiction dans le Juge, quel parti prendra t'on ? car l'Ecriture ne peut ſe juger elle même. Le Propoſant répondit , " c'eſt l'eſprit qui vivifie. „ Qui eſt-ce qui a cet eſprit qui vivifie ? & à quoi ſert il ? ' C'eſt tout le monde qui l'a, & il ſert à l'intelligence de l'Ecriture.„ Donc c'eſt l'eſprit qui vivifie qui Juge de l'Ecriture, donc c'eſt tout le monde qui a cet eſprit vivifiant, qui par conſequent eſt Juge de l'Ecriture, qu'il peut l'interpreter à ſon gré ; Juge par conſe‧quent contradictoire à lui même, car l'eſprit vivifiant de l'Arien eſt bien différent de celui du Catolique ſur l'Incarnation & la divinité du Verbe. L'eſprit vivifiant du Proteſtant ſur la Cene eſt bien different de celui du P. R. à qui croira t'on Monſieur le Propoſant ? aprés avoir heſité quelque temps il répondit, C'eſt à moi : Comment vous appellés vous ? le voilà plus embaraſſé que jamais ; " qu'eſt-il beſoin ?„ repondit il. Un beſoin eſſentiel, repliquai-je, car il faut que je ſois certain par votre Juge que vous dites vray. Nouvel embaras ; preſſé par un des Miniſtres aſſociés au Surintendant , il me repondit enfin avec bien des difficultés qu'il s'appelloit Fridericus Wolfius. Il m'étoit indifferent quel nom il eut pour reuſſir dans ma preuve, bien·perſua-dé que je ne le trouverois pas dans l'Ecriture. Celui ci fut heureux, car Wolff en Allemannd ſignifie Loup. Je l'avois ſçû dès. la veille & formé mon plan en conſequence, je ne laiſſay point pour la forme de demander à ceux qui étoient prés de moi ſi ce mot Allemand avoit quelque ſignification en François, on me dit que cela vouloit dire Loup. Auſſi-tôt je cherche dans ma Concordance, de là à la Bible, j'eûs bien-tôt fait, tout étoit marqué, durant ce tems toute l'aſſemblée obſerva un ſilence ſi profond que je crûs que tout étoit changé en ſtatuës. Je me levé derechef, je dis au Propoſant M. je ne trouve point dans cette Bible Romaine le mot de Fridericus, ſeroit-il dans la vôtre? m'ayant répondu que non ; je repris, & lui dis encore M. je trouve le mot de Loup en deux endroits au 10 chap. de ſaint Jean ℣. 12. Voicy ce qui eſt écrit : "Mais le Mercenaire qui n'eſt point le Paſteur, à qui les „ Oüailles n'apartinent pas, voit venir le Loup à lui, il abandonne „ les Brebis, il s'enfuit ; le Loup les ravit, & diſſipe le Bercail. „ Ce témoignage de l'Ecriture n'eſt point avantageux ni favorable pour vous, vous dites, que c'eſt à vous qu'il faut croire ; je ne puis vous croire, que l'Ecriture comme vôtre Juge ne me certifie de vous, que vous ne me tromperés pas, parce que vous êtes infaillible & que vous ne pouvés vous tromper. Si c'eſt de vous qu'il eſt écrit ; vous êtes un Loup raviſ-ſeur, un diſſipateur du Bercail ; comment donc croirai je que vous avés l'eſprit vivifiant ? Vous n'êtes pas un Juge Souverain, je ne puis vous croire ſur vôtre parole, il me faut un temoignage divin qui me certifie de vôtre veridicité, vous n'en avés point d'autre que celui de l'Ecriture, qui vous décrie ſi elle a prétendu parler de Fridericus Wolffius.

Le Propoſant fut abſolument démonté, & l'aſſemblée entra dans la même conſternation que nos Catoliques quand une memoire infidéle arrête un Predicateur auquel on prend interêt. Le Surintendant pour le relever de cet affront voulut prendre fait & cauſe : ſe tournant de mon côté il me dit en ſouriant, "Je crois que M. veut rire ; „ Oüi M. cela eſt vrai, c'eſt bien mon intention ; mais tout en riant voilà une difficulté formée, il faut la réſoudre. Mr ſeroit il auſſi du ſentiment de Mr le Propoſant, ne reconnoit-il point d'autre Juge que l'Ecriture ? Non répondit il fierement. Eh bien je m'en tiens au Juge conſultons-le pour ſçavoir s'il faut auſſi vous écouter. Je reprens auſſi tôt ma Bible & ma Concordance, étant tombé à mes remarques ; Je demandé à cét Evêque prétendu, de vouloir bien me dire s'il s'appelloit l'Egliſe? Il me répondit ſans attendre que je l'obligeaſſe de dire ſon nom, qu'il ſe nommoit *Elizeus Foxius*. Je demandé ſi *Foxius* étoit un mot Allemand ? Les Allemands ont la pratique de latinifer leurs noms ; on me répondit que cela vouloit dire *Fuchs* (que les François écrivent *Fouxe* pour venir à la prononciation Allemande) & que *Fuchs* vouloit dire *Renard*. Reprenant la parole, je dis au Surintendant, voici ce que je trouve dans le 18 chap. de S. Mathieu, verf. 17. *Que s'il ne les écoute pas dites-le à l'Eglife, s'il n'écoute pas l'Eglife regardez le comme un Payen & comme un Publicain*: Or Mr le Surintendant n'eft ni ne s'apelle l'Eglife : donc on ne peut être regardé comme Payen ni comme Publicain en ne l'écoutant point. *Autre*, l'Evangile dit formellement qu'il faut écouter l'Eglife : Qui n'écoute que fon efprit particulier n'écoute point l'Eglife : donc Mr le Surintendant comme Mr le Propofant doivent être regardez comme des Payens. *Autre*, l'on ne peut écouter Mr le Surintendant qu'autant que fon Superieur & fon Juge certifie de luy : Or voici ce qu'on lit dans le 13 chap. de S. Luc v. 32 : *Quelques uns des Pharifiens dirent à Jefus-Chrift, Allez vous en, partez d'ici, parce qu Herodes veut vous faire mourir. Il leur répondit, allez, & dites à ce* Renard *que je chaffe les demons* : Herodes revêtit Jefus-Chrift d'une Robe blanche, le traitant d'infenfé, il fe mocqua de luy avec toute fa Cour ; HERR DOCTOR FOXIUS feroit-il ce Renard ? M'adreffant enfuite au Prince, je luy dis : Monfeigneur, voilà la Bergerie & la baffe cour de cette Eglife P. R. en peril d'être mal menées par un Loup & par un Renard. Je plains les Poules & les Brebis, & encore plus les Chrétiens, fous la conduite de Pafteurs rebelles à leur Juge, qui ne voulans point écouter l'Eglife, doivent être regardez comme des Payens.

"Nous écoutons l'Ecriture,, répondit-il. Comment voulez-vous que l'on vous croye puifque vous allez formellement contre l Ordonnance de Jefus Chrift, qui vous commande fous peine d'être renvoyez dans la focieté des Payens d'écouter fon Eglife. Jefus Chrift ne dit point s'il n'écoute point l'Ecriture, il n'y avoit de fon tems que celle de l'ancien Teftament ; Mais *Ecoutez l'Eglife* : Cette Eglife dont il a jetté les fondemens, qu'il a fondée fur Pierre le premier des Apôtres, à qui il a recommandé le foin de paître fes Agneaux & fes Brebis, à qui il a confié les Clefs du Royaume des Cieux. (Je lifois tous les paffages les uns aprés les autres :). Or vous n'écoutez point l'Eglife ni dans les Conciles, ni dans les Ss Peres, ni dans le Chef, ni dans les Pafteurs legitimes dont vous vous êtes feparez ; vous n'êtes plus fous la conduite de Pierre dans la perfonne de fes Succeffeurs, dont les Clefs font venuës de main en main jufqu'à Clement XI, affis aujourd'hui fur le Trône du Bienheureux Apôtre ; vous n'êtes plus du Troupeau qui lui a été confié ; vous ne pouvez contefter cette legitime fucceffion que vous avez perduë, que vous ne pouvez prouver:

Donc

Donc vous n'écoutez point l'Ecriture ni Jesus Chrift parlant dans les Ecritures : Donc vous êtes des Payens. Hé que ce pauvre Peuple vous a-t-il fait pour l'arracher du fein du Chriftianifme, de la Religion de fes Peres, pour le replonger dans celui du Paganifme ? " Cela eft bon pour vous, „ reprit le Surintendant avec emportement, " qui êtes de l'Eglife Romaine, la Babilone Paillarde & Idolâtre. „ A ces mots je m'échaufé à mon tour : je lui dis avec la même vivacité ; eft-ce là Mr un article de vôtre croyance ? Oüi : repondit il. Vôtre croyance eft contraire à ce que dit faint Paul dans la premiére de fes Epîtres, chap. 1. ỳ. 8. Que la Foi des Romains, qui n'étoit autre que la fienne, étoit annoncée par toute la terre : Paul & les Romains à qui il écrit étoient-ils Idolâtres ? Non. Par conféquent vous êtes un blafphemateur, un calomniateur, & je vous regarderai comme tel, jufqu'à ce que vous m'ayés prouvé par l'Ecriture que l'Eglife Romaine eft la Babilone Paillarde & Idolâtre : c'eft un article de vôtre croyance, il faut me le démontrer en termes clairs, formels & évidens, comme vous y êtes engagés par vôtre Confeffion de Foy, art. 5. voilà la Sainte Bible & la Concordance, montrés à tout ce Peuple que cét article eft dans l'E-criture, fans cela le reproche vous demeure & vous en êtes convaincu. Il rebuta l'une & l'autre. Je lui dis ; eft-ce là l'honneur que vous faites à vôtre Juge ? le refpect que vous luy portés ? je prens ce Peuple à témoins de l'infulte, & j'en demande juftice à S. A. je dis ces dernie-res paroles me profternant aux pieds du Prince, il fe leva, me fit re-lever par fon Baillif & rompit l'Affemblée, Nous nous trouvâmes de retour aux apartemens à onze heures & un quart ; Nous vîmes for-tir le peuple dans une confternation profonde, fans fe parler. Il ne pa-rut plus ni Suritendant, ni Miniftre ; je trouvé à leur place deux Sei-gneurs, bons Catoliques & bien contens, qui me firent toute forte d'accueil. Le Prince leur dit : " M. a bien pris fa revanche de la journée d'hier. „ Quoique j'euffe fait en partie le procez à fa croyance, il n'en diminua rien de fa bonne mine à mon égard.

Les Novateurs de nos jours ne veulent point d'autre Juge fur les matieres de la grace que S. Auguftin. J'y confens, mais il faut me cau-tionner S Auguftin ; ce n'eft pas affez que mes Parties me le caution-nent, puifqu'elles même ont befoin de l'être, que rien ne m'oblige à croire qu'ils difent vrai ; il faut donc une autorité divine, une autori-té fuperieure qui me certifie de la verité de ce qu'ils difent, & du Juge qu'ils établiffent. Ce ne peut être la fainte Ecriture qui ne dit pas un feul mot de faint Auguftin ; qui ne m'affigne point d'autre Juge de l'Eglife, qu'elle m'ordonne d'écouter fous peine d'anathème, puifque l'Ecriture me renvoye à l'Eglife, c'eft donc à elle à autorifer & à cer-tifier de faint Auguftin comme Juge competent dans les matiéres conteſtées Or c'eſt à mon adverſaire à me produire une définition de l'Egliſe qui m'ordonne ſous peine d'anathème d'écouter S. Auguſtin comme le Juge competent & ſouverain dans les matiéres de la grace ; Voila la premiére impoſſibilité à laquelle je le reduis. Ce n'eſt pas encore aſſés, je ſupoſe qu'il y a une définition dans l'Egliſe, cela ne me ſuffit pas ; il en faut encore une qui m'ordonne ſous les peines du même anathème de croire que mon adverſaire a la veritable intelligence de la Doctrine de ſaint Auguſtin : ſeconde impoſſibilité ; car s'il prétend qu'indépendamment d'une définition il a cette vraye intelligence en vertu de ſon érudition, tout ce qu'il pourra me dire ne m'engagera pas plus à l'écouter que Calvin qui s'eſt flatté l'avoir toute entiére.

XXXV. L'adverſaire repliquera, Que le Pape S. Celeſtin a rendu témoignage à la Doctrine de S. Auguſtin, qu'il a approuvé ſa Doctrine ſur la grace comme étant de Foy, & l'a fait à l'exemple de ſes Prédeceſſeurs : Donc concluëra t il : Voilà S. Auguſtin autorisé par l'Egliſe comme Juge dans ces matieres. On peut en luy avoüant tout luy demander, 1°. Si le Pape S. Celeſtin a auſſi declaré que tout le monde avoit l'intelligence de S. Auguſtin : Il ne peut dire qu'ouï, il ſeroit abſolument hors de preuve : car S. Celeſtin n'a aprouvé de la Doctrine de S. Auguſtin que ce que ces ennemis par malice ou par ignorance détournoient dans de mauvais ſens… Donc tout le monde n'a pas la vraye intelligence de ce S. Docteur. Il faut luy demander, 2°. Si tout le monde ne l'ayant point, comme il paroît par tous les Heretiques du 16 & 17 ſiecle, ſi luy Adverſaire eſt avoüé de l Egliſe pour avoir cette vraye intelligence, ou bien les Auteurs dont il l'a tient. Il ne peut répondre qu'ouï ; puiſque la preuve luy ſeroit également impoſſible ; Innocent X. Alexandre VII. & Clement XI. ont condamné l'intelligence de ſes Auteurs & la ſiénne même, comme il eſt évident par ſes murmures ou revoltes contre les Jugemens de ces Pontifes. 3°. Pour luy fermer abſolument la bouche il faut le preſſer de dire ſi c'eſt ſerieuſement qu'il veut prendre S. Auguſtin pour ſon Juge ; il ne peut ſe diſpenſer de l'accepter, parce qu'il le propoſe luy-même : Alors on luy replique, c'eſt S. Auguſtin vôtre Juge qui reconnoît l'Egliſe pour le ſien, & qui dit : Qu'il ne croiroit point à l'Evangile s'il n'y étoit engagé par l'autôrité de l'Egliſe, *Evangelio non crederem, niſi me Eccleſia commoveret authoritas. tom. 8. contra Epiſ. Fund cap. 5. p.* 154. Vous devez donc comme luy vous ſoumettre à ſes Deciſions, puiſque vôtre Juge y eſt ſoumis.

L'adverſaire n'a plus qu'une ſeule fuite, c'eſt de me dire qu'il ne reconnoît S. Auguſtin comme Juge que dans les matieres de la grace, Je luy forme trois autres Queſtions qui luy impoſent le dernier ſilençe. Je luy demande 1°. S'il ne croit pas à S. Auguſtin lorſqu'il parle de

la necessité du témoignage de l'autôrité de l'Eglise sur l'assurance des
Ecritures de l'Evangile. Il ne peut le nier. S'il le nie, ce que n'a pas
fait Calvin : je luy replique, Si vous ne le croyez pas, c'est parce que
vous croyez qu'il a pû se tromper dans cette occasion : Or comment
voulez vous que je croye & que je prenne pour Juge un homme qui
s'étant trompé une fois pouroit s'être trompé une seconde, & par
consequent me précipiter dans l'erreur, *Semel mendaci etiam vera dicenti
non est adhibenda fides, nisi aliunde probentur.* Cette maxime est constante
dans la Religion ; un Docteur qui m'auroit trompé dans un article de
la Foy de l'Eglise, ne me tromperoit jamais : car je ne le croirois plus.
Je luy demande 2°. Si l'on doit croire un Juge indifferemment &
dans une plus grande étenduë qu'il n'est certifié par l'autôrité superieure qui a droit de le faire. Il ne peut le dire, ce seroit contre toute
regle, nul Juge, sous peine de nullité de Jugemens dans ce qu'il excede, ne peut exceder sa Commission : Or prouvez moi par quelle
définition ou Jugement de l'Eglise tel qu'il puisse être que tout ce que
S. Augustin a dit ou écrit sur la grace doit être crû comme article de
Foy, je suis tout prest à m'y conformer. C'est ce qu'il ne poura démontrer. 3°. Au deffaut des définitions de l'Eglise, je luy demande
qu'il me convainque par une autre autorité, du moins équivalente, que
S. Augustin a été infaillible universellement dans tout ce qu'il a dit &
écrit sur les matieres de la grace. Ce ne sera pas S. Augustin, pour
deux raisons. La premiere est que le Saint s'est retracté en plusieurs
choses. La seconde, c'est qu'il a luy même soumis ses Ecrits à la réforme du S. Siege, voici comme il s'exprime au Pape S. Boniface, dans
le chap. 1. du 1. Livre contre les deux Lettres de Pelage. "J'ai donc
„ principalement resolu d'envoyer à vôtre Sainteté ce que je répons dans
„ cette dispute à leurs deux Epîtres ; non pas tant pour être éclaircis que
„ pour être examinez & les corriger, si par hazard il se trouvoit quelque
chose qui pût luy déplaire : *Hæc ergo quæ istis, ut dixi, duabus Epistolis illo-
rum, ista disputatione respondeo, ad tuam potissimum dirigere, non tam
discenda quam examinanda, & ubi forsitan aliquid displicuerit emendanda
constitui. tom. 7. Edit. Lovan. pag.* 450 *Col.* 2. Si S. Augustin n'a point
certifié de luy même, comment certifieroit il des autres, singuliere-
ment des gens qu'il n'a jamais connus. Quand il seroit certain que S.
Augustin est aussi infaillible que l'Eglise, ce n'est point encore assez, il
faut obliger l'adversaire de démontrer qu'il a la vraye intelligence de
sa Doctrine ; c'est toûjours par là qu'il faut le retenir, le contraindre
de prouver son infaillibilité. S'il l'a dispute à l'Eglise, aux souverains
Pontifes, ce ne sera point par leur témoignage qu'il entreprendra ma
conviction, deshonorant leurs Jugemens par sa rebellion, je conteste-
rai l'autôrité & l'infaillibilité du Juge auquel il n'est pas soumis.

T ij

La feconde raifon pour laquelle j'ay donné à cette Lettre le titre de *Janfenifme démoli*, &c. eft parce que je ne me fuis pas contenté de répondre feulement aux points capitaux qui femblent faire les plus forts retranchemens de nos Adverfaires ; mais encore à tout ce qu'ils ont coutume de nous objecter , foit pour invalider le Jugement porté contre le pernicieux Livre des *Reflexions morales* , en general, & les Cent une Propofitions en particulier , foit pour juftifier ou déffendre leur Apel ; foit enfin en découvrant les extrémitez perilleufes où conduifent infenfiblement certains fiftèmes introduits par l'artifice des Novateurs tant dans l'Ecole que le Clergé , dont ils fçavent fi bien profiter aujourd'huy avec tout l'avantage que peut efperer l'Erreur dans une caufe defefperée , contre ceux qui déclinant la voye des Anciens ont eu le malheur de les adopter. Je démontreray la playe prefqu'incurable qu'on a faite à l'Eglife en établiffant celuy de l'Acceptation relative , foit par voye d'Examen , foit par voye de Jugement , inufitée dans tout le refte de la Chrétienté. C'eft cette fubreption qui a mis le comble à l'orgueil & à l'audace des Novateurs qui fe font mis en droit fans s'en donner la peine de remuer tout l'Univers pour executer ce fiftème. C'eft pour le remplir qu'on a été réduit à cette penible extremité , de s'adreffer à tous les Evêques de l'Europe , de s'affurer de leur Témoignage pour fervir de conviction à ceux qui le croyoient impoffible , foit qu'ils cruffent que nos Evêques manquaffent de vigilance , ou qu'ils préfumaffent que leur vivacité fe rebuteroit par la difficulté du fuccez.

Quant au premier combien compte t-on de Prélats qui fe foient chargés de ce foin ? Quant au fecond , fi on avoit été dans les troubles de la Guerre , Comment ceux qui fe font donné ce foin auroient-ils réüffi dans ce témoignage univerfel qui ne fait point conviction contre ceux qui le conteftent, qui le nient, qui le traitent de fupofition & de fubreption ? Nos ennemis jaloux de longue main de la puiffance de la Monarchie qu'ils traitent à fa gloire d'Exorbitante , fe foucians peu par quel endroit elle periffe (Comme l'experience l'a demontré par ce fameux Evenement qui fera la honte éternelle d'un Empire Chrétien, qui pour nous nuire à renverfé du Trône un Monarque Catholique, favorifé de toutes fes forces un Proteftant , & occafionné le boulverfement de la Religion qui recommençoit à refleurir ;) conduits par les mêmes vûës auroient refufé par un filence profond tout ce qui auroit pû favorifer la Paix du dedans du Royaume , pour le laiffer fe confumer luy même par le feu de la divifion. Comment ceux qui chantoient les Victoires & les ravages des Fanatiques des Sevenes, qui verfoient de l'huile fur cet embrafement infernal , auroient ils permis que l'on répandit une feule goute d'eau fur un tourbillon impetueux qui entraînoit toute la Nation, qui commençoit même à s'attacher au pied du Trône tout preft à y mettre le feu. Leurs pretextes auroient été fpecieux. Nos erreurs n'étant point connuës dans les Etats étrangers, finon qu'autant qu'elles font la plus grande de la croïance des differentes fectes Proteftantes déja folemnellement fulminées ; les Evêques pouvoient répondre qu'ils n'entroient point dans une nouvelle querelle qui leur étoit inconnuë; qu'ils n'avoient pas befoin d'unNouveau Jugement pour raffurer la Foy tranquille des Peuples de leurs Eglifes, où il feroit même dangereux de les publier ; que la crainte d'irriter la curiofité des efprits inquiets amateurs des Nouveautez les obligeoit à cet égard de garder un profond filence. L'experience toûjours fatale dans ces facheux évenemens ne nous convainc-t-elle pas du fpecieux de ces raifons ; une conteftation entre les Evêques fur le Jugement Dogmatique dont il eft queftion ; n'eft-elle pas devenuë par la malice de nos Adverfaires la querelle des Peuples ? n'eft ce point par leur indifcretion concertée qu'une partie de la Nation regarde l'autre de travers, que l'on voit dans les mêmes Bergeries des Brebis & des Loups habiter enfemble fans confiance ; un Monarque commander à deux Peuples, que la difference des Religions rend étrangers l'un à l'autre, & peut-être fans la vigilance de ceux qui ont part au gouvernement de l'Etat, tout prêts à partager les forces de la Monarchie, qui ne font invincibles que par l'union ; Union qui ne peut fe conferver que par les mêmes fentimens de la Religion, qui ne peuvent être uniformes que lorfque tous fe foumettent avec confiance & avec humilité à la conduite du Pafteur Univerfel, qui étant établi par un Dieu, ne permettra jamais qu'il les abufe. Dans le tumulte prefent quel honneur le Peuple fait-il à la Prelature ; chacun conduit felon la prévention, l'une bonne, l'autre mauvaife, prend fon parti en conformité, les uns difent nous tenons pour nous les J***. & pour la Conftitution de N. S. P. Les autres nous fommes contre la Bulle & pour les O***. & on laiffe les Evêques à part ; comme s'ils n'étoient qu'acceffoires dans la caufe. Qu'on life les Revolutions de Religion caufées en Angleterre par la lubricité d'un Prince, l'on verra ce qu'il en coûta à la complaifance & à la moleffe du premier Ordre ; Ils ne fçauroient menager la Paix à de certaines conditions, qu'ils ne peuvent accorder avec la verité & la fermeté du facré Miniftère, fans s'expofer eux mêmes ; auffi font-ils les premiers pris dans les Guerres de Religion, Dieu commençant toûjours fes redoutables Jugemens par fon Sanctuaire, par fa Maifon.

Je veux bien accorder aux Protecteurs du fiftème que l'on pourra en tout temps obtenir ces Témoignages, fi on fe fent affez de zele pour les rechercher afin de confondre un feul entêté qui ne fera pas

convaincu. Qu'elle en fera la fuite , & la reüiffite ? je n'en vois qu'une
feule également incurable & fâcheufe , la voicy : le premier Fanatique qui fe mettra en devoir de dogmatifer le fera impunement fans
craindre la conviction par témoins , il eft autôrifé par le modele de
nos jours ; il apellera du Jugement de fon Evêque au Pape s'il fuit
l'ordre des Apels , car peut être fous pretexte d'abus le dereglera-t-il
& fe pourvoira pardevant le Tribunal de ceux qui à l'exemple d'Henry VIII. s'emparent de la Primatie de l'Eglife , qui fous le pretexte de
l'abus , n'ont pas rougi plus que luy de regler l'autôrité des Clefs de
la Jurifdiction , de decider en vertu de celles de la fcience ; & en confequence de donner des Arrefts de Controverfes fur la Foy ; contre
les Mandemens de Prélats qui ont fuccombé , parce qu'ils ne font pas
affez unis entr'eux ; qu'ils ne le font pas affez entr'eux , parce qu'ils ne
le font pas affez avec leur Chef , (Or une troupe quelque redoutable
& refpectable qu'elle foit , ne peut fubfifter long temps quand elle
n'eft pas univerfellement unie :) *Malheur au Royaume divifé !* fi le Fanatique appelle du Jugement de fon Evêque au Pape , fi fa Sentence eft confirmée à fon Tribunal , il en appellera de nouveau à l'acceptation du Clergé du Royaume , il y trouvera des Evêques qui l'autô-
riferont ; Calvin tout miferable qu'il fut y en a bien trouvé : Voilà
une balance , pour la faire pencher l'acceptation du plus grand nombre des Evêques ne fuffira pas , le Fanatique & les Evêques de fon
Parti en rapellera à l'acceptation du Corps univerfel des Pafteurs ,
quand elle fera produite on la conteftera , on ne manquera pas de
moyens pour l'infirmer en infirmant les Témoins par des exceptions
fpecieufes. *Le Témoignage eft fupofé ,* dira-t on ; fi on le démontre vrai.
Par qui eft il donné ? dira t on encore ; *C'eft par des Evêques prévenus de
fauffes Opinions ; qui foûtiennent l'infaillibilité du Pape. Ce font des Adorateurs aveugles des Bulles ; ils les enferment dans des Chaffes ; ils les portent en Proceffion , les accompagnent d'acclamations , de fanfares , du bruit
des Timballes & des Trompettes ; les Herauts crient c'eft la Bulle de N. S.
Pere , alors tout le monde fe profterne & adore fans ôfer s'informer fi cela
vit ou ne vit pas ; Ceux qui fçavent à peu prés ce que c'eft qu'une Bulle ne
fçavent point ce qu'elle contient : car perfonne par refpect n'oferoit la lire.*

Voilà les extravagances que j'ay entenduës de la bouche d'un Ca**
Gafcon , Bachelier de la Faculté de Theologie de Paris. On me dira
c'eft un fol ; je l'accorde , mais l'Appellantifme comme toute autre
forte d'Herefie eft il compofé d'autres fupôts ; & en croit-on le nombre fi petit ? fi en Allemagne , en Efpagne , & en Italie on ne regar-
doit point cette fecte comme nous , c'eft-à-dire comme une troupe
d'Impofteurs frenetiques , plus digne de compafion que de haine ; Quelle jufte réparation ces Nations ne feroient elles pas en droit d'exiger

d'un mépris si peu judicieux , de calomnies si insultantes , où de la tenter en cas de refus ? c'est de tout temps que les Novateurs ont sonné le Tocsin & battu aux champs ; ils n'ont rien oublié pour traduire les querelles de Religion en querelles d'Etat ; c'est le suplément ordinaire de leur mauvaise cause qui ne peut se soûtenir que par le Carnage. Combien de sang répandu en Allemagne , en Angleterre & en France; c'est dans les troubles que l'Heresie suscite qu'elle aiguise ses armes , c'est à la faveur des Guerres qu'elle avance ses progrez , qu'elle ortifie ses conquêtes.

En consequence des Non valeurs , que l'artifice aura toûjours soin d'objecter contre l'autenticité des plus illustres témoignages, pour se parer des suites de leur évidence, pour gagner du temps , fortifier ses brigues , accroître son parti ; on demandera des explications sur les Jugemens, malgré les plus évidentes qu'ils pourroient porter avec eux , par l'évidence même de l'erreur condamnée ; on amusera les Theologiens tant que l'on pourra; on examinera les explications, on les rejettera comme insuffisantes ou comme contradictoires : On en exigera du premier Juge qui a prononcé : celuy-cy prévoyant que l'indocilité ne sera pas moins disposée à les recevoir , les refusera. 1°. Parce que te qui s'indispose contre un Jugement , ne se préviendra pas mieux en faveur de son interpretation. 2°. Pour ne point autôriser des Brebis rebelles, des Enfans retifs, dans le droit de demander à leur Pasteur & à leur Pere ; *Pourquoy faites vous cela ? Rendez nous raison ?* 3°. Parce que si dans de certaines places on a pas assez de lumieres & de capacité pour interpretter les Jugemens que l'on reçoit immediatement de la premiere main , il faut les ce er à d'autres plus éclairez; Le Pere de famille étant en droit de dire alors *Da huic locum* , " Faites place à celuy-là , il y entend mieux que vous. „ 4°. Parce que des explications ne servent à de mauvais chicaneurs que de matieres à de nouvelles chicanes , à tenir toûjours par consequent un Jugement en l'air , l'erreur s'autôrise du refus , celuy qui la deffend , le fait aux dépens de l'honneur du Pere commun , on le traite de dur & d'injuste , on ne fait pas plus de grace aux Freres que l'on qualifie d'esclaves , d'aveugles , de subornez. On interjette en vertu de ces reproches calomniateurs un appel au futur Contingent. Un Officier de cette Milice inquiete dont parle de Remond , au nomb. 3. du chap. 11. de son 4. Livre de la Naissance de l'Heresie, toûjours prest à tout entreprendre pour satisfaire un vieux levain, prend fait & cause avec vivacité , sans discretion de cause: (car il est de certaines gens dans le monde qui s'embarassent peu quand ils donnent un soufflet si c'est au Visir ou au Pape, pourvû qu'ils frapent ils sont contents „ parce qu'on parlera d'eux dans l'histoire) Une piece d'écriture dictée comme elle est payée met le Novateur à couvert, l'autôrité du Vicaire de Jesus Christ, celle des Evéques , avec la Foy, font mifes à neant. Croit on que ce que je prévois s'éloigne beaucoup de ce qui fe paffe de nôtre tems ? Or quel eft le principe qui nous améne toutes ces fâcheufes confequences ? je laiffe au Lecteur prudent le droit de prophetifer à fon tour ; tandis que je m'occuperay à répondre à quelques reproches de critique.

On s'eft plaint d'avoir rencontré plufieurs fautes ou infidelitez dans un ouvrage qui a precedé, & qui comme celui cy a été donné au Public ; l'Auteur étant abfent & à fon infçû , on n'a pû par confequent luy communiquer rien de ce qui auroit pû meriter d'étre éclairci ou corrigé On a examiné avec foin les faits reprochez ; voici ce que l'on a jugé à propos de répondre pour luy fervir de juftification.

1°. Qu'il n'eft point garant des faits raportez par les Auteurs ; il a crû qu'étans connus de bonne réputation & bien reçûs parmi les Sçavans , il ne rifquoit rien de parler aprés eux ... Mr Sponde continuateur de Baronius étoit un Evéque qui par fa fincerité & fon erudition s'eft acquis l'eftime & les éloges des gens de Lettres ; c'eft cét Hiftorien qu'on a confulté fur le fait raporté à la page 20. On a crû le fait affez notoire pour ne pas citer l'endroit d'où il étoit tiré. Le public eft un Juge fevere , qui tenant devant luy un Auteur fur la fellette , exige de luy avec rigueur qu'il luy accorde tout ce que fa pareffe luy refufe; trop heureux encore s'il daigne accepter les preuves de la juftification. C'eft toute la réparation qu'il doit attendre de fon injuftice & de fa bizarerie.

Que l'on fe rapelle ces tems malheureux , où les deux Cours de France & de Navarre gouvernées par deux Princeffes , Catherine & Marguerite , fe trouverent infectées des opinions nouvelles qui préparérent tant de maux à la France. La Reine Catherine étoit une Princeffe ingenieufe , qui ayant goûté dans la Regence toutes les douceurs du Gouvernement, n'oublia rien pour fe maintenir en autorité : Elifabeth qui regnoit en Angleterre luy fervoit de modéle ; elle conforma fa politique à la fienne , menageant peu la Religion pour venir à bout de fes deffeins ; la chofe luy paroiffoit d'autant plus aisée , qu'elle ne fe voyoit point comme elle obligée de recourir à l'effufion du fang. Jean de Montluc ci devant Jacobin , que la Reine Marguerite avoit trouvé propre à fes deffeins , fe trouvoit à la tête d'un nombre de Prélats que l'ambition attachoit à la Cour de Catherine , toûjours prefts d'accepter fes graces au prix qu'elle les diftribuoit. C'eft à ceux qui pour leur malheur fe trouvent attachez à la fuite des Grands à nous dire le perfonnage qu'il y faut faire pour fe ménager leur faveur; comme on ne fe livre point à leurs perfonnes fans deffein , les facrifi-
ces

ces y coutent peu , la Religion eſt la derniere choſe à laquelle on penſe ; pour peu qu'elle faſſe obſtacle elle eſt la premiere dont on prend congé , ſans éprouver le moindre ſcrupule. Jean de Montluc & Pierre Duval qui n'avoient pas peu contribué à gâter celle de la Reine , étoient les principaux inſtrumens dont elle ſe ſervit pour donner faveur aux premiers changemens ; ils ne rougirent point de recevoir d'elle une nouvelle Miſſion , en acceptant la permiſſion qu'elle leur donna d'exercer le Miniſtere de Prédicant dans le Palais en preſence de la Cour.

Montluc qui étoit le plus coupable, fut auſſi le plus effronté ; il eût la hardieſſe de declamer contre les deſordres du Clergé , & d'aſſurer qu'on avoit vû dans Paris pour une ſeule fois plus de 40 Evêques qui croupiſſoient dans la moleſſe & dans l'oiſiveté ; cét hipocrite ne ſe comptoit pas , un Contrat de mariage & un Fils ne furent point les pieces juſtificatives de plus belles occupations. Comme les complices de ſon dereglement ne purent ſe cacher que pour couvrir un crime par un autre, ils prêchoient la pluſpart le Calviniſme à ſon exemple à viſage découvert, ou dans les compagnies ſecretes ; ils furent tous dénoncez à Rome. Le Pape Pie IV. ayant apris que la Paix étoit faite en France , préjugeant qu'elle ne pouvoit avoir été concluë qu'au préjudice de la Religion , quoi que les conditions n'en fuſſent pas venuës juſqu'à lui : regardant Odet de Coligny , ci devant Evêque Adminiſtrateur de Beauvais & Cardinal , comme principal Auteur de cette Paix ; donna un Decret en datte du 7 Avril 1563 , par lequel il étoit enjoint aux Cardinaux, Inquiſiteurs Generaux , de citer tous les Prelats accuſez & dénoncez comme coupables d'Hereſie , de comparoître à Rome ou dans la Ville la plus proche des terres de l'Egliſe , pour ſe juſtifier. Les Inquiſiteurs en conformité citerent entre les autres ledit *Odet de Coligny* Diacre , Cardinal de Chatillon , *S. Romain* Archevêque d'Aix , *Jean de Montluc* Evêque de Valence , *Jean Antoine Carraccioli* Evêque de Troyes, *Jean Barbanſon* Evêque de Pamiers , *Charles Gillier* Evêque de Chartres. Homere Tortora ajoûte trois autres Evêques qu'il ne nomme point , ceux d'Oleron, d'Uſez & Leſcar ; cét Autheur s'eſt trompé , dit Mr Sponde, pour Leictoure, qui fut Guillaume de Montbas , c'eſt celui de Leſcar en Bearn , de la dépendance de la Reine Marguerite , ainſi qu'il eſt poſitivement marqué dans la vie de Pie V. Il s'appelloit *Louys d'Albret* , celui d'Oleron étoit *Claude Reyne* , & celui d'Uſez , *Jean de S. Gelais* , qui renonça à ſon Evêché. Le Cardinal Philebert ou Philipe de la Bourdaiſiere étoit alors Ambaſſadeur à Rome pour Charles IX Il raporte clairement dans ſes Lettres que l'an 1563 le 22 Octobre , le Cardinal Alexandrin Grand Inquiſiteur, depuis Pie V. fit ſon raport des charges contre l'Archevêque d'Aix , les Evêques

V

d Ufez , de Valence, de Chartres, de Lefcar, d'Oleron, & recemment celui de Troye ; Qu'il avoit conclu à la condamnation & privation des Evêques de Valence , de Lefcar & de Troye, & contre les autres , de Sufpenfion & d'interdition d'Adminiftration , jufqu'à ce qu'ils fe fuffent prefentez & purgez ; on leur donna un an de delay , aprés lequel ils feroient cenfez convaincus. Le Cardinal de la Bourdaifiere obtint une fufpenfion du Jugement , jufqu'à ce qu'il eut donné fes avis en Cour.

Il paroît par la Lettre du 25 Novembre de la même année que *François de Noailles* Evêque d'Acqs , qui étoit un des Evêques de la Cour , étoit du nombre des Accufez , & de ceux qui furent citez ; il comparut à Rome ; mais la Cour de France ou le parti dominoit fous la protection de la Reine , ayant pris fait & caufe , prétendit que felon les privileges ils devoient être jugez dans le Royaume ; ainfi il ne fut point fait de procedure particulieré contre l'Evêque d'Acqs , qui fe fentoit bien apuyé de la Cour : le premier Jugement rendu contre luy & les neuf autres n'eut point fon effet quant 'au fort exterieur. Je m'étonne qu'on ait oublié *Duval* de Seez & *Marillac* de Vienne , ils meritoient bien auffi d'être citez & jugez avec Montluc.

De Mezeray raporte le même fait en ces termes : ''Les Inquifiteurs ,,en vertu de ce commandement citerent Odet de Coligny Chatillon, ,,Cardinal , Evêque de Beauvais ; mais qui avoit quitté la pourpre ,,pour fuivre la fortune & les opinions de fes Freres , & portoit le tî- ,,tre de Comte de Beauvais ; N. de S. Romain Archevêque d'Aix, ,,Jean de Montluc Evêque de Valence , Jean Antoine Carraciol de ,,Troyes , Jean de Barbanfon de Pamiez , Charles Guillard de Char- ,,tres, Louis d'Albret de Lafcar , Claude Reyne d'Oleron , Jean de ,,S. Gelais d'Ufez , & FRANÇOIS DE NOAILLES d Acqs... Mais cinq ,,ans aprés , Pie V. prenant occafion de la foibleffe du Royaume pour ,,étendre fon autôrité (c'eft un François qui parle, & Pie V. eft un ,,Saint dont l'Eglife celebre la Fête ,) prononça contr'eux une Sen- ,,tence pareille à celle qui avoit été fulminée contre le Cardinal de ,,Chatillon , & la fit publier en France.... On ne doit pas apeler ,,Evêques ceux qui tomberent dans les erreurs des Sectaires . & que le ,,Pape excommunia pour cela , ainfi que nous l'avons dit. Tom. 3. Edition de 1690 page 534, 535, 549. Affaires de l'Eglife de 1563.

Plufieurs ont entrepris de juftifier la plus grande partie de ces Evê- ques , ou que s'ils ont eu le malheur de fe livrer à l'Herefie la plus- part fe font reconnûs ; Meffieurs de Sainte Marthe ont pris ce parti à l'égard de l'Evêque d'Acqs. Je n'en prens point ; je dis avec Mr Spon- de que je fouhaite de tout mon cœur que cela foit ainfi , que ces Pré- lats reprenans leur Religion en quittant la Cour & fes emplois fe foient reünis à l'Eglife , quant à ce qui me regarde n'ayant point de connoiffance certaine d'autre chofe , je ne puis & n'ay pû écrire que ce que j'ay trouvé. Spond. Tom. 2. Ann. Chrifti. 1563. Pag. 642. Les No-tes Marginalles du 7. Livre de l'Hiftoire du Concile de Trente de Fra-Paolo. La vie de Pie V. Les Lettres du Cardinal de la Bourdai-fiere : Au refte je troeve dans nos Hiftoriens tant de partialité, je pour-rois même dire fi peu de probité , que je ne crois point qu'un homme d'honneur puiffe fans autre preuve apuyer fur leur Témoignage ; ce défaut à la verité ne nous eft pas particulier ; mais nous n'en fommes pas moins coupables ; une certaine antipatie contre la Cour de Rome à fait tomber nos Ecrivains dans des excez qui ne font pas pardonables, elle a toûjours tort , & ils ont toûjours raifon , mais il eft aifé de leur démontrer par eux-mêmes qu'ils n'en ont aucune. J'en raporterai un exemple bien convaincant , c'eft aux menées de Charles Quint & à la Précipitation des Papes qu'on attribuë uniquement le malheur de l'Angletere fous Henry VIII. Mais pouvons nous cacher celles de Grammont Evêque de Tarbes Ambaffadeur de François I. auprés de ce Prince , Quelle ne fut point fon intelligence avec Volfey ? les Hif-toriens Sanderus , Maucroix , &c. nous ont raporté toute entiere la Harangue qu'il fit à Henry VIII. pour induire ce Prince déja trop porté de luy-même à rompre fon Mariage legitime. Combien de fauf-fetez & de mechancetez , dit Florimond de Rémond , ne dit il point, dont toute l'Angleterre fut fi fort fcandalifée & fi affligée ? apartenoit-il à un Evêque fous pretexte de fervir fon Roy de fe charger d'une commiffion fi indigne de fon caractere , & fi injurieufe à la probité Chrétienne ? ne convenoit il à pas fon Miniftere de defabufer François I. de ce deffein , en luy reprefentant que la Religion, les Loix de l'Eglife, la confcience d'un Prince & le repos d'un pauvre peuple innocent , ne devoient point être facrifiez à des interefts incertains , tels que la Po-litique fouvent trompée dans ces deffeins , fe les propofe.

Grammont repaffa brufquement en France , tout glorieux des Ope-rations de fa perfidie , fans fçavoir que le Prince , Volfey & luy , en é-toient la duppe , ni prévoir les malheurs & la honte de la Nation qui s'enfuivirent de cette negociation fatale. La France eût la confufion de voir fauter fur un Echafaut la tête d'une de fes Reines ; cet affront fut une fuite de celuy que l'on procura à la Reine Catherine d'Efpagne ; le germe de tant d'autres malheurs ; ainfi porta-t'elle la peine des pre-miers troubles aufquels elle contribua par fes intrigues.

Charles Quint fit de groffes fautes de fon côté ; mais il faut dire à la loüange de ce Monarque ; qu'il étoit perfonnellement un grand homme de bien , qui ne cédoit en rien à François I. en Religion en Juf-tice & en Probité , le malheur de ces deux grands hommes fortit de leurs Miniftres. Le Duc d'Albe homme fevere étoit le Cafuite Machia-

velîte de Charles Quint, il avoit infiniment d'efprit, de penetration &
de valeur , Charles l'avoit éprouvé en tant d'occafions , qu'il fe facri-
fia tout entier à ce Miniftre ; il ne reconnoiffoit point d'autre Evangile que fes Confeils, qu'il fuivoit à l'aveugle , perfuadé de réüffir en les
fuivant exactement. Les Princes feront toûjours des fautes à ruïner
leurs Monarchies , quand ils préteront facilement l'oreille aux premiers dépofitaires de leur confiance & de leur autôrité dans les affaires de la Religion , avec laquelle ils ne fçauroient accommoder leur
Politique ; la raifon en eft affez évidente , lorfque les Brebis veulent
fe mêler de conduire le troupeau il ne peut manquer de s'égarer , ce
n'eft ni aux Rois ni à leurs Miniftres , ni à leurs Evêques que Jefus-
Chrift a dit *Pafce Oves* " Paiffez mes Brebis. „ *Pafce Agnos.* " Paiffez
mes Agneaux , " c'eft au Chef, au feul Pafteur univerfel , c'eft à Pierre
& à fes Succeffeurs. Tout Prince Chrétien qui fur le Témoignage de
fes fujets ou fur fes idées particulieres a voulu établir un autre plan
que celuy de Jefus-Chrift, n'a jamais manqué de tout perdre , l'experience évidente apuye l'evidence de la raifon.

Le grand Conftantin ce Prince fi Chrétien , a commencé la perte de
l'Empire en donnant contre fon gré toute faveur à l'Arianifme qu'il
avoit fait condamner fi folemnellement ; fa confiance en deux Evêques qui le trompoient fut la fource de tous les malheurs qu'éprouva
depuis l'Eglife Orientale , fes Succeffeurs s'étant à fon exemple laiffez
prevenir par ceux de leurs Cours , fe font rendus les Arbitres de la
Religion qu'ils ont conduite felon leurs Préventions , ainfi fucceffivement la Religion & l'Empire fe font perdus fans reffource.

Charles Quint s'étant erigé en adminiftrateur de la Religion, l'a perduë dans l'Empire d'Occident, & s'eft trouvé luy-même a deux doigts
de fa propre perte.

Henry VIII. en confpirant contre l'Eglife Romaine, a perdu la Religion dans tous les Etats d'Angleterre ; fa propre fucceffion s'eft étein-
te en peu d'années ; & les legitimes Succeffeuts de fa Couronne font
morts ou fur l'Echafaut , ou ont été bannis. Les Evêques qui l'aiderent
dans fa rebellion en ont auffi porté la peine felon l'ordre de la Juftice
de Dieu ; mais leurs fuplices n'ont point reparé les maux qu'ils ont
faits.

Catherine de Medicis par le Confeil des fiens , à prefqu'anneanti
toute la Religion dans le Royaume , qu'elle a mis fur le penchant de
fa ruine entiere ; elle le fentit elle-même aprés la bataille de Dreux ,
elle s'en confola en difant *He bien il faudra donc prier Dieu en François* , ce
qui étoit tout fon but ; les Nouvelles qu'Offun avoit aportées ayant
changé , elle ordonna des feux de Joye , dit Mezeray ; mais ce ne fut
qu'à regret. Combien de malheurs fa mauvaife Politique n'a-t elle

point attiré fur le Royaume , combien de travaux , de fang & d'argent ne luy a t il pas couté pour rendre aux Roys cette partie de la Monarchie que l'Herefie luy avoit enlevée.

A t'il fallu une autre fecret que celui de l'Herefie que l'on peut appeler à jufte titre la vraye meurtriére des Princes & des Etats, pour enlever aux Rois d'Efpagne toutes ces Provinces que l'on appelle Unies. Favorifer l'Herefie, la nouveauté en fait de Religon, l'écouter, c'eft tirer le glaive contre foi même , tout Prince qui l'a jugée propre à fes deffeins n'a jamais manqué d'en éprouver les premiers malheurs; ceux au contraire qui en matiére de Foi ont conftamment écouté les premiers Pafteurs qui fe font foumis à leurs decifions, qui les ont deman. dées dans les difputes & dans les troubles, qui s'y font conformés & y ont obligé leurs fujets , qui n'ont pas voulu s'en raporter à d'autres qu'aprés avoir éprouvé que leur foy étoit abfolument conforme à leurs Jugemens, ont toûjours regné en paix & avec honneur. Il n'eft que celui là feul à qui Dieu a confié le foin de fon Eglife qui ait reçû de lui le don de la bien conduire , quiconque veut s'écarter de cette feule regle , eft en rifque continuel d'être trompé par les hipocrites & les adulateurs de quelque zéle qu'il puiffe être animé. C'eft au glaive à défendre la Religion , mais non pas à la gouverner ; ils ne doivent rien tant craindre que d'être flattés ou appuyés dans leurs deffeins lorfqu'ils n'y font pas conformes. Ils ont un remede efficace pour fe garantir de ce piege, c'eft d'aller à la fource, de s'y attacher fortement , & de ne jamais permettre que l'on confonde enfemble les interêts de la Politique & de la Religion; celle cy mal menagée fera toûjours la caufe du renverfement de l'autre, & par confequent de celui d'un Etat quelque folidement apuyé qu'il paroiffe. .

2°. C'eft bien gratuitement que l'on voudroit reprocher à l'Auteur qu'il attaque toutes les Puiffances, le reproche eft fans preuve. L'on n'en reconnoit que trois legitimes & fouveraines dans le monde : Dieu dans tout l'Univers, le fouverain Pontife dans toute l'Eglife, & le Prince dans fon Etat : On défie le plus outré Critique de trouver un feul mot qui ne tende à perfuader efficacement la foumiffion pleine & entiére que l'on doit à ces trois Puiffances chacune dans fon ordre ; à Dieu comme au feul Monarque univerfel, de qui toute Puiffance tient la fienne ; au Pape comme au fouverain Miniftre de la Religion ; & au Roi comme établi de Dieu pour le gouvernement temporel de la Monarchie & le défenfeur de fon Eglife. Toute Puiffance fubalterne dans l'Eglife & dans l'Etat , étant fujette elle même , elle eft obligée comme nous à une obéïffance humble & parfaite. Lors donc qu'elle fe deregle, qu'elle entreprend de s'écarter, qu'elle veut s'élever, foit contre le Trône de Pierre dans les matiéres de Religion , foit contre l'autorité du Prince chargé de sa conservation , qu'elle abuse de sa confiance pour le séduire sous de mauvais prétextes , ou que par une flateuse molesse elle garde le silence dans les excés, c'est se déclarer Prévaricateur envers Dieu , son Eglise & son Prince. Quels menagemens peut donc observer alors envers des sujets qui se rendent coupables d'une triple rebellion , qui s'élevent contre Dieu en se presentant de front vis à vis les Puissances établies de Dieu , en attaquant une Mere qu'ils doivent respecter dans son Chef , & en tournant une autorité qui leur est simplement commise contre celle du Prince dont elle dépend. On respecte , & on respectera toûjours l'autorité du Monarque entre les mains de ceux à qui il voudra la déposer , comme entre les siennes , lorsque les depositaires la manieront selon ses intentions, toûjours conformes au bien de l'Etat & de la Religion : mais quand ils entreprendront d'exceder en s'apropriant une autorité qu'ils n'ont que d'emprunt , qu'ils attenteront de juger de tout comme ils seront affectés, contre toutes les regles de la subordination, ils meritent d'être eux mêmes excedés ; on est en droit de se recrier contre tout Usurpateur également sujet à la repression du Prince & au blâme du Public. Si les Dépositaires de l'Autorité Souveraine sont obligés par leur Ministere de maintenir la subordination , de punir les temeraires , étant sujets eux mêmes à cette subordination quoique dans un rang superieur, qu'ils ne tiennent que de la faveur du Prince ou de la grace de l'Eglise, ils sont encore beaucoup plus reprehensibles quand ils s en déclarent les premiers violateurs. Aprouver ces abus , se plaindre de ce que l'on s'en plaint, ce zéle inconsideré rend complice de la violence.

3°. L'on prétend que c'est vouloir se distinguer trop dans une opinion que de forcer le torrent des Theologiens qui tous enseignent que l'on peut communiquer en fait de Religion avec un Heretique notoire lorsqu'il n'est point déclaré par l'Eglise *Nominatim.* 1°. On n'a jamais prétendu que ce sentiment fût une simple opinion, mais une verité constante, que l'on ne peut disputer sans ébranler tous les fondemens les plus respectables de la Religion , & que le sentiment contraire étoit une nouveauté, & une fausseté manifeste. 2°. Suposé, ce qui est absolument faux, que tous les Theologiens fussent d'accord sur ce point ; je demande. 1°. Si l'erreur des Theologiens peut prescrire contre le precepte de Jesus-Christ. 2°. Si leur autorité suffit pour lui donner des bornes ; s'ils doivent être écoutés preferablement aux Apôtres qui ont reïteré le Commandement du Seigneur, qui nous ont marqué en même tems les circonstances dans lesquelles il oblige, & les précautions qu'il faut prendre pour les éviter. 3°. Si le droit Ecclesiastique peut reformer le droit Divin. 4°. Si l'on doit reformer les Jugemens de l'Eglise par la doctrine des Theologiens. Je ne crois que l'on puisse convenir de ces articles qui s'enfuivent neceffairement de la nouvelle prétention. C'eft parce que plufieurs Theologiens ont excedé dans cette matiére en confondant le Droit Divin avec le Droit Ecclefiaftique, qu'ils ont relachée exceffivement, que plufieurs fouverains Pontifes ont défendu de la traiter. Si ces Theologiens s'étoient conformés à la verité, l'Eglife n'auroit point défendu d'agiter cette queftion. Quelles confequences affreufes n'a t'on pas tiré tout reçemment de ces principes nouveaux, oppofés aux preceptes & à la plus conftante Tradition ? on s'irrite contre une maxime fcandaleufe qui fait fremir, & l'on défend les principes qui l'ont amenée, elle n'eft pas la feule qui ait été établie, ni que l'on puiffe établir.

Pour démontrer à la plufpart des Theologiens trop mitigés le tort qu'ils ont eu, le peu de droit que leur Doctrine donne de s'autorifer eux mêmes dans leurs preventions; j'en produirai un que j'executerai avec fes complices pour fervir d'exemple aux autres; c'eft Portel, qui dans fon Livre qui a pour titre, *Dubia Regularia.* Sous celui, *De Communicatione cum Hæreticis.* Parle ainfi, *Eft communis fententia quod quantumcumque Hæreticus fit externus & notorius, non obligamu illum vitare in communicatione donec declaretur ab Ecclefia nominatim.* " C'eft une opinion commune (c'eft à dire entre les Teologiens qui fe coppient) qu'un Heretique quelque reconnu & notoire qu'il foit, nous ne fommes pas obligés de le fuir dans la communication jufqu'à ce qu'il ait été déclaré nommement par l'Eglife. ,, *Ita Suar. Tom. 3. in 3. Pat. Quæft. in 65. Art. 4. Difput. 18. Sect. 12. & Azor. Tom 1. Lib. 8. Cap 13. Quæft. 7.*

Sur cette maxime generale qui comprend toute communication puifqu'elle n'en exclud aucune je fais les obfervations fuivantes 1°. Que l'on compare cette refolution avec le precepte de Jefus Chrift. " S'il n'écoute pas l'Eglife regardés lé comme un Payen & un Publicain. ,, *Si Ecclfiam non audierit fit tibi tanquam Ethnicus & Publicanus.* Il fuffit donc de reconnoître celui qui n'écoute pas l'Eglife, pour le fuir comme un Payen. 2°. Avec l'explication que faint Paul donne au precepte, *Hæreticum hominem poft unam & fecundam correptionem devita* "Fuyés l'Heretique aprés la premiére & feconde correction. ,, Il fuffit donc felon faint Paul que l'on reconnoiffe qu'il a été averti, c'eft à un Evêque qu'il prefcrit cette regle, d'éviter l'Heretique aprés l'avoir averti deux fois. Qu'on la compare enfin avec le même precepte reiteré par faint Jean & les menaces dont il l'accompagne. *i quis venit ad vos, & hanc Doctrinam non affert, nolite recipere eum in domum, nec AVE ei dixeritis; qui enim dicit illi AVE communicat operibus eus malignis.* " Si quelqu'un vient à vous & qu'il n'enfeigne point cette doctrine ne le falués point, car celuy qui luy dit, AVE, participe à fes œuvres mauvaifes. ,, Si la doctrine de Portel, contradictoire à celle de J. C. &

des Apôtres, a lieu ; Jefus Chrift & les Apôtres nous ont trompés ; ce n'eft plus dans les Saints Livres que nous devons chercher la Religion, c'eft dans les Theologiens ; un Etranger qui lira l'Evangile, qui verra dans nos Docteurs une doctrine oppofée, nous traitera avec juftice de Mocqueurs, qui entreprenons de reformer la parole de Dieu fur nos caprices & nos idées, quel droit ne donne t'on pas aux Heretiques de détourner à leur gré la parole de Dieu, même la plus claire & la plus évidente ? comment les arréterons nous quand nous leur donnerons l'exemple de ce que nous condamnons ?

L'on dira que l'Eglife a le droit d'expliquer l'Ecriture, que c'eft à elle feule à nous donner l'intelligence des expreffions les plus claires fur lefquelles nous pouvons nous tromper ; enfin à nous marquer les tems & les circonftances dans lefquels nous obligent de certains Préceptes.

On ne peut former une objection mieux fondée, puifqu'elle eft prife du feul principe de la Religion, qui eft d'écouter l'Eglife, l'Autheur s'y rend ; mais ce n'eft pas affez d'établir un principe que l'on ne peut contefter fans fortir de la verité, il faut encore qu'il puiffe être appliqué : Or l'on demande que l'on produife une décifion de l'Eglife auffi évidente, auffi vraye, auffi fûre que les autôritez de l'Ecriture que nous avons raportez, qui nous fixent les tems, les circonftances où l'on doit éviter les Heretiques notoires d'une autre maniere que J. C. & fes Apôtres les ont marquées, Suarez, Azorio, que Portel a fuivis, n'ont jamais été deputés de l'Eglife pour nous fignifier fes intentions, fi ces Ecrivains en avoient connu quelqu'une, ils auroient eu grand tort de ne les pas employer. Tandis que l'on s'occupera à fupléer à leur négligence par des pieces équivoques que l'on explique contre l'efprit de l'Eglife & à laquelle elles n'ont jamais fervi de regles, puifqu'elle en a établi de contraires, comme il eft évident par les Bulles des Souverains Pontifes, qu'on a citées & que l'on peut confulter ; je prie le Lecteur de confronter encore la réfolution de Portel avec la doctrine des Saints Peres, le dialogue entre le Catholique & le Luciferien de Saint Jerôme ; la doctrine vehemente de Saint Cyprien adoptée même dans les pieces publiques d'un des plus fameux Heterodoxes de nôtre tems ; celle de Saint Auguftin, & generalement de toute l'antiquité, l'on verra la monftrueufe difference qu'il y a entre les Opinions nouvelles & la Tradition la plus celebre & la plus conftante : croire que l'autôrité de Portel, que celle de ceux qu'il a copiés ou qui le coppient foit fuffifante pour établir une opinion nouvelle contre l'autôrité de Jefus-Chrift, des Apôtres, des Saints Peres, des fouverains Pontifes, & de toute l'Eglife, c'eft ce que l'on ne peut entreprendre de perfuader fans fe d'écrier. 2°. La conclufion que Portel

tel veut faire tirer du principe qu'il établit, est un second excés encore plus énorme que les premier, voici ce qu'il dit : *Ubi vides gravius punire Ecclesiam quoad hoc, Notorium Clerici percussorem quam Hereticum notorium.* " Vous voyés delà que l'Eglise punit plus severement, quant à cela, le Percusseur notoire d'un Clerc, qu'un Heretique

Je demande 1°. Si l'Eglise a jamais prétendu infirmer les reserves du Droit divin par les siennes, & si celles-ci doivent l'emporter sur celles-là. 2°. Si l'Eglise a jamais presumé que la percussion d'un Clerc fût un crime plus énorme, par consequent plus punissable que l'Heresie ; qui ne voit qu'en ce cas les Ministres de l'Eglise s'exposeroient à la raillerie des Etrangers qui leur reprocheroient avec un fondement legitime qu'ayant peur des coups ils auroient eu plus de menagement pour eux que pour la sûreté de la Foy. 3°. Si l'Eglise a jamais eu intention qu'on regardât avec moins d'horreur, qu'on évitât moins scrupuleusement un Heretique excommunié de Dieu pour le seul fait de rebellion à l'Eglise qu'il refuse d'écouter, qu'un Catolique plein de foy, de zele & de vertu, qui aura eu le malheur dans une vivacité à laquelle on aura donné lieu, de tomber dans un excez dont il se sera repenti dans le moment, & qui n'est excommunie que parce que l'Eglise l'a voulu ainsi. 4°. S'il est probable que l'Eglise permette communication avec celuy qui est dehors, tandis qu'elle la refuse à celuy qui est dedans. 5°. Qu'elle admette dans le commerce des Fidéles des Apostats rejettez par J. Chrît, & qu'elle rejette des Enfans qui luy sont entierement unis par les liens de la Foy & de la Charité. 6°. Qu'elle aye plus d'égards, plus de condescendance pour ses plus cruels ennemis, qui l'insultent, qui l'attaquent, qui la persecutent, qui se retranchent d'elle, qui la haïssent, que pour ses amis qui luy sont soumis, qui l'honorent comme leur Mere & comme l'Epouse de J. Chrîst. Je formerois des questions à l'infini, qui feroient blasphémer autant de fois que l'on voudroit y répondre par les Principes & les Resolutions de Portel & de ses complices.

Quels sont les fondemens sur lesquels s'apuyent aujourd'huy des Theologiens mitigez ? Ce sont les mêmes que ceux là ont établis. Voici celuy de Portel : *Nam illum antè declarationem punit ne communicet cum fidelibus, idemque prohibet fidelibus : at non prohibet communicare cum notorio Haretico antè declarationem, idque colligunt Doctores ex Concilio Constantiensi.* Car l'Eglise punit celuy qui a frapé un Clerc avant qu'il soit déclaré, lui interdisant & reciproquement aux Fidéles toute communication ; mais elle ne défend point de communiquer avec un Heretique notoire avant qu'il soit déclaré ; ces Docteurs raisonnent ainsi sur le Concile de Constance. ,, C'est à-dire sur la Bulle, *Ad Evidanda scandala.* L'Auteur à démontré l'abus que l'on faisoit de cette

X

Balle qui ne doit s'entendre que de l'Excommunication du Droit Eccle. fiaftique, comme on le conclud évidemment par l'efpece énoncée, fça_ voir *la Percuffion du Clerc* Or peut-on concevoir que l'Eglife puiffe ni qu'elle ait jamais prétendu préferer la tolerance du crime de leze-Ma_ jefté Divine & Humaine par les Loix des Princes, à celle d'un dé_ lit qui ne fut jamais ni l'un ni l'autre ; que l'Eglife n'a tâché de rendre odieux que par une peine arbitraire qu'elle fuprimera quànd elle vou_ dra, ce que l'on ne peut pas dire qu'elle puiffe faire à l'égard de l'Ex_ comunication divine, fulminée contre l'Heretique par l'autôrité de Je_ fus Chrift, & de fes Apôtres en conformité.

3°. Portel fur ces faux principes prétend qu'en Angleterre, en Al_ lemagne & autres lieux occupez par l'Herefie, les Catoliques peuvent converfer avec les Lutheriens & autres Heretiques, fans pecher ve_ niellement ; parce que, dit il, ces Heretiques font-feulement notoires, & non pas déclarez, *Catholici in Anglia, vel Germania cæterifque, locis converfantes cum Lutheranis & aliis Hæreticis nec peccant venialiter... : quia licet fint Heretici notorii, non tamen funt nominatim declarati.* Selon Portel les fectes Lutheriennes, Calviniftes & autres fulminées de l'Eglife, ne fuffifent pas pour engager un Catholique à éviter celuy qui en fait profeffion publique, pour y obliger le Fidéle il faut encore que chacun foit declaré perfonnellement : Or la chofe étant impoffible à l'Eglife, qui ne pouroit entreprendre qu'inutilement d'Excommunier fpecifiquement chaque Lutherien, Calvinifte, Coaker, Socinien, Ana_ baptifte, Anglican, Fanatique, Janfenifte, & autres à l'infini, il n'y aura jamais d'occafion d'obéïr à J. C. aux Apôtres, à l'Eglife même, en évi_ tant un Heretique, parce qu'il n'aura pas été declaré nommément ; ainfi on poura toûjours librement faire focieté avec luy.

On dira que Portel ne parle en cet endroit que d'une communica_ tion politique. J'y confens ; mais fon Principe eft univerfel, en confe_ quence il ne fait aucune difficulté de l'étendre jufqu'au commerce de Religion ; voici un quatriéme excez plus énorme. " De là vous con_ clurez, dit il, que dans ces lieux il eft permis aux Catholiques de prier & d'affifter à la Meffe avec les Heretiques qui ne font point dé_ noncez : *Hinc colliges licere Catholicis in illis locis, fimul cum Hæreticis non denunciatis orare & Miffæ intereffe.* Ce qui ne fera pas permis avec un Catolique, Portel le permet avec les Heretiques. Florimond de Re_ mond, qui nous a donné avec tant d'érudition l'Hiftoire des Here_ fies du feiziéme fiécle, remarque aprés Sanderus, liv. 6 que tous les Seigneurs Catholiques qui avoient horreur du fchifme d'Henri VIII, renouvellé par Elizabeth fille d'Anne de Boulen ; & qui, foit par crainte, foit par complaifance, profeffans leur Religion en fecret, al_ loient publiquement au Service celebré par des Apoftats, étoient

tous tombez par une jufte punition de Dieu dans l'Herefie, & avoient
entraîné dans le Schifme & dans l'Herefie par leur fcandaleux exemple, les pauvres Cathôliques encore conftans, qui ne jugeoient que
de ce qu'ils voyoient : L'on peut conclure aifément de ces faits que les
précautions que les nouveaux Docteurs confeillent, que les modifica-
tions & les temperamens qu'ils tâchent d'aporter pour remedier à un
malheur inévitable, font abfolument impoffibles ; Dieu punit celuy qui
s'expofe volontairement & de fcience certaine au peril, ce n'eft pas en vain
que Jefus-Chrift a dit qu'il renonceroit devant fon Pere ceux qui le nie-
roient evant les Hommes, n'eft ce pas nier J. C. que de s'allocier en
matiere de Religion avec ceux qu'il a vomis, qu'il veut que nous re-
gardions comme des Payens. L'on ne peut jamais avoir de prétexte legitime, encore moins aucune neceffité de fe trouver aux Affembiees de
i.eligion avec des Heretiques, de prier, & d'entendre la Meffe avec
eux, en fupofer c'eft fupofer faux, puifqu'il n'y a aucun Precepte qui
nous y contraingne ; que nous en avons au contraire de clairs & d'évidens, qui nous obligent de les éviter fans aucune reftriction.

Si l'on dit que dans les premiers fiecles, qui doivent nous fervir de
regles, les Evêques Catholiques ont fait focieté avec les Heretiques,
qu'ils fe font affemblez, qu'ils ont tenu des Conciles ; On l'accordé :
Mais qu'on obferve 1°. Qu'ils y ont été contraints par les Empereurs
Heretiques ; quand ils ont été libres, ils ont fait paroître devant eux
les Evêques accufez comme des criminels, ainfi qu'il paroit par les
exemples de Macaire d'Antioche, de Photius de Conftantinople, &
de plufieurs autres. 2° Que les Evêques Catholiques l'ont fait quelquefois de plein gré pour ramener leurs Freres errans à l'Unité & à la
Verité S'il eft du devoir des bons Pafteu s de chercher les Brebis qui s'é-
garent, à plus forte raifon fera t il de leur charité de s'entremettre pour
ramener leurs Freres errans, pour la fûreté des Troupeaux fideles qui
leur ont été confiez. 3°. Qu'ils peuvent appeller les Heretiques
aux Conciles, pour les inftruires ou les convaincre ; c'eft ainfi qu'en a
ufé le Concile de Conftance à l'égard des Chefs des Huffites & Bohe-
miens, & le Concile de Trente avec les Proteftans, avec liberté à
leurs Theologiens de difputer avec ceux du Concile. 4°. Que les Evêques Catholiques n'ont jamais voulu affifter aux Conciles des Heretiques quand ils fe font apperçùs qu'ils y dominoient ; que ceux qui
l'ont fait fe font rendus coupables d'Herefie. 5°. Que l'on ne démontrera pas aifément que les Evêques Catholiques ayent fait libre focieté
de Religion avec les Heretiques notoires & reconnus tels fans aucun
détour. Je produirai au contraire l'exemple de Rimini, où les Catholiques s'affemblerent féparément des Ariens, les uns dans l'Eglife Cathedrale & les autres dans une autre Eglife

X ij

Portel n'a pas paru fort ferme dans son opinion , ses restrictions démontrent assez qu'il n'a pas eu beaucoup de confiance en son Principe : car il n'admet la licité de commerce en fait de Religion 1°. Que dans les Terres & Païs Heretiques , *In locis ac terris Hæreticorum licitum est Catholico fideli recipere sacramenta à suo Parrocho vel Episcopis notoriis ... quia non sunt nominatim declarati.* " Il est permis à un Catholique de recevoir les Sacremens de son Curé ou des Evêques Heretiques notoires.... parce qu'ils ne sont pas declarez nommément. On n'est donc pas en droit d'user de ce commerce dans les Etats Catoliques , Portel ne favorise point ce sentiment , encore moins quand une secte n'y est point tolerée , que ceux qui la professent n'y sont point soufferts sur le pied de Sectaires , que l'on y a abondance de Pasteurs ou de Ministres Catholiques , qu'on n'y est pas contraint de s'adresser à ceux qui sont connus rebelles à l'Eglise , dont les attentats sur les Catholiques pour l'administration violente de leurs Sacremens ont été reprimez , avec défense expresse de recidiver dans le refus qu'ils ont fait de permettre aux Catholiques de recourir aux Prêtres Catholiques ; d'ailleurs sur quoi fonde-t-il la licité pour les Païs sujets à l'Heresie ; Jesus-Christ a-t-il fait cette distinction quand il a dit , *S'il n'écoute pas l'Eglise fuyez le comme un Payen.* Est-il mieux fondé dans la raison qu'il en donne ? est-il possible à l'Eglise de pouvoir déclarer & dénoncer chaque Heretique en particulier par son nom ?

2°. Portel aporte une modification pour les Terres sujettes à la domination de l'Heresie , " Pourvû , dit-il , qu'il n'y ait point de danger de se pervertir , ni occasion de scandale pour les autres fidéles. „ *Dum modo non sit periculum perversionis propriæ vel scandalum cæterorum fidelium.* Voila deux nouvelles impossibilités , deux emplâtres nouvelles tout à fait inutiles au mal ; c'est demander à un homme qu'il se jette au milieu des flammes sans se brûler ; les funestes exemples de l'Angleterre , où les uns se sont à la fin pervertis , & où les autres ont été entrainés par leur scandale ; scandale qui a fait plus de seduction que la cruauté que l'Heresie à exercée contre les Catholiques , doivent faire comprendre que le peril de la subversion , & la force des exemples scandaleux , sont inevitables dans des circonstances terribles où il semble que la misericorde de Dieu auroit dû tolerer quelque chose à la foiblesse humaine ; mais Jesus-Christ a dit que , " Quiconque le desavoueroit devant les hommes , il le renonceroit devant son Pere. Que pense-t-on de la Religion de ceux qui parmi nous sont de science certaine devouez à leurs Pasteurs Heretiques , ou attachés aux Congregations rebelles ? peut-on rien de plus furieux ni de plus entêté ? & si nôtre sort étoit entre leurs mains , croit-on que nôtre condition fût meilleure que celle des premiers Catholiques en Angleterre massacrés avec tant de cruauté ; ou de nos François lorsque le Calvinisme se sentit affés fort pour se déchaîner.

Portel continuë son chemin toûjours en frayeur , il tremble à mesure qu'il avance , il forme de nouvelles restrictions, par consequent de nouveaux embaras , selon luy il est licite dans les terres Heretiques de recevoir les Sacremens d'un Curé Heretique ; mais comment peut-on recevoir sans péché ce que l'on ne peut pas demander sans péché , voilà un Paradoxe , c'est neanmoins le sentiment de Portel. *Adde quod peccabit etiam fidelis in petitione sacramenti , ab illo quem scit non posse Ministrare illud absque peccato , idque tunc maximè quando non extrema necessitas talis sacramenti,* " ajoûtez , dit-il , que le Fidéle pechera en demandant le Sacrement à celui qu'il sçait ne pouvoir luy administrer sans pécher , sur tout quand il n'y a pas une extrême necessité de recevoir un tel Sacrement. ,, Il raporte à ce sujet l'exemple de S. Hermenegilde ; Or il est constant que Saint Hermenegilde ne demanda pas la Sainte Euchariftie aux Evêques Ariens ; mais bien qu'il refusa de la recevoir de leur main ; Portel veut donc démontrer par cet exemple qu'il y a péché à recevoir même sans demander. Je demande à ce Theologien dans quelle occasion il peut établir une extrême necessité de recevoir un Sacrement d'un Heretique ? on ne peut en figurer une plus grande que celle de la Penitence dans le cas imminent de la mort, Saint Hermenegilde s'y trouva, demanda-t il l'abfolution aux Ariens dont il avoit refusé l'Euchariftie , il n'y a nulle aparence ; la Confession est elle aussi necessaire que le Baptême , ne peut-on être sauvé sans ce Sacrement; ne peut-on point y supléer comme au Bap ême par aucune voye , l'Eglise a enseigné le contraire , il y a le Baptême de defir , il y a une Contrition qui renferme le desir de la Confession, ces desirs supléent aux défauts des Sacremens & des Ministres , un Pasteur Heretique est encore plus dangereux que le défaut simple des vrais Ministres , étant retranché de l'Eglise , excommunié de Jesus-Christ , c'est se livrer volontairement au danger qu'il nous ordonne d'éviter , il n'est point de necessité si extrême qu'on puisse se l'imaginer qui nous oblige à la Transgression du Précepte Divin : Jesus-Chrift, sage & prudent n'a jamais prétendu nous réduire à cette extremi é fâcheuse , que de faire dépendre l'obfervation d'un Précepte de la Trangreffion d'un autre. La Confeffion même à la mort n'est point absolument necessaire ; on peut y supléer par une Contrition parfaite au deffaut des vrais Ministres , & peut-on présumer que Dieu la refufera à celuy qui zelé pour la pureté de sa Foy , l'obéïffance qu'il doit à Jesus-Chrift, refufe d'entrer en société de Religion avec un Rebelle Apoftat qu'il a retranché de son Eglise parce qu'il refufe de l'écouter: Que ne doit-on pas craindre au contraire pour celuy qui s'expofe volontai-

rement au peril évident & certain de la ſubverſion , au châtiment de
Dieu , par le ſcandale inevitable qu'il donne aux foibles , y eut il jamais une neceſſité de s'expoſer à des dangers tandis que nous avons
des Commandemens poſitifs de ne le pas faire. Les ſupoſitions dePor-
tel & de ſes adherans ſont Metaphiſiques , Je puis dire fauſſes, mais
les dangers de la ſubverſion & du ſcandale ſont Phiſiques & inévitables pour quiconque s'y expoſe volontairement avec connoiſſance de
cauſe. Portel l'a ſenti, ſes frayeurs & ſes doutes augmentans avec ſes
reſolutions il établit la derniere ſur ce mot, P U T O. J E P E N S É.
Ce *Je Penſe* eſt encore apuyé ſur une ſupoſition Metaphiſique dont il
n'eſt pas bien perſuadé. " Je penſe, dit il , que ſi l on pouvoit aſſigner
une neceſſité extrême de confeſſer ſes pechez , comme par exemple
à l'article de la mort & qu'il n'y eut point abondance ou que l'on ne
pût recourir à d'autres Prêtres , qu'alors le Fidéle qui demanderoit la
Confeſſion à un Heretique notoire ne pecheroit point. ,, *At ſi daretur*
extrema neceſſitas confitendi peccata , ut in articulo mortis , neque eſſet co-
pia alterius , PVTO , non peccaturum fidelem petentem hoc ſacramentum con-
feſſionis ab Haeretico notorio. Je demande encore à Portel ſi dans le cas
de mort je n'avois même que des Catholiques ; ſi le Précepte qui m'o-
blige dans le beſoin eſt abſolument indiſpenſable , quand j'ay des raiſons ſolides eſſentielles & bien fondées de ne pas leur confier le ſecret
de mon ame , il n'eſt aucun Theologien qui l'ait enſeigné , & pluſieurs ont enſeigné que ſi une Penitente avoit une ſçience certaine
d'expoſer ſon Paſteur n'ayant point d'autre Confeſſeur , *Ad periculum*
tum illius tum propriae puritatis , non teneri ad revelationem eorum quae ad
crimen vel illum aut utrumque inducere poſſent certo abſque ulla dubitatione :
Or quel confiance un Catholique peut il preſumer d'avoir en des Miniſtres Heretiques? auront ils plus de pitié des ames de ces prétendus
Penitens que des leurs? leur feront ils faire des Actes de Foy contradictoires à leur croiance? les exhorteront ils à mourir dans l'obéiſſan-
ce & l'unité de l'Egliſe de laquelle ils ſont ſéparez, contre laquelle ils
ſe ſont revoltez, & mille autres perils ou un Seducteur s'efforcera de les précipiter pour luy ſervir de juſtification? Sera ce donc ſur un *Je penſe*,
de la façon de Portel, jetté à tout avanture, aſſaiſonné de tant de mo-
difications & de reſtrictions ou impoſſibles ou inutiles , qui n'ont lieu
tout au plus ſelon luy que dans les Etats ſujets à l Hereſie , que des
Theologiens entreprendront & préſumeront de ſe fonder en Principes,
pour ſoutenir une Opinion contraire à tous les témoignages de l'Egliſe,
les plus Saints & les plus reſpectables ? Portel n'a pû avancer qu'un fidéle dans le cas d'une extrême neceſſité , s'il y en a , pût s'adreſſer à
un Heretique pour le Sacrement de Penitence , qu'en ſupoſant en luy
la Juriſdiction , je dis en la ſupoſant , car s'il la conclud , ce n'eſt que

fur les propres fupofitions, ou fur des cautions qui luy fon' conteftées. " Vous infererés, dit-il, par tout ce qui a été dit qu'un Prêtre Heretique notoire ou excommunié oculte, ne perd point la Jurifdiction qu'il avoit d'adminiftrer les Sacremens avant qu'il foit dénonce nommément. ,, *Ex dictis colligetur hæreticum Sacerdotem notorium , vel excommunicatum oscultum non amittere Jurifdictionem quam habebat ad miniftranda Sacramenta, antequam nominatim denuncietur* Si Portel fait tomber ces paroles *Excommunié occulte* fur l'Heretique notoire , il fupofe faux quant à l'Excommunication du Droit Divin , elle eft manifefte & évidente par la feule refiftance notoire à l'Eglife que l'on ne peut ignorer fans s'aveugler ; comme l'Eglife a ajoûté des peines Canoniques par l'Excommunication de fon droit , on convient que l'Excommunication Ecclefiaftique n'a fon effet quant aux peines Canoniques qui font du Fore exterieur qu'aprés la dénonciation fpeciale , en confequence de laquelle un Evêque ou Prêtre Heretique eft déchû de toute grade, dignité, Office & Benefice , & generalement de toutes les prérogatives de ce même Fore ; mais il eft conftant auffi qu'étant retranché de l'Eglife par le feul fait d'Herefie prouvée par fa refiftance à l'Eglife , étant féparé du Canal , il perd abfolument la Juridiction quant à la fubftance , c'eft-à-dire , qu'il eft un fujet abfolument incapable de la pouvoir retenir ou recevoir tant qu'il perfifte dans l'Herefie. L'on fe trompe de croire que la Jurifdiction vienne de l'Ordination qui eft inamiffible, elle vient uniquement de la Miffion, & la Miffion n'apartient de droit Divin qu'à la dignité Apoftolique; aux Ordres inferieurs de Droit Apoftolique & Ecclefiaftique , & fupofé même qu'elle fut de Droit Divin immediat dans tous les Ordres, fi un Heretique en eft déchû par Sentence Ecclefiaftique, à plus forte raifon le fera-t'il par la Cenfure & l'Anathême Divin qui déclare Payen tout Heretique rebelle, on traitera cette matiere dans toute fon étenduë dans la fuite.

Enfin Portel cite fa caution , c'eft Sanchez , mais caution invalide puifqu'elle eft infirmée par Azorio *ita Sanchez, contra Azorium.* Voila donc deux temoingages contradictoires : Or eft ce affés, cela fuffit il pour affeurer un Jugement ? Portel ne la pas crû lui même, il s'eft contenté de dire JE PENSE. Mais celui qui donne fa refolution fur le temoignage de toute l'Eglife, fur le Decret du Pape S. Etienne, fur la conduite de S. Auguftin, ne penfe t'il pas beaucoup mieux ? n'eft il pas mieux fondé? perfonne ne peut ignorer ce qui occafionna la grande difpute de S. Cyprien avec le Pape S. Etienne, faint Cyprien qui avoit une extrème horreur des Heretiques, attaqua avec tant de force & de vigueur la Jurifdiction dont ils fe vantoient, qu'il leur dénia non feulement le pouvoir d'abfoudre des péchés, mais encore celui de conferer le Baptême. Ce qui trompa ce fçavant homme, c'eft comme il étoit conftant dans l'Eglife que nul ne pouvoit adminiftrer la remiffion des péchés fans l'autorité de l'Eglife dont les Heretique étoient chaffés, il crût que la rémiffion qui s'en faifoit par le Baptême, étoit fujette à la même Clef, ou Jurifdiction que celle qui s'en fait par la Penitence ou Abfolution qui porte Sentence & Jugement exprés dans fa forme, ce qui ne fe trouve pas dans celle du Baptême, ou il n'eft pas même fait mention du péché. Saint Etienne condamna bien l'opinion de S. Cyprien fur le Baptême, mais on ne trouvera jamais qu'il ait profcrit fon fentiment fur la Jurifdiction qu'il nioit abfolument aux Heretiques, ce qui eft une preuve efficace que S. Etienne penfoit comme lui fur ce Chef : Et S. Auguftin qui vint quelques fiécles aprés, a bien fait auffi tous fes efforts pour juftifier faint Cypien fur l'erreur de la Rebaptifation, mais il n'a jamais entrepris de faire fon apologie fur la Juridiction qu'il nioit auffi bien que la validité du Baptême ; ce qui contribue à demontrer que depuis S. Etienne jufqu'à S. Auguftin on ne croyoit point dans l'Eglife que les Heretiques confervaffent la Juridiction. Quiconque penfe aprés un Chef fouverain de l'Eglife, à la vûe duquel la queftion a été agitée ; Qui penfe comme S. Cyprien fur un Chef fur lequel il n'a pas été repris ; Qui penfe comme S. Auguftin qui n'a pas crû qu'il eût tort fur ce point, ayant lui même penfe comme lui ; Qui penfe comme S. Jerôme ; tant de fouverains Pontifes qui ont écrit ou donné des Bulles en conformité ; tant de fçavans Theologiens qui n'ont pas penfé autrement, que l'on trouvera cités dans un petit Livre donné depuis les troubles, qui a pour titre *Les Appellans privés de la Juridiction*. eft certainement bien fondé dans ce qu'il penfe aprés tant de grands hommes, & fur tant de celebres monumens.

4°. On fe plaint que l'Auteur a excedé en difant, " Il n'eft que Dieu feul qui puiffe en diffiper les tenebres, par les lumiéres de fa grace efficace, vous niés qu'il l'accorde à tout le monde ; j'ay horreur de ce blafphème, mais je n'en efpere plus pour vous. „ Pag. 180.

La méprife du Critique eft dans l'application ou attribution du mot de blafphème qu'il fait à ces paroles, *vous niés qu'il l'accorde à tout le monde.* Quoique cette attribution eût encore fa verité par raport au fiftème de l'adverfaire qu'il combat, qui n'admet de grace interieure que la feule grace qui a neceffairement & infailliblement fon effet, d'où l'on conclud que Dieu ne veut point le falut de ceux à qui il ne donne point la feule grace neceffaire pour y parvenir ; Que Jéfus-C. n'eft point mort pour le falut de ceux que Dieu ne veut pas fauver, comme Janfenius l'enfeigne pofitivement, & fes difciples aprés luy : Ce n'a point été cependant l'intention de l'Auteur ; il eft facile à tout Lecteur de s'en defabufer, lorfqu'il fera attention à la conftruction naturelle de la phrafe. Il eft conftant qu'il n'eft aucun pecheur tel qu'il

puiffe

puiſſe être dont on puiſſe certainement deſeſperer le ſalut ; ce n'eſt point à nous à meſurer la miſericorde de Dieu , à luy donner des bornes , à luy preſcrire des tems où elle doive l'abandonner abſolument. Comme ce ſeroit un blaſphème de le penſer certainement , puiſque Dieu eſt toûjours prêt à recevoir l'impie qui voudra retourner à luy , qu'en conſequence il luy donne les graces neceſſaires pour ſon retour, l'Auteur deſavouë par avance le blaſphème qu'il va prononcer : *J'ay horreur de ce Blaſphème , mais je n'en eſpere plus pour vous* , ſon deſeſpoir n'eſt pas certain , il ne le donne point en deciſion , mais en menace conſequente ; à la difference de ſon adverſaire qui enſeigne qu'il eſt une maſſe de perdition pour laquelle il n'eſt point de grace à eſperer , par une volonté de Dieu antecedante , qui l'a reprouvée & qu'il prétend livrer & deffendre cette erreur comme un Dogme de Foy.

L'Auteur ayant apris certainement par un Ecrit public qu'un de ſes Freres , Chanoine de l'Egliſe de N** avoit appellé au futur Concile , on a jugé à propos d'inſerer à la fin de cette Préface , ſervant de premiere Partie , deux Lettres qu'il a écrites ſur ce ſujet , pour tâcher de le ramener. La premiere eſt adreſſée au Chanoine , & la ſeconde eſt une réponſe à un autre de ſes Freres , qui ſemble eſt entré dans les intereſts du Party.

PREMIERE LETTRE

JE vous adreſſe une piece nouvelle & interreſſante , qui doit vous aider dans vôtre converſion , dans vôtre retour à l'Egliſe , ou contribuer à vôtre confuſion , ſuivant les ſituations differentes où elle vous trouvera , ou que vous ſerez d'humeur à la recevoir. Si je ſuis incertain de l'effet qu'elle produira , du moins ſervira-t-elle d'un puiſ-ſant témoignage de la verité que je vous préluday il y a quelques années , à l'occaſion de vôtre Mandement , donné S. V. Que la même Autôrité qui avoit donné quelque faveur à la rebellion du Party dans lequel vous vous êtes précipité plus par entêtement que par connoiſ-ſance de cauſe , auroit ſoin en tems & lieu de cribler vos Saints nouveaux. Ce tems eſt enfin venu , vôtre Calendrier devient inſenſiblement une vaſte ſolitude , des Corps entiers deſertent tous les jours en foule de ce fameux Nécrologe , qui a couru à differentes repriſes toutes les ruës de Paris , & tous les coins du Royaume ; c'eſt ainſi que j'appelle ce prétendu Martyrologe ou liſte mortuaire de ceux qui ſe ſont eux mêmes rayez du Livre de Vie en ſe faiſant inſcrire ſur la feuil-le des Payens & des Publicains ; qui s'étans retranchez de l'Egliſe ne vivent plus de la verité ; qui s'étans ſeparez de J. Chriſt , ne vivent plus de la vie de J. Chriſt. Quel parti allez vous prendre dans ce nouveau tumulte , qui efface la honte du premier ? Sera ce celuy d'un silence honteux ou d'une audacieuse rebellion ? Quoy seroit il donc que L. M. tiendroit luy seul contre Rome , le Siege du Bienheureux Apôtre , contre toute l'Eglise Romaine , la seule Eglise universelle , contre tous les Evêques du monde , contre tous les Evêques du Royaume , reservé un petit nombre si extenué qu'il doit être compté pour rien ; un petit Corps sans Chef , sans Union , sans Verité ; à qui l'extrème caducité ne promet point la vûë du Concile auquel il appellé , que J. Christ n'a jamais promis , & qu'il seroit bien fâché de voir. Si vos plus fortes Têtes tremblent à la vûë d'un Concile Provincial , le seul bruit d'un General les feroit mourir de frayeur : un petit corps enfin divisé dans sa croyance , dont les Ouvrages scandaleux donnez pour la défense de la prétenduë pureté de sa foy , jettent l'erreur à poignées , & avec tant de grossiereté , qu'on a vû beaucoup plus de jugement & d'adresse dans les sistèmes des Heretiques des premiers & même des derniers siécles , quelqu'impetueux que ceux-cy ayent été : On a tâché dans le Parti de les copier ; mais en les copiant on les a estropiez : En vain a-t on employé des couleurs nouvelles pour en déguiser l'horreur, pour en imposer aux simples par un déguisement peu judicieux , ou faire croire qu'on disoit quelque chose de nouveau , ce qui est également dangereux. On a flétri sa gloire de ses propres mains en toutes manieres , des redites usées , ne font point honneur à des Esprits nouveaux ; C'est une insolente folie disoit S. Augustin de s'élever contre la croyance de toute l'Eglise répanduë par toute la terre ; si tout le monde Chrétien ne peut faire un Jugement , pas même une présomption pour des particuliers , de qui l'attendrons nous ? sera ce des particuliers? Ils ont encore moins de droit sur nôtre crédulité, des particuliers ne peuvent nous representer le Corps de l'Eglise qu'ils doivent écouter, établir un sistème contraire c'est donner gain de cause à tout Heretique.

Il faut que vous disiez encore L. M. en sçait plus que tous les Papes , ses lumieres sont plus éclatantes que celles des Successeurs de Pierre , son infaillibilité est la regle des seuls Dispensateurs capitaux & Dépositaires actuels du souverain Ministere de J. Christ , ses Vicaires en terre , comme nous l'avons repeté si souvent ensemble en recitant nos Catéchismes : Il en sçait plus que toute l'Eglise Romaine , que tous les Evêques de l'Univers , que toutes les Universitez Catholiques, en particulier que la Faculté de Theologie de Nantes , qui vient de reconnoître son égarement , & l'a proscrit avec solemnité ; quand les autres consistans seulement en deux ou trois , imiteroient son exemple; Que le petit nombre des Pasteurs égarez suivroit le même parti , Il sera luy seul l'Eglise universelle , le Chef & le Corps Pastoral ; la tête & les membres de l'Eglise de J. Christ : car selon sa promesse ne pou-

vant perir , il faut qu'elle fubfifte , & elle fubfiftera dans luy feul , il
fera tout feul le Corps de l'Eglife militante : Mais il fe prefente ici un
grand inconvenient , cette Eglife doit perfeverer jufqu'à la confommation des fiecles. L. M. n'eft point éternel fur la terre , voilà J. Chrift
trompé , ou qui nous a précipitez dans une grande illufion ; il doit mourir , & luy mourant l'Eglife & les promeffes de fa perpetuité entreront
avec luy dans les horreurs du tombeau. Quelles étranges idées , dira-t-il ?
Il eft vrai , on n'en peut pas de plus extravagantes ; mais toutes extravagantes qu'elles font , elles font cependant les fiennes. Les Retractations , les Revocations d'apels fe multiplient tous les jours , des Corps
entiers rentrent dans le fein de l'Eglife Romaine. Les Chefs de la pe-
tite Eglife nouvelle pourfuivis par une fâcheufe caducité font fur le
point d'aller rendre compte au fouverain Juge du nombre de tant d'a-
mes qu'ils ont entraînées avec les leurs à la perte. Si vous les furvivez
vous refterez feul avec vos feducteurs , qui peut-être vous abandonne-
ront encore les premiers aprés vous avoir feduit. Que peut on attendre de certain de l'inconftance de l'Erreur ? Ces ames fieres qui femblent aujourd'huy infulter au martyre & le défier , malgré leur conte-
nance ne tarderont pas à donner des marques de ce qu'on appelle foibleffe parmi vous ; ne croyez pas que l'on fouffre dans l'Etat un Corps
Monacal ou Presbiteral de nouveaux Religionnaires , qui ne feroit pas
moins à craindre que les anciens , l'Herefie eft toûjours agiffante. Il y
a long-tems que l'on a remarqué que les Ennemis de la Croix ont bien
de la peine à fe tenir les bras croifez : J'appelle Ennemis de la
Croix quiconque veut donner des bornes au Sacrifice de J. Chrift.

Il a paru ici une Retractation imprimée , avec une Lettre à Monfeigneur de Soiffons, fous le nom de vôtre Archid. R*** mais il n'a
fait la chofe qu'à demi (fauf cependant nouveau confeil , étant dif-
posé à fuivre les avis de cét Illuftre Prelat) Jufqu'ici il s'eft fait Chrétien Royalifte , & non pas encore Catholique Romain. La claufe des
intentions de Sa Majefté inferée dans fa Révocation exprime des vûës
humaines qui ne font d'aucun merite pour la Foy : elle fait bien un bon
fujet qui rentre fous l'obéïffance du Prince contre laquelle il s'étoit revolté par une démarche de Rebellion ; mais non pas un vrai Catholique , qui ne doit fe conduire que par un zele pur de la verité , & d'une
obéïffance profonde à l'Eglife : Peut-être a-t-il voulu rendre gloire à
la Foy du Roy qu'il avoit flétrie par fon appel , en rentrant dans fa
Communion dont il s'étoit retiré, en refpectant dans fa Perfonne facrée les tîtres glorieux de Tres-Chrétien & de Fils Aîné de l'Eglife ,
qu'il ne peut conferver que dans la veritable Eglife qui l'en a honoré ;
c'eft de l'Eglife Romaine qu'il les a reçûs ; c'eft cette Eglife que vous
croyez parmi vous vous être l'Eglife Errante ; puifque vous êtes feparez

d'elle en vous feparant de fon Chef, de tous le Corps des Pafteurs & des Fidéles qui lui font unis dans les mêmes fentimens de Religion & d'obeïffance.

Quelle eft cette Troupe de parfaits Ignorans, parmi lefquels vous êtes envelopé? J'en connois quelques-uns, honorent-ils bien le Parti que vous tenez & la Foy que vous profeffez? cela fait trembler & pitié. Vous avez fouffert prefque toute vôtre vie. Vous ne fçavez ni l'heure ni le moment auquel vous devez être cité devant ce Trône redoutable, où il faudra que vous rendiez compte de vos œuvres & de vôtre Foy. Faut-il que les douleurs de la mort qui vous environnent depuis tant d'années, que l'on dit même que vous fouffrez avec une extrême patience, ne vous foient comptées pour rien, ne vous tiennent aucun lieu finon d'une malheureufe éternité anticipée? C'eft au pied de ce Trône devant lequel vous devez paroître, que Jefus-Chrift vous reprochant fon Sacerdoce, l'entrée de fon Sanctuaire & vôtre infidélité, vous demandera? " Pourquoy rebelle à ma parole, n'as tu pas voulu te foumettre aux Jugemens de Foy prononcé par mon Vicaire, que j'ay établi fur la Terre pour gouverner mon Eglife, contre laquelle les portes de l'Enfer felon mes promeffes n'ont pû prévaloir? „

Ah Seigneur, il eft vray, direz-vous, que tout m'y engageoit, les promeffes que vous avez faites à vôtre Eglife, dont vous l'avez établi le Chef pour la gouverner vifiblement m'ont parû d'une évidence qui ne pouvoit être conteftée : Que le Miniftere dont vous l'avez chargé étant le vôtre, devoit-être auffi infaillible qu'un Dieu qui ne peut-être trompé ni tromper? Je devois croire en confequence qu'il ne pouvoit prévariquer dans la difpenfation folemnelle qu'il a été obligé d'en faire à la Tête & à la face de vôtre Eglife, ni me précipiter dans l'erreur par fes prévarications, fans vous accufer vous même d'être l'Auteur de nos égaremens, luy ayant confié le foin de paître fes Brebis comme fes Agneaux. Le précepte que vous luy avez fait de confirmer fes Freres dans la Foy, me démontroit évidemment l'efficacité de la priere que vous avez faite pour l'indéfectibilité de la fienne, examinant attentivement & fans prévention la tradition de l'Eglife, j'y ay remarqué que cette Autôrité fouveraine y a toûjours été conftamment refpectée: l'uniformité du Témoignage des SS. Peres & des SS. Docteurs fi humblement foûmis à ce Chef refpectable, jufqu'au malheur même de tous ceux qui fe font élevez contre luy, qui tous ont peri dans le fchifme & dans l'Herefie, qui y periffent encore tous les jours, confommoient en moy toute conviction, tout fembloit s'accorder à me démontrer invinciblement la neceffité & l'utilité de cette obeïffance humble, foumife & repectueufe, dûe à ce Trône, fondé par vous même : Mais de sçavans Maîtres que j'ay écoutés m'ont fait regarder tous ces Témoignages comme autant d'illustres pieges propres à fâciner les yeux des simples par leur brillant specieux ; je m'en suis defié , je me suis mis en garde & fortifié contr'eux ; regardant tous les Jugemens des Souverains Pontifes rendus depuis 80 ans , sur les matieres de la Grace & de la Prédestination , comme autant d'attentats faits contre la Doctrine de Saint Augustin , de Jansenius & de Quênel , ces Interprettes fameux qui tous en ont possedé l'esprit & rendu toute l'intelligence.

"Est-ce donc à Jansenius ? est-ce donc à Quênel ? est ce donc à Augustin même ? Dira le Fils de Dieu ; que j'ay confié le soin de mon Eglise , de paître mon troupeau , de confirmer les Freres , à qui j'ai donné l'intelligence des Misteres de mon Royaume. Augustin a été mon fidéle serviteur , un zelé défenseur de la Foy , qui l'avoit apris de mon Eglise ; c'est elle qui l'a instruit de ce qu'il a dû dire & penser , pour penser & pour parler comme elle ; c'est d'elle seule à son exemple que tu as dû te faire instruire de la verité ; c'est elle seule que tu as dû écoûter : en vain mes Vicaires sont-ils chargez de mon Ministere si tu as crû qu'ils pouvoient te séduire , Augustin leur a soûmis ce qu'il a écrit pour la défense de ma Grace ; sa docilité confond ton orgueïl : en te défiant de la sureté de mon Ministere pour croire à ceux que je n'ay point envoyez , qui ne furent point tes Pasteurs , dont tu ne fûs point la Brebi , c'est de moy même que tu t'es défié , c'est de ton Redempteur & de ton Dieu , me regardant comme un fourbe qui par tant de Témoignages évidens a voulu en imposer à ta crédulité ; mais si j'ay voulu te tromper , pourquoy ne pas te laisser tromper ? pouvois-je punir ta docilité à ma parole , ton obéïssance à mon Eglise ? si tu l'as crû non-seulement tu m'as crû trompeur ; mais encore injuste. Va Malheureux ,, ...

Je n'achevray point le Jugement du Seigneur ; mais aussi ne permettez pas que ce Juge Souverain dont les Arrests sont irrevocables y mette la derniere main. Revenez , mais revenez avec sincerité , sans mêler dans vôtre retour d'autres motifs que ceux d'une profonde obéïssance à Jesus-Christ , qui nous ordonne sous peine d'être regardez comme des Payens d'obéïr à son Eglise , cet Anathême est terrible ; Il n'est aucune Puissance sur la terre ni aucune formalité qui puisse en suspendre l'effet : l'artifice des hommes ne peut prévaloir contre l'autórité d'un Dieu suprême , ni prescrire contre ses Jugemens : Vous les prononcez contre vous même par vôtre rebellion. Quel orgueïl n'est-ce point de s'imaginer , Que le Trône de Pierre fondé par Jesus-Christ puisse être ébranlé par l'erreur ? Que les portes de l'Enfer puisse prévaloir contre l'Eglise , qu'il a fondée sur cette Pierre ? dont il l'a

établi le Chef pour la gouverner : Qu'il puiffe la livrer à l'impofture
en la gouvernant ; tandis qu'un feul homme placé dans un édifice nouveau, fondé fur le fable mouvant, fujet à toutes les differentes impreffions des eaux, de la grêle & des vents., fera immobile au milieu de
tant de flots impetueux qui l'agitent ; Que la ferme colomne de l'E-
glife puiffe être renverfée, & qu'un rofeau fec & fragile refiftera au
torrent & aux tempêtes : Que toute la Terre fe trompe, que luy feul
eft plein de raifon, Que tout le monde Chrétien eft enfeveli dans les
tenebres de l'erreur ou de l'ignorance, que luy feul brille en fçience
& en verité : Que le Souverain Pafteur ; Que tout le Corps des Pafteurs fe trompent & s'égarent, malgré tant de promeffes & que la
Brebis, fans Miniftere, fans Miffion, dans l'Eglife où elle ne reprefente
qu'un Atome fe roidiffe contre le tourbillon, qu'elle fe regarde comme infaillible, tandis qu'elle trouve avec tant d'évidence les marques
& les témoignages de fa fragilité dans le Précepte qui luy eft fait
d'obéïr à l'Eglife : Eglife toûjours vifible, toûjours parlante dont la
Prédication actuelle qui eft la difpenfation de fon Miniftere perpetuel,
eft auffi fenfible que la lumiere du Soleil le plus éclatant.

Aux motifs purs d'une obéïffance parfaite à l'Eglife, joignez un
grand zele pour la défenfe de la verité qu'elle enfeigne, afin qu'autant que vous vous êtes rendu coupable devant Dieu par vôtre rebellion ; devant les hommes par vôtre fcandale, vous puiffiez
glorifier le Seigneur par la Confeffion de la vraye foy, & édifier les
fideles par une reparation folemnelle de vôtre égarement, qui puiffe
leur en faire perdre le fouvenir à jamais. On doit avoir honte de s'ê-
tre laiffé flétrir par l'erreur ; mais on ne doit jamais rougir de revenir
à la verité ; Rougir de s'être trompé, c'eft rougir d'être homme. *Hu-*
manum eft. Rougir de fe détromper c'eft rougir d'être Chrétien : *Dia-*
bolicum. Les confiderations humaines retiennent fouvent dans un mauvais Parti, fouvent on veut affecter d'être trompé pour plaire à ceux
qui fe trompent : fouvent on s'engage dans de faux préjugez moins
par perfuafion que par complaifance ; fouvent on facrifie fes propres
lumieres pour ne pas contrifter l'aveuglement d'autrui, & pour ménager une fauffe paix avec de faux amis, on fe livre avec lâcheté avec
moleffe à tous leurs caprices ; c'eft ce qu'on appelle dans l'Eglife nouvelle vivre en bonne union, vivre en bonne intelligence : On y fonne
à plein Cor les grands mots d'*Amour*, de *Charité*, tandis que l'on anneantit la Foy fans laquelle il ne peut jamais y en avoir de veritables.
Ce n'eft pas par aucun motif humain que je haïs vôtre fchifme, & que
je defire vôtre retour, je n'ay à attendre de vous aucune des douceurs
de la fociété civile, vous n'en avez point à attendre de moy ; Nous
n'avons pas befoin l'un de l'autre, éloignez comme nous le fommes

nous n'avons rien mutuellement de ce qui rend les hommes neceſſaires les uns autres par la néceſſité de vivre enſemble : tout ce que je demande au Seigneur, c'eſt que nous puiſſions renouveller cette vraye ſocieté Chétienne qui malgré la diſtance des lieux unit les cœurs & les eſprits pour le temps & l'éternité ; Societé Chrétienne qui ne peut ſe former ni s'entretenir ſans la Societé de Croïance. Vous ne devez pas exiger de moy que je croye comme vous. Je ſuis demeuré ferme dans les heureux préjugez de l'enfance ; je ne me ſuis point écarté des élemens de la foy que les mêmes Maîtres nous ont apriſe : frapé des préjugez nouveaux que vous avez crû meilleurs, je ne demande point que vous croyez comme moy ; mais croyons comme l'Egliſe enſeigne, nous ſommes en état de l'écouter, & nous croirons tous deux les mêmes choſes.

Seriez vous embaraſſé de ſçavoir où eſt l'Egliſe, puiſque vous ne croyez point à l'Egliſe & que vous la cherchez où vous ne la trouverez jamais ? il n'eſt point neceſſaire qu'à l'exemple du Miniſtre Jurieux, Plagiere de Saint Cyran, vous vous placiés ſur une montagne pour la voir coûler comme un fleuve qui ſe charge d'impuretez à meſure qu'il groſſit, l'un & l'autre nous l'auroient mieux repreſentée en la comparant à un torrent d'eaux vives & pures qui rejette ſur ces rives les immondices qu'il arrache de ſon fond & qui ne peuvent ſuivre l'impetuoſité de ſon cours, ou arretons nous au portrait que Jeſus Chriſt nous en a fait luy même : C'eſt un bâtiment ſolide, fondé ſur la priere ferme, édifié ſur la montagne, expoſé à la vûe non pas d'un ſeul homme ; mais de toutes les Nations du monde ; levez les yeux vous le voyez, remontez au temps de S. Juſtin, de Saint Irenée, de Tertulien, de Saint Auguſtin, ils vous aprendront par la ſucceſſion du Trône de Pierre depuis cet Apôtre juſqu'à leurs temps qu'elle eſt la vraye Egliſe, c'eſt cette Societé de Fidéles qui a toûjours été conſtamment attachée par ſon obéïſſance & ſa Foy à la Doctrine enſeignée dans cette Chaire par ceux qui l'ont occupée ; ce ſont eux qui ont donné contre Pelage ces fameux jugemens reverez de tout l'Univers, qui au raport de Saint Auguſtin terminerent cette grande cauſe ; c'eſt de cette même Chaire que ſont émanez tous ces autres Jugemens qui vous offenſent aujourd'huy : Pourquoi vous recrier contr'eux comme Julien d'Eſclane ? Pourquoy employer à l'exemple de ce rebelle les mauvaiſes preſcriptions, les fauſſes exceptions dont il uſa pour former & favoriſer ſon Appel ? Voulez vous ſçavoir en un mot deciſif qu'elle eſt la veritable Egliſe, l'Egliſe que vous devez écouter, c'eſt celle dont Julien & vous êtes mécontens. Il eſt inutile que vous en cherchiez d'autre, ou que vous en attendiez une qui parle ou plus ſurement, ou plus à vôtre gré. Reconciliez vous de bonne foy avec cette illuſtre Epouſe, qui purifiée & lavée dans le Sang de ſon Epoux ne peut contracter aucune tache, ni ſe contaminer par des Jugemens impurs ; c'eſt par ce même Sang precieux qui pacifie toutes choſes ſur la Terre & dans les Cieux, que je vous conjure de renoncer à la diviſion & de revenir à la paix, Ne rendez point infructueuſe pour vous la portion ſacrée de cette effuſion generale, l'unique fondement de vôtre eſperance & de la mienne. Efforcez vous de ramener avec vous dans l'Arche du Seigneur ceux qui entrainez par vôtre exemple auroient eu le malheur de vous ſuivre, afin de ne pas rendre inutile pour eux comme pour vous le prix de la Redemption Univerſelle, à l'exemple de Jeſus Chriſt qui s'eſt immolé pour tous ſans reſerve, il faut auſſi s'intereſſer pour tous ſans exception. Ce Redempteur Divin ne s'eſt point offert à Dieu ſon Pere comme une Hoſtie partagée, comme s'il n'avoit eu en vûë qu'une partie du genre humain, mais il a proportionné l'étenduë de ſon Sacrifice à celle de la Nature coupable, & pouvoit-il mieux nous exprimer l'étenduë Univerſelle de la Redemption, que par cette conſommation Univerſelle qu'il a faite de tout luy même en ſe livrant tout entier en parfait Holocauſte à la Juſtice Divine.

On doute non-ſeulement ; mais on combat encore cette verité dans vôtre Party, la combatteriez vous auſſi, ou du moins en douteriez-vous ? Si vous en doutez vôtre foy eſt évacuée & vôtre eſperance confonduë. Ce doute eſt le fondement capital de toutes les erreurs que vous reclamez par vôtre Apel comme autant de veritez. Si vous ne croyez pas que Jeſus Chriſt ſoit mort pour tous ſans exception, avec quelle confiance proſterné aux pieds de l'Image de ce Divin Redempteur en Croix, pouvez-vous luy dire. *Je vous remercie, ò mon Divin Jeſus, de la grace que vous m'avez faite, d'avoir bien voulu répandre vôtre Sang précieux pour le Salut de mon ame, &c.* S'il n'eſt pas mort pour tous ; peut être n'eſt-il pas mort pour vous ; s'il n'eſt pas mort pour vous, vôtre priere eſt un menſonge, ou du moins un reproche irronique que vous faites au Fils de Dieu, le remerciant dans une poſture humiliée d'une grace qu'il ne vous a peut-être pas faite. Qui vous aſſurera en effet qu'il eſt mort pour vous préferablement à tant d'autres ? Sera-ce la revelation particuliere ; qui y croira ? y croïez vous vous-mêmes ? vous ne pouriez vous en vanter ſans encourir la cenſure du fanatiſme Sera ce le ſentiment naturel ? les libertins ſans aucun principe de Religion peuvent l'avoir comme vous. Sera ce enfin la perſuaſion interieure ? c'eſt le pur Calviniſme, Je ne vous crois point encore reduits à cét excez Si vous n'avez rien qui vous fortifie dans vôtre priere, avec quelle ferveur pouvez-vous prier ? la ferveur ne peut être fondée que ſur une ferme confiance, la confiance ſur l'eſperance, l'eſ-
rance

perance fur la Foy : Or comment accommoderez vous toutes cés vertus avec le doute qui les exclut , fi vous dites que vous efperez , vôtre
efperance n'ayant point de fondement general , elle ne peut rien changer dans le fatal decret qui vous a excepté de la Redemption ; puifqu'elle n'eſt pas Univerſelle felon vous , vous pouvez n'y être pas
compris , Si vous croyez que Jeſus-Chriſt vous a s'aſſocié au nombre
de ſes Elûs , qu'il ſoit mort pour vous , comme vous êtes obligé de le
croire ou de vivre en defeſperé ; vôtre foy même vous devient fatale
puifqu'elle vous precipite neceſſairement dans une efperance orgueil-
leuſe , qu'on appelle préfomption ; car n'admettant la mort de Jeſus-
Chriſt que pour les ſeuls Prédeſtinez vous êtes dans la neceſſité de
croire que vous êtes de ce nombre , ou de croire qu'il n'eſt pas mort
pour vous. De ce Dilleme de quelque côté que vous le preniez il s'enfuit deux confequences également pernicieufe pour vous. Si vous ne
croyez par fermement qu'il foit mort pour vous : voilà les vertus de
la Foy , de l'Efperance , & de la Charité abfolument anneanties dans
vôtre ame ; car qu'avez vous à efperer de celuy que vous douterez
vous avoir compris dans ſa Redemption ? n'ayant rien à efperer de
de luy comment pouvez vous vous réfoudre à l'aimer ? Si vous croyez
fermement que vous êtes renfermé dans l'ordre de ceux pour lefquels
il a répandu fon Sang ; étant en confequence du nombre des Prédeftinez , dont nul ne peut déchoir , vous êtes dés à prefent certain de vôtre falut , vous ne pouvez y former le moindre doute fans douter de
l'infaillibilité des decrets de , ce Dieu qui n'eſt pas une moindre impiété :
l'aſſurance de vôtre falut devient pour vous un article de vôtre Foy ,
auquel vous dérogeriez fi vous penfiez l'operer avec crainte & avec
tremblement. Mais de laquelle , effroyables confequences , tardis que
vous amufez ainfi vôtre préfomption , que vous entrez de plein pied
dans la fecurité du Calvinifte ; vous en autôrifez tous les excez ; Il
n'eſt plus de vertu fi robufte que l'on ne flechiſſe aifément avec ce
fiſtème ; il n'eſt plus de Libertins dont on doive entreprendre la converfion. Si l'on eſt du nombre de ceux pour qui Jeſus-Chriſt a verſé
fon Sang , qu'a t'on à craindre ? Si l'on en eſt exclus , que peut on efperer ? Il n'eſt point de fubtilitez qui puiſſent arrêter le cours de ces
confequencesqui s'enfuivent neceſſairement d'un principe dont on ne peut
en tirer d'autres ; Tandis que vous difputez mal le terrain , que par
quelques chicannes mal entenduës vous vous épuifez à vouloir les parer , pour mafquer l'horreur d'un faux fiſtéme : les fimples qui n'entendent rien à vos fubtilitez , qui ne peuvent vous fuivre dans vos détours,
qui n'y trouvent rien de fpecieux qui les frappe , parce que vous fortez
hors des routes de la droite raifon & du fens le plus commun , pofé
vos principes , en fuivant parfaitement les confequences , ils reviennent

Z

toûjours à ce point dont le verbiage le plus adroit ne peut tenir l'évidence: " Si Jesus-Christ n'est pas mort pour tous , sera-t'il mort pour moy?,, Vôtre réponse ambigüe ; *Peut être qu'Ouy* : *Peut être que Non:* sera-t'elle bien propre pour les déterminer , à prendre un bon parti , à perseverer dans la vertu , ou sortir des voyes de l'iniquité.

J'avois succombé aux sollicitations , & au desir que j'avois de revoir la patrie apres tant d'années d'absence , le Parti que vous avez pris me met dans la necessité d'en prendre un autre , quelqu'unis que nous soyons par les liens du Sang , divisez de sentimens & de Religion, je ne pourrois me résoudre à vous voir ni à vous embrasser , si vous êtes dans la resolution de ne point changer ; un faux respect humain pourroit peut être contribuer à y former obstacle, le démon vigilant à séduire , n'est pas moins habile à retenir dans la séduction ; mais pour vous guerir d'une vaine idée , & ne pas donner à Satan aucun lieu de triompher sur vous ; rapellez vous que dans quelque condition que ce soit un fils ne doit jamais avoir honte de se reconcilier avec sa mere ; qu'il n'y a jamais eu de raison de former le schifme , il faut que de deux choses l'une, ou que vous croyez le Saint Siege Apostolique , l'Eglise Romaine dans la voye de damnation , ou que vous y soyez-vous même. Prétendre que toute l'Eglise Romaine, que le Saint Siege Apostolique , qu'Alexandre VII. Innocent X. Clement XI. Innocent XIII. Et tous les Evêques qui se sont soumis à leurs Jugemens sur les matieres presentes , soient damnez, vous diriez ce que les Protestans n'ont osé dire constamment avant vous ; en voulant prendre la chûte de l'Eglise dés le cinq & le sixiéme siécle ? jusqu'à leur temps ; en la reprenant dans des temps moins reculez ; depuis un siecle comme vous faites, croyez vous dire plus vrai. Ils se sont trompez , vous vous trompez aussi ; Que ne devez vous donc pas craindre pour vous , puisque vous craignez pour eux ? ils en ont imposé à l'Eglise, & vous luy en imposez.

Pourriez-vous vous imaginer encore que vous êtes plus éclairé que les Universitez qui sont revenuës & que vous ayez selon le monde plus d'honneur à ménager que ces Corps entiers , ils sont connus de toute l'Europe, à peine l'êtes vous dans vôtre Ville , vous êtes un particulier sans consequence, trois ou quatre Confreres , Dieu sçait quels Confreres ; cinq ou six Curez d'un relief égal ne sont ni d'un grand lustre ni d'un grand poids dans l'Appellantisme, qu'avez-vous à ménager avec eux , Rien ! Mais vous avez tout à ménager avec l'Eglise, hors de laquelle il n'est point de salut à esperer pour vous ; seroit ce parce que vous n'aimez pas les Jesuites , que vous voudriez pousser la rancune jusqu'à ne point vous trouver avec eux ni dans ce monde icy ni dans l'autre ? c'est là pousser trop loin ; vous les haïssez , dit-on , & ils se

vengent de vôtre animofité par la compaffion qu'ils vous portent ; le
Chalumau qui vous la foufle eft un pitoyable inftrument, n'écoutez
point les foufleurs ; mais vôtre devoir, vôtre honneur & vôtre confcience ; ne les reglez point fur vos préventions, formez en de contraires fur les exemples qui fe prefentent ; Je vous ay produit celuy d'une
Univerfité, prevenez les autres dans les démarches qu'elles ne tarderont
pas à faire avec moins d'honneur, il n'y en a jamais à diferer la réparation de fon péché ? auriez vous de la gloire à paroître moins fage
que la Faculté de Theologie de Nantes, & de la confufion à temoi-
gner plus de Religion, plus de raifon & de prudence que la Sorbonne
qui s'eft couverte par fes variations étonnantes d'une confufion éternelle ? Quand je parle de la Sorbonne, c'eft de cette partie obfcurcie
par tout genre d'Erreur, qui autôrifée dans fa Rebellion a prévalu depuis quelques années fur la Catholique qui eft reftée ferme dans la
foy & dans l'obéïffance dûë à l'Eglife & au Roy, tandis que celle-là
par une Apoftafie errante que rien ne peut fixer, un caprice d'Irreligion fujet à la variété des temps, s'occupe à flétrir honteufement pour
jamais la gloire de ce prétendu Concile perpetuel des Gaules.

J'avois été vivement fcandalifé de vôtre Mandement, par lequel
vous prétendiez en impofer à la fermeté de la foy de l'Illuftre Prélat
deffunt, voulant infinuer au public qu'il s'etoit repenti dans les derniers momens de fa vie d'avoir été Catholique. Parce que difiez vous
il vous avoit paru dans des difpofitions de paix : On ne douta jamais que
fon cœur n'y fût porté, puifqu'il eft mort Pafteur fidéle & Enfant de
l'Eglife Romaine, dont il refpecta toûjours les decifions avec une veneration profonde, & à laquelle il fut conftamment attaché jufqu'au
dernier foûpir. S'il demanda la paix c'étoit celle de l'Eglife univerfelle
en general & de la fienne en particulier, que vous troubliez par vos refiftances ; C'étoit vôtre ame dont le falut luy avoit été confié qu'il re-
demandoit, témoignant en Pafteur affligé, en zelé compatriotte un defir tendre & vehement pour la réünion d'une Brebis fugitive, d'un con-
citoyen qui s'étoit retiré de la maifon de Dieu & de la Societé des
Saints ; & non pas qu'il eut deffein de rompre avec Jefus Chrift, en
fe divifant de fon Epoufe pour s'unir avec fes ennemis, en tournant
contr'elle les armes que fa foy pure tourna toûjours contre vous avec
tous les ménagemens d'une Charité patiente & Chrétienne, que vôtre
entêtement rendit toûjours inutiles. Je fçavois tous ces excez ; mais
l'ignorois encore que vous euffiez donné dans les dernieres extremitez
du Fanatifme de nos jours ; on me les avoit cachez pour m'en éviter
la douleur ; mais je palî & je fremi d'horreur lorfque quelques perfonnes fans me connoître par le nom de famille me firent communication
de la Revocation d'Apel de l'A***. de vôtre Eglife, & que je vis mon

Nom parmy ceux des Complices du Retractant scandalisé dans l'Eglise & dans le Public.

Il étoit, & il est encore du devoir de celui qui occupe la place de
l'illustre défunt de travailler à vôtre rapel, son ministere l'oblige de
veiller au salut de vôtre ame sous peine de perdre la sienne, mais ses
liaisons peu honorables cette confederation monstrueuse passée entre lui
& un de ses confreres, qui a déclaré publiquement être dans les dis-
positions de conserver la Communion avec un de ses Curés qui auroit
fait la Céne Calviniste dans son Eglise, cette indolence qui porte soub-
çon contre la pureté de la Foi ; ces Ministres qu'il employe dans les
Missions, me font assez comprendre que se souciant peu de son ame,
il se soucie encore moins de la vôtre. Vous croyés qu'il est bon pour
vous, parce qu'il ne vous cherche pas dans vôtre égarement, qu'il ne
vous trouble point dans vôtre fausse paix ; ce silence que vous respectés
est une vraye complicité : malheur à la paix qui conduit le Pasteur & les
Brebis à un horreur & un trouble éternel. S'endormant ainsi avec
vous sur les bords du precipice, j'aurois hâté cette démarche pour vous
reveiller de cet assoupissement funeste dans lequel vous vous tranqui-
lisés, une double charité m'y engageoit : je m'y employe aujourd'hui
à tout évenement, trop certain que vous êtes du nombre des malheureux. Faut-il que le premier du nom qui a eu l'honneur d'entrer dans
l'Etat Ecclesiastique s'y soit distingué par sa rebellion, qu'il se soit fait
brûler à Rome en Effigie, c'est le traitement qu'on vous y a fait, puisque l'apel signé de vous y a été condamné au feu. Reparés ce scandaleux affront, effacés cette honteuse notte d'infamie, en rentrant dans
le sein de l'Eglise que vous avés offensée ; honorés son Trône & ses
Jugemens, reconciliés vous avec vôtre Mere, ne plaidés point contre elle,
Pelage & Luther qui vous ont tracé le chemin que vous suivés, ont
perdu leur Procès, le Préjugé ne vous est ni honorable, ni favorable :
Travaillés à vous parer du Jugement que Jesus-Christ aprononcé contre le rebelle & l'incredule : Que la vraye Foi que l'on ne peut avoir
ni conserver que dans la seule Eglise, l'Eglise Romaine, ranimevos œuvres,
retablisse dans vôtre cœur la vraye charité qui ne peut subsister avec
le schisme, honorés vôtre nom par vôtre Religion, vous honorerés aussi
le mien que vous avés flétri à mon grand regret, vous sçavés que
comme vous je, &c.

La Lettre suivante est une réponse faite à un Frere que l'Auteur avoit
voulu engager de se joindre à lui pour l'aider dans le rapel de leur
Frere l'A **. Afin que l'on conçoive plus facilement les réponses,
on a jugé à propos d'inserer les textes de la Lettre à laquelle il répond.

SECONDE LETTRE.

*On a rendu vôtre Lettre à M. l'A **. Il prétend qu'il n'est plus question*

*d'apels qu'ils ont été mis au néant par la Déclaration du Roi qui impo'e filen-
ce fur cet article. L'opinion de l'homme eft la chofe la plus difficile à guerir.*

L'A**a bien raifon de dire qu'il n'eft plus queftion d'apels, mais
ce n'eft point lui qui en a fait la penitence ; fi la Déclaration de fa Majefté fuffiloit pour expier ce délit ; je ne vois pas par quel endroit on
pourroit difputer aux Tribunaux Seculiers le droit d'abfoudre tout
pécheur par un Jugement portant abolition de tous fes péchés, & de
l'envoyer ainfi au Ciel par un Jugement ou Déclaration purgative qui
mettroit fes iniquités au néant. La Déclaration du Roi qui réprime l'Apoftafie ouverte, le fcandale public, ne repare ni devant Dieu, ni devant fon
Eglife le crime des particuliers qui perfiftans dans leur apel, tiennent
ferme dans le fchifme & les erreurs qui l'ont occafionne ; ils reftent
toûjours hors de l'Eglife dont ils fe font retirés en fe revoltant contre
les Jugemens du Chef, le Vicaire de Jefus-Chrift en terre : n'étans plus
fous la conduite du Pafteur univerfel, à qui il a été dit *Pafce Oves*, *pafce
Agnos*, ils ne font plus de fon troupeau. C'eft le Prince des Apôtres
Jefus-Chrift même qu'ils ont pris à partie dans la perfonne de Clement
XI. fucceffeur de Pierre, comme Luther fit dans celle de Leon X. en
apellant & réapelant des Conftitutions de ce Souverain Pontife au futur
Concile, dont les nouveaux n'ont pas eu horreur de copier les for-
mules.

L'opinion de l'homme, comme vous le dites : *eft la chofe du monde
la plus difficille à guerir.* Cette reflexion me fait trembler pour l'A**.
Malheur à celui qui s'écarte des regles fures & immuables de la Religion pour fe livrer à l'opinion ; mais à quelle opinion ? à l'opinion d'un
Herefiarque tel que Luther, qui fur fon opinion renverfa toute la Religion. On n'a jamais vû de fidéle fe revolter contre les Jugemens du
Trône de Pierre qu'il n'ait été exclus de la Communion de l'Fg'ife
Romaine, la feule Eglife ; parce que fa caufe eft infeparable de celle de
fon Chef, l'on ne peut attaquer ou refifter à l'un fans attaquer ou
refifter à l'autre. Les apels qui dans les affaires Civiles remettent les
Parties condamnées en nouvelle conteftation de droit pardevant un
Tribunal fuperieur & certain, en matiere de Foy les chaffe de l'Eglife,
puifque c'eft un inftrument de Rebellion, pour éviter la pourfuite ;
Où eft le Juge dont eft apel ? quand fe prefentera t il ? Par qui a t-il
été promis ? Par qui a t il été établi ? Où tient il fes fceances ? L'E-
glife eft vifible en tout tems, par confequent fouveraine en tout tems
& perpetuellement infaillible dans fa fouveraineté ; peut elle recon-
noîtreun futur contingent pour fon Souverain ; c'eft ainfi que j'apelle
le futur Concile. Que diroit-on du fujet qui appelleroit du Jugement
de fon Prince à un Tribunal imaginaire tels que font les Etats?

Peut être l'A*** dira t il qu'il n'attaque ni l'Eglife ni fon chef ? Eft-ce là son opinion ? C'est aussi l'opinion des Pelagiens & de Luther, qu'en pense t il ? ou que doit-il en penser ? L'on démontre sans repli que que quiconque a pris le parti de la resistance & de l'apel dans les matieres de Foi dans l'Eglise, a toûjours été Heretique ; mais il est impossible, à suivre tous les siécles depuis l'établissement de la Religion, de produire un seul Chrétien dont on révoque en doute le salut & la foy uniquement pour avoir suivi celle de l'Eglise Romaine, où pour avoir conformé avec soumission sa croyance aux Jugemens Dogmatiques prononcés sur le Trône de Pierre par les souverains Pontifes ses Successeurs.

Les Apelans soûtiennent que le Pape est tombé dans l'erreur en condamnant cent une verité, & tout le Livre des Reflexions Morales qui les renferme. Mais que disent-ils que tout Heretique n'ait dit avant eux ? Julien Pelagien Appellant, Luther Appellant & Réappellant, les ont prévenus dans cette prétention : Les Jansenistes l'ont dit tout bas d'Alexandre VII. & d'Innocent X. un peu plus hardis à present ils parlent aussi hautement que Julien & Luther, il faut qu'ils parlent ainsi & comme tous les Heretiques déclarez ont parlé ; sans cet excez qui fait leur opinion, ils ne trouveroient de justification de leur conduite que parmi les fols. Quel égarement prodigieux & peu judicieux de se livrer à une opinion qui n'a fait que des Heretiques, & d'abandonner des regles invariables & constantes, qui n'ont fait que de vrais Chrétiens, de vrais Fidéles, de vrais Catholiques, lorsqu'on les a suivis avec soumission, avec docilité?

Que diroit on d'un E * * dans la même opinion qui enseignant aprés Jesus Christ & la croyance universelle de toute l'Eglise fondée sur sa divine parole que Pierre a été le premier des Apôtres *primus Petrus*: Qu'il lui a donné la charge, fait même un Precepte de confirmer ses Freres dans la Foi, *confirma Fratres tuos*. Qu'il ne lui a fait ce commandement qui l'engageoit aprés sa conversion, qu'aprés l'avoir averti qu'il avoit prié pour l'indefectibilité de sa foi. *Rogavi Petre ut non deficiat fides tua & tu aliquando conversus*... Que c'est sur cet Apôtre qu'il a fondé son Eglise comme sur une Pierre ferme, contre laquelle les portes de l'Enfer ne pourront prévaloir, *Tu es Petrus & super hanc Petram fundabo Ecclesiam meam, & portæ inferi non prevalebunt adversus eam.* Car si les portes de l'Enfer avoient prevalu sur cette Pierre, elles auroient pû également prevaloir contre l'édifice sacré fondé sur cette Pierre, l'édifice suit la destinée des fondemens sur lesquels il est posé. Que c'est à cet Apôtre qu'il a commis le soin de paître les Brebis & les Agneaux, *pasce Oves meas, pasce Agnos* : Que c'est entre les mains de Pierre qu'il a depolé les Clefs du Royaume des Cieux, la puissance de lier & de delier, avec promesse de ratifier dans les Cieux les Juge-

183

mens qu'il rendoit fur la terre. *Tibi dabo Claves Regni Cœlorur. Et quod-cumque ligaveris fuper terram erit ligatum & in cœlis , & quoscumque fol-veris fuper terram , erit folutum & in cœlis.* Voilà de magnifiques pro-meffes, mais fi elles ne fignifient rien voilà un grand verbiage. Qui enfin fuivant la Tradition conftante de l'Eglife telle qu'elle fe trouve dans les Conciles & les Ss Peres, enfeigneroit conformément à la croyance uni-verfelle de tous les tems que toutes ces divines prerogatives ont paffé aux fucceffeurs de Pierre , que dans fa perfonne elles ont été faites à ceux qui ont fuccedé à fon Trône & à fon miniftere en qualité de Vicaires de Jefus-Chrift en terre : fi aprés avoir établi cette doctrine il faifoit dans un Catechifme les demandes fuivantes.

Demande. Un Chrétien en vertu de la doctrine que nous avons enfei-gnée eft il obligé de fe foumettre aux Jugemens dogmatiques ou deci-fion que le Pape prononce fur la Foi à la tête de l'Eglife, pour repri-mer les erreurs & les Herefies ? Et formeroit enfuite cette Reponfe.

Réponfe. NON. Parce que les Papes étans fujets à l'erreur dans la dif-penfation folemnelle du Souverain Miniftere de Jefus Chrift qu'ils ont droit d'en faire à la tête de l'Eglife, peuvent nous tromper dans des Juge-mens Dogmatiques ; Il eft vrai neanmoins que les promeffes de Jefus-Chrift femblent avoir une évidence contraire. Mais plufieurs SS. Peres comme Saint Firmilien & Saint Cyprien ; Plufieurs Theologiens com-me Richer ont crû qu'ils pouvoient fe tromper & nous tromper , plu-fieurs autres en ont fait la fupofition comme Azorio, Melchior, Ca-no , &c Quelques Eglifes l'ont même decidé dans une Affemblée, & c'eft enfin la Doctrine reçûë parmi les Theologiens de France qui fait partie de fes Privileges.

Demande. Quel party doit prendre un Fidéle qui croit la foy blef-fée par un Jugement Dogmatique émané des Papes ?

Réponfe. C'eft de leur remontrer leur erreur aprés avoir examiné leur Ju-gement. S'ils ne veulent pas ceder aux remontrances, il faut leur refu-fer obéïffance , leur refifter, enfeigner ce qu'ils condamnent, condamner ce qu'ils enfeignent , & enfin apeller de leur Jugement au futur Con-cile.

Demande Pouvez vous donner des preuves de ces Refiftances & de ces Apels ?

Réponfe. OUY. Par les Ecritures du Nouveau Teftament ; fingu-lierement par les promeffes de Jefus-Chrift à Saint Pierre le premier des Apôtres, auquel les Papes fuccedent dans la dignité Apoftolique & à toutes les prérogatives annexées à fa Primauté. Tu es Pierre & fur cet-te Pierre je bâtiray mon Eglife , & contr'elle les Portes de l'Enfer ne prévaudront point. Pais mes Brebis , Pais mes Agneaux. J'ay prié pour toy Pierre afin que ta foy ne manque point , & quand tu feras une fois converti confirme tes Freres dans la Foy ; je te donneray les Clefs du Royaume des Cieux, tout ce que tu deliras fur la terre fera délié dans les Cieux, & tout ce que tu lieras fur la Terre fera lié dans les Cieux.

Demande. Avez vous quelques exemples de ces Refiftances & de ces Apels ?

Réponfe. OUY ; De la Refiftance dans Saint Cyprien, qui foûtint fort & ferme la Rebaptifation des Heretiques, contre S. Etienne, & des Apels dans ceux de Julien d'Efclane fameux Pelagien, dans le Moine Luther, & Meffieurs les Janfeniftes dans ces derniers temps.

Demande. Avons nous des Regles certaines pour juger de la fauffeté ou de la verité d'un Jugement Dogmatique ?

Réponfe. OUY. Nous en avons de certaines pour juger. 1°. De la fauffeté ; c'eft de confronter la Doctrine qui eft renfermée dans les Bulles Dogmatiques avec les Traditions des Eglifes tant de la Ville que de la Campagne, c'eft ainfi que Meffieurs* les Païfans des environs de Paris ont jugé que la Bulle de Clement XI. étoit erronnée, parce qu'elle n'étoit pas conforme à la Doctrine de leurs Villages.

2°. Nous en avons auffi pour juger de leur verité ; ou pour n'y être pas trompés ; c'eft de les recevoir fur le VEU des Pieces ; (Par exemple) " VEU les Déliberations, &c. Nos Mandemens du 15 de May " 1714, du 20 Juillet 1714. du 21 Juillet 1718. VEU les Mande- " mens des Evêques de France, dûëment informez de l'Acceptation " de tous les Evêques des Eglifes étrangeres, VEU auffi les Explica- ' tions du 13 Mars 1720, approuvées par tous les Cardinaux, tous les " Archevêques & prefque tous les Evêques du Royaume. „ Ainfi qu'on le lit dans un Mandement donné à Paris le premier Février 1723.

C'eft auffi la Doctrine d'un autre Mandement donné à Chaalons le 10 Avril de la même année, où il eft recommandé au peuple de comparer la Doctrine des Explications étenduës avec la Doctrine de la Bulle, " Et par leur parfaite conformité, *JUGEZ*, dit le Mandement : *com- ,, bien* (la Bulle) *elle eft éloignée de tous les excès qu'on lui a fauffement ,, imputés ; vous reconnoitrés par là qu'elle ne condamne que ce qui merite d'être ,, condamné, & qu'elle ne tend qu'à réprimer les erreurs de* Baïus *& de* Janfe- ,, nius, *les expreffions des* Novateurs *& les excès de quelques particuliers ,, fur la* Morale ; *excès pour la plûpart déja cenfurés par le Pape & les Evê- ,, ques.* „ Ainfi c'eft au peuple & à M M* les Manans de ce Diocèfe à juger fur le veu des piéces citées, fi la Bulle, le Pape & les Evêques ont bien condamné les erreurs de Baïus, de Janfenius & les excès de quelques particuliers en fait de Morale ; fi ces condamnations font conformes à leurs lumiéres, à leur foi & à la tradition de la Ville & de la Campagne.

Le

Demande. Qu'entendez vous par ces paroles : *Et les excez de quelques particuliers dans la Morale* ?

Réponse. J'entens que comme nonobstant les Acceptations posthumes : le Jugement reste toûjours contentieux entre les Parties nouvelles acceptantes & les anciennes , dans la necessité cependant de le faire plus par considerations de politiques que par persuasion de la verité : Pour ne pas tout à fait donner gain de cause aux Parties adverses , soubçonnées d'avoir procuré ce Jugement   On glisse adroitement... la.... Mr le Ministre vous m'entendez bien.

Le Ministre. Non ! non ! je ne vous entens pas quand vous ne parlez point : Parlez hardiment , le Chrétien du tems peut il rougir de la verité ?

L'Enfant. Non : Mr le Ministre , puisque vous les voulez ainsi, C'est afin de diminuer le Triomphe complet des J.*** qu'on rapelle en cause , ce qui n'y est point : On coule comme cela... quelques petits traits piquans ; Qui selon les Privileges de l'Eglise Gallicane de nos jours , n'offensent point la Charité du Christianisme du tems. C'est un modéle de Morale severe , un essay de la belle Morale.

Le Ministre. Pourquoy faisant la chose ne la pas faire bien , on en auroit plus de gloire devant Dieu , & plus d'honneur devant les Hommes : comme le disent les Romains ?

L'Enfant. L'Humilité Chrétienne privilegiée n'ambitionne aujour-d'huy ni l'une ni l'autre ; & dans la necessité de faire ce que l'on ne voudroit pas faire , on se fait un merite de le faire le plus mal qu'on peut.

Le Ministre. Cela est fort bien , c'est bien répondre. C'est ce qui s'appelle sçavoir sa Religion & répondre juste. Allez , mon fils , M M. vous donneront leur Benediction.

L'Enfant. Amen. Ainsi soit-il.

Je laisse à Mr l'A** le Jugement de ce Catéchisme , fondé en preuves contradictoires à l'Ecriture, inutiles, suspectes ou manifestement heretiques , sur des témoignages faux & sur de fausses supositions. Il doit lui faire horreur , il faut cependant qu'il l'adopte ou qu'il le condamne , il est tiré des principes de la Foi nouvelle , en faveur de laquelle il plaide. Souffririés vous entre les mains de vos enfans un Catéchisme de cette nature ? je suis persuadé que n'y trouvant ni la Foi de l'Eglise , ni la raison même , vous le renvoyeriés aux Ministres Claude & Jurieu, aux Calvinistes , dont il renfermeroit les sistèmes & les erreurs, clairement énoncés dans leurs expositions de Foi & les Livres écrits pour leur servir de défense.

Quelle illusion donc ? de faire profession de Foi, de croire & d'insinuer ce que l'on oseroit inserer dans des Catéchismes, & ce que l'on a jamais enfeigné dans ceux qui ont été dans tous les tems à l'ufage de l'Eglife. Pourquoi abandonner la regle fimple , fure, certaine, invariable, fondée fur la parole d'un Dieu, qui n'a jamais trompé perfonne, pour fe livrer à une opinion embraffée par les Heretiques, qu'on ne peut défendre qu'en prenant leur parti, qu'en imitant leur exemple, qu'en moulant fa conduite fur la leur, d'où s'enfuivent deux mauvais prejugés ; le premier que quiconque apelle d'un Jugement eft déja prévenu qu'il a perdu fa caufe : le fecond que nul apellant dans l'Eglife, fur tout en matiére de Foi , n'a gagné fon procés, qu'il y a toûjours été regardé comme bien condamné. Si tous les Apellans des fiécles paffés fe font trompés, s'ils ont été chaffés de la Communion de l'Eglife , s'ils ont tous été Heretiques, par quel tître nouveau ceux de nos jours prétendent-ils une exception ? Diront-ils " qu'ils agiffent pour la défenfe de la verité „ ? On ne combat pas glorieufement avec des armes Heretiques. Luther & les Pelagiens fe frapoient de la même vanité : Diront-ils, que c'eft pour la confervation des libertés ? C'eft les deshonorer, c'eft les rendre méprifables que de fe faire Lutherien & Pelagien pour les conferver contre les droits de l'Eglife Romaine : Diront-ils enfin , " que c'eft pour mettre à couvert des opinions reçûës dans l'Ecole „ ? C'eft en premier lieu fupofer faux : fecondement les opinions d'Ecole peuvent-elles prefcrire ou prévaloir contre les Jugemens Dogmatiques de l'Eglife ; ce n'eft point à l'Ecole à enfeigner l'Eglife , c'eft à l'Eglife à enfeigner l'Ecole & à borner fes excés ; ce n'eft pas à la Mere à recevoir des leçons du fils, c'eft au fils à recevoir les inftructions de la Mere , fur tout quand cette Mere eft l'Epoufe d'un Dieu & l'Interprette de fes Oracles ; lorfqu'on fe penétre bien de ces grandes verités , *Rien n'eft plus facile à l'homme que de fe guerir de l'opinion.*

*Il paroit que la Cour fur les plaintes de ceux qui ont accepté & qui pourfuivoient les autres pour les forcer à accepter , a pris ce party, on a écrit à l'E** d'empêcher tous les mouvemens.*

La Cour certainement ne prend pas deux partis contradictoires, fi elle ne force pas encore elle même les Apellans a révoquer leurs apels, du moins jufqu'icy les a-t'elle traités avec beaucoup de mépris. Le Roi à fon Sacre n'a voulu en fouffrir aucun dans Reims , des Lettres de Cachet leur furent expediées portant juffion d'en fortir 15 jours avant l'entrée de Sa Majefté , avec défence d'y rentrer plus de 15 jours aprés fon départ. Il y a des Apellans exilés de tous côtés, la Cour a mis un Sindic Catolique en Sorbonne, défenfe d'en élire d'Apellant, & non-obftant l'Arreft du Parlement de Paris , a ordonné l'execution du Decret du General des Chartreux, en conféquence obligé tous les Apellans de fon Ordre, qui contre leur obedience avoient eu recours à la protection dudit Parlement, de fortir de la Chartreufe de Paris, où ils étoient rentrez, avec ordre de fe rendre inceffamment au lieu de leur deftination. Le Confeil a condamné deux Ecrits anonimes prefentés au Procureur General du même Parlement, contre les Ouvrages de Mr le Cardinal de Biffy, fait interdiction de connoiffance de caufe à toutes les Cours & autres Juges; impofant filence à tous les Procureurs Generaux fur ces matiéres. C'eft depuis peu de jours que M. l'Evêque de Laon vient de faire exiler quatre de fes Chanoines. La Cour a maintenu un P Capucin pourfuivi par le Gouverneur de Dieppe à raifon de fon zéle dans les Prédications pour le foutien de la verité, combattuë par un Curé Apellant proche de cette Ville, & fait interdire les mouvemens qui commençoient à fe faire au Parlement de Roüen à cette occafion. Le Procureur General de celui de Bretagne ayant fait donner un Arreft fur fon Requifitoire contre le Decret de revocation d'apel de la Faculté de Nantes, a été obligé de venir rendre compte à la Cour de fa conduite tant à cet égard qu'à celui du peu de refpect qu'il a témoigné fur le premier avis de M. le Garde des Seaux. Il paroit par une Lettre de M. de B*** qu'il tremble à la vûë d'un Concile Provincial dont il eft menacé. Les Libraires voüés au Parti ayans dans leurs Vifites biffé quelques Ouvrages de M. le Cardinal de Biffy, ont été condamnés par M. le Garde des Seaux à reparation envers la Demoifelle Maziéres avec défenfes très rigoureufes de recidiver à l'avenir.

Il eft donc plus vray que fi V. E. a reçû des avis de la Cour, c'eft pour l'engager à reprimer les excez qui fe commettent dans fon Diocefe : Il a couru par tout le Royaume que R***** fon Miffionnaire ayant voulu renouveller le Calvinifme dans la Ville de S. S. & enlever nuitamment les Images de l'Eglife, affifté du Curé, il avoit fulminé Excommunication contre la Ville & les Fauxbourgs, parce que les Habitans s'étant aperçûs de cette violence exercée contre les objets de la pieté de nos peres, y avoient fait obftacle. Il n'a pas été moins public qu'un Chanoine Appelant, irrité de la Retractation de l'Archid. R*** avoit acheté une dette de cent écus d'un particulier pour avoir le plaifir de fe vanger honteufement contre un Prêtre en dignité, en haine de ce qu'il s'eft réüni par fa foûmiffion à l'Eglife Catholique. Voilà certainement des attentats bien extraordinaires, des évenemens bien finguliers, une perfidie qu'on ne pardonneroit pas dans un Bas-Normand ; tous ces mouvemens meritent bien les attentions & les repreffions de la Cour, c'eft ce qu'on a voulu vous dire, & ce que l'on vous a mal expliqué, on avoit interêt de répandre ce bruit.

Le Seigneur touchera les cœurs felon fa volonté ; les plus avifés ne difent mot dans ces matiéres qui ne tendent qu'à fe tracaffer.

Je fouhaite que l'efperance que vous me donnez foit une prophetie ;

Mais je ne crois pas qu'à l'ombre de cette verité , vous exigiez que le devoir des Pasteurs , & ceux de la Charité fraternelle entrent dans le silence d'une fausse politique. Tel est l'ordre de la Providence de Dieu: que comme il est des hommes occupez à corrompre les autres , il en suscite aussi pour rapeller ceux qui s'égarent, & pour s'oposer au progrez de la séduction : si ceux qu'il choisit pour servir d'organes à ces des-seins prennent le parti de Jonas, qu'ils fuyent devant sa face , qu'en penserez vous ? si rebutez par l'infidélité de ceux qui s'écartent , on renonce au sacré Ministere, de quelle utilité sera-t'il dans l'Eglise ? les Apôtres ont prêché à toutes les Nations ; mais ils ne les ont pas tou-tes converties ; le Ministere de la Parole n'a point cessé dans l'Eglise depuis 1800 ans, on a pas gagné à Dieu tous ceux que l'on a repris du vice, ou instruit dans la vertu ; les Apôtres & les Evangelistes ont-ils perdu leur temps ? Parce que c'est Dieu qui touche les cœurs , Paul devoit-il s'abtenir de planter & Apollon d'arroser ? le Laboureur doit-il laisser en friche ses Campagnes parce que Dieu seul donne l'ac-croissement ? doit-il attendre dans l'inaction une recolte abondante du grain qu'il tient enclos dans ses greniers ? voudriez-vous donner cette regle à vos fermiers ? je vous crois bon Chrétien ; mais je vous crois prudent ; Pourquoy donc voudriez-vous exiger des Ouvriers de l'E-vangile, des Ministres de Dieu , un mol repos , un silence criminel , que le sens commun a proscrit du commerce de la societé civile ? Dieu touche les cœurs selon sa volonté ; il toucha ceux des habitans de Ninive; mais ce fut par la Prédication de Jonas , de plusieurs Juifs & Gen-tils par celle de Jesus Christ & la vertu des Miracles, ceux des nations de toute la terre par la Prédication des Apôtres, le Sang des Martyrs, & la perpetuité du Ministere; Esperons que Dieu touchera les cœurs re-belles de nos jours; mais travaillons aussi à les toucher, prions qu'il benisse nos travaux, qu'il fasse germer ce que nous semons , croître ce que nous plantons & qu'il fortifie ce que nous arosons,

Les plus avisez ne disent mot. Si vous parlez de ceux qui sont tombez dans l'égarement vôtre maxime a son merite, c'est en effet pour eux un reste de conseil que de garder le silence dans des matieres que la plûpart de ces Errans traitent d'une maniere si peu judicieuse, si peu Chrétienne au préjudice de toute autôrité spirituelle & temporelle. Si l'on peut loüer un rebelle dans sa modération l'A** est digne de loüan-ge, son silence est un scandale de moins. Mais on auroit grand tort d'éten-dre plus loin cette maxime , de prétendre que les Catholiques dus-sent s'abstenir du Ministere de la Charité , ou de la défense de la verité. Ne point la défendre c'est la combatre , ne point confes-ser le Fils de Dieu devant les hommes c'est le nier , & il déclare qu'il niera devant son Pere quiconque le niera devant les hommes : Or est-ce défendre la verité , eft.ce confeffer Jefus-Chrift ? que d'obferver un filence prévaricateur , que de regarder de fang froid déchirer en pieces fa robe facrée , introduire la divifion dans fon troupeau par le fchifme des Apels ; traiter avec le dernier mépris le Chef de fon Eglife ; fraper les Pafteurs pour diffiper le bercail , combattre les Jugemens fouverains de l'Eglife par l'autôrité de fes Enfans , mettre leur hipocrifie à couvert de Noms refpectables , prendre à l'exemple des Heretiques du 16 fiecle Saint Auguftin pour la caution de leurs blafphêmes ? " Si je voulois , „ difoit Calvin : " je compoferois un volume entier de Saint Auguftin , il m'eft aifé de démontrer à mes Lecteurs que je n'ay befoin que d'employer fes paroles. „ Liv. 3. Chap. 22. Nomb. 8. de fes Inftitutions. Si l'on avoit obfervé la maxime A*wifée à l'égard de cet Impofteur, la France feroit aujourd'huy toute Calvinifte comme on s'efforce de la faire Janfenifte : Elle a été fort cherie du Party tant qu'il a fenti qu'il n'étoit pas le plus fort ; il a couvé fon feu fous la cendre durant 80 ans , à la faveur d'une paix fourée ; Mais a-t'il trouvé quelque faveur au commencement de ce Regne qu'il s'eft débordé comme un torrent impetueux qui trouve fes digues renverfées , il a rompu le filence, tout le Royaume a retenti du fracas tumultueux des Apels ; Mais n'ayant pas reüffi au gré de fa malice , l'embrafement ne s'étant pas communiqué avec la même vivacité qu'il foufloit le feu , il voudroit reculer fur fes pas , revenir au filence ; Il n'eft plus temps , la Trompette de la Rebellion a fonné , la playe eft faite , le mal s'eft découvert , il faut tâcher d'y aporter le remede il eft neceffaire.

Ces matieres ne tendent qu'à fe tracaffer. Si cette maniere de parler en fait de Religion eft judicieufe, Jefus-Chrift a bien manqué de jugement en ne donnant point cet avis aux Prédicateurs de fon Evangile, qui leur auroit épargné bien des peines , des Voyages , des follicitudes & du Sang. Si lorfqu'annonçant à la face de l'Univers que Jefus Crucifié étoit le vray Fils de Dieu , le Meffie defiré des Patriarches , attendu des Nations ; les Payens conteftans fa Divinité & les Juifs fa Miffion , fi fous prétexte de ne point fe *tracaffer* , ils n'étoient pas entrez en preuves , nous ne fçaurions rien aujourd'huy ni de Jefus-Chrift , ni de fon Evangile : Ce font les conteftations, ce font les oppofitions de la Sinagogue & d'Ecole de la Philofophie qui ont contribué à la Propagation de l'Evangile, les Miracles font venus au fecours de la Parole, la conftance des Martyrs s'eft jointe à tous les deux , elles ont faites enfemble une conviction efficace, à laquelle l'incredulité & la fuperftition n'ont pû refifter , Jefus-Chrift loin de confeiller à fes Apôtres de ne point fe *tracaffer*, les inftruifit au contraire de tout ce qu'ils auroient à fouffrir pour la gloire de fon Nom. La Religion a t'elle changé de maxime ? Parce que les Apôtres ont beaucoup prêché ne devons nous plus rien dire ? Parce qu'ils se sont beaucoup remuez pour persuader la verité & l'étendre par toute la terre , devons nous ne rien faire pour l'entretenir ou la deffendre ? Par le même principe travaillez sans relâche , amassez de nombreux heritages , tracassez vous beaucoup , & ordonnez par vôtre Testament à vos Enfans de dissiper eux mêmes ou de laisser dissiper par d'autres les fruits de vôtre travail dans un mol repos. Ils feront une aussi bonne Maison, qu'on feroit une bonne Religion.

Plus on dispute , plus on s'échaufe , & moins on est convaincu de part & d'autre.

Seroit-ce donc la crainte de s'échaufer qui devroit interdire la Prédication ou la défense de la verité ? Pour donner credit à une maxime ou à un remede de précaution , il faut que son usage passe par tout, ou qu'il ait été bien éprouvé. Un Avocat est il bien applaudi dans le Barreau, quand il abandonne la défense du droit d'une Partie bien fondée, dans la crainte d'un Rhume ou d'une Pleuresie ? doit il se tairedans la crainte de s'échaufer en repliquant , quand il est contredit ? doit il craindre en s'échaufant d'irriter des Parties adverses , d'en faire des ennemis, quand il ne se les attire que par une juste & sage défense d'un bon droit ou qu'il presume tel ? Un remede seroit il bien appellé remede de précaution s'il donnoit la mort à quiconque ose le risquer ? Un Theologien ne s'engage au service de l'Eglise qu'aux dépens de son repos, de sa santé & de sa vie, qu'il doit consacrer à la défense de la verité. Si l'ennemi commun de la Religion devient son ennemi personnel , il doit s'y attendre, les Apôtres se sont attirés les fureurs de la Sinagogue ; les mauvais traitemens, les mépris & les menaces, n'ont pû leur imposer silence sur ce qu'ils avoient vû & ce qu'ils avoient entendu , les Martyrs n'ont redouté ni les Tirans ni les Empereurs, ils ont scellé les veritez qu'ils croyoient ou qu'ils enseignoient de tout leur sang. Les Calvinistes en France se sont élevez à la façon de tous les Heretiques contre le Trône de Pierre , on leur a démontré la verité & la stabilité perpetuelle de ce Trône ; l'obéïssance qu'on luy a renduë dans tous les siecles de l'Eglise , fondé sur la Parole & l'Autôrité d'un Dieu , faudroit il aujourd'hui suprimer les convictions, donner gain de cause au Calviniste, pour ne point échaufer le Janseniste qui poursuit le procez par apel?

Il n'y eut jamais une plus grande conviction que celle qui se trouve aujourd'huy des deux côtez. Nos Parties sont pleinement convaincuës qu'il y a 1°. un Jugement. 2°. un Jugement qui les condamne , sans cette conviction elles n'auroient jamais apellé. Croyent elles leur apel bon & dans les regles ? Qu'elles nous démontrent en quoy celuy de Julien & de Martin Luther étoient vicieux. Ils prétendoient comme nos Parties avoir le bon droit & la verité de leur côté, nos Parties le prétendent aussi ; mais ce n'est point aux Parties a juger du Droit, nul n'eſt crû dans ſa cauſe , les Janſeniſtes n'ont pas plus de raiſon que les Pelagiens Appelans , & que les Lutheriens Appelans & Réappelans. Le Catholiques ont de leur côté une puiſſante conviction , ſçavoir que leurs Parties ſont Juſtement & dûëment condamnées. 1°. Par un Tribunal qui a ce droit , elles le reconnoiſſent par leur appel.

2°. Parce que tout Appelant dans leur circonſtance a toûjours perdu ſon procez comme Heretique & Schiſmatique , on les défie hardiment de démontrer le contraire.

L'on ſuppoſe faux , contre l'experience , l'Archidiacre R*** déclare dans ſa révocation d'Apel renduë publique , qu'il l'a faite aprés avoir été convaincu par la lecture de quelques Ouvrages de M. de Soiſſons. Les Facultez de Nantes , de Reims , de Poitiers , ont revoqué leurs Apels , l'ont elles fait ſans conviction ? Le Docteur Flannery dont la Retractation ſe trouve ſur la feuille du Decret de la Faculté de Nantes , ne raporte t il pas tous les puiſſans motifs qui l'ont porté à ſe réünir à l'Egliſe , ſe ſoumettant à ſes déciſions preſentes ? Pluſieurs Corps d'Ordres , de Feuillans , de Prémontré , de Chartreux , pluſieurs Docteurs de Sorbonne , ont ils pris le même parti ſans conviction , ſans connoiſſance de cauſe , ſans motifs ? Si les Vitoniſtes & les Mauriens reſiſtent un peu plus long-tems , il ne faut pas en être ſurpris , pour deux raiſons ; la premiere eſt que c'eſt par ces deux Corps qui n'en font qu'un , que le Janſeniſme s'eſt établi en France ; ils en ſont comme le cœur : or le cœur , dit on , eſt le premier vivant & le dernier mourant dans les animaux. La ſeconde , que cedant à la conviction il faut ſe reſoudre à brûler une infinité de mauvais Livres , que leur irreligion & leur vanité a mis au jour ; c'eſt un ſacrifice auquel l'orgueil penſe à deux fois ; mais une Protection de moins cela viendra à ſon tour. Il s'en faut beaucoup que le peu que je donne aproche de l'érudition , de la force & de la dignité des Ouvrages des deux illuſtres & ſçavans Prelats , qui s'occupent conſtamment à la deffenſe de la Religion ; J'ay cependant la conſolation d'en ramener quelques - uns , d'en fortifier pluſieurs. Dieu ſe ſert utilement de tout ce qu'il employe , même des choſes les plus caduques , pour triompher des plus Robuſtes ; de la folie du monde , pour en confondre la ſageſſe : S'il devora les Ennemis de ſon Peuple par le glaive triomphant du redoutable Joſué , il renverſa les murailles de la ſuperbe Jericho par le ſon des trompettes, & fit entretuer les Madianites par le choc des vaſes de terre.

3°. Il faut mettre une grande difference entre conviction & converſion ; convaincre : c'eſt le droit de la force du raiſonnement ; convertir c'eſt le droit de Dieu ſeul. Mais parce que J. Chriſt parce que les Apôtres n'ont point converti tous ceux qu'ils ont convaincus , soit par la force de la parole , soit par la force des miracles, devoient-ils s'abſtenir de la Prédication de la verité & de l'operation des prodiges qui la démontroient efficacement aux plus endurcis & aux plus opiniâtres? Parce que l'on n'obtient pas tout ce que l'on demande, ne faut il plus prier? Parce que l'on ne gagne pas toutes les cauſes , même les meilleures , ne faut-il plus plaider ? Parce que l'on·ne convertit pas tous ceux que l'on prêche , faut-il deſerter les Chaires & abandonner le Miniſtere ? c'eſt ce qu'il faut neceſſairement admettre ſi l'on eſt obligé de ceſſer la conviction , parce qu'on ne convertit point tous ceux que l'on convainc.

On s'accuſe d'ignorance , d'Hereſie , & chacun croit ſes raiſons bonnes

Dans la neceſſité où nous mettent nos Adverſaires de les traiter d'Ignorans , je dis plus : d'Ignorans Blaſphemateurs, ou J. Chriſt d'Impoſteur ; à vôtre avis quel parti prendrai-je ? C'eſt J. Chriſt , qui donnant à Pierre les Clefs du Royaume des Cieux , l'aſſure que tout Jugement , ſoit affirmatif , ſoit negatif qu'il prononcera ſur la terre , ſera ratifié dans les Cieux : *Quodcumque ligaveris ſuper terram erit ligatum & in cœlis ; & Quodcumque ſolveris ſuper terram , erit ſolutum & in cœlis.*

Si ſelon la doctrine des Novateurs , les Chefs de l'Egliſe Succeſſeurs de Pierre , peuvent donner des Jugemens faux , erronez ; ces Jugemens ſeront ratifiez dans les Cieux ; Jeſus-Chriſt n'en excepte aucun , *Quodcumque* , &c. Ainſi par une conſequence neceſſaire à leur principe l'iniquité des Jugemens paſſera du Trône de Pierre au Trône de Dieu : La perfidie des Vicaires de Jeſus-Chriſt trouvera place dans les Cieux ; on y approuvera les erreurs qu'ils auront enſeignées à la face de l'Egliſe. Cette conſequence toute odieuſe qu'elle ſoit eſt pour moy une ſûreté , comme pour mon adverſaire un nouveau Jugement de condamnation : car ſi par ſuppoſition fondée ſur ſon principe cela étoit ainſi , en me ſoumettant à un Jugement faux , puiſqu'il doit être ratifié dans les Cieux , par mon obeïſſance me conformant à la volonté de Dieu , je ne riſque rien de m'y ſoumettre , mais mon Adverſaire par ſa rebellion , riſque tout. Voilà donc contre lui une double preuve d'ignorance , l'une tirée de ſon principe , l'autre de la conſequence qui s'enſuit neceſſairement , & toutes les deux accompagnées chacune de ſon blaſphéme. S. Paul m'enſeigne avec la raiſon , qu'il ne peut y avoir d'iniquité dans Dieu : Je dis avec S. Cyprien écrivant au Pape S. Corneille , fondé comme luy ſur les promeſſes de J. Chriſt , que ſon Trône occupé par Pierre & ſes Succeſſeurs , eſt inacceſſible à la perfidie. Si je ſuis trompé , je le ſuis par tout ce qu'il y a de plus magnifique dans la Religion , Autorité Divine , Témoignage Divin , Témoignage Apoſtolique , Témoignage de l'Egliſe , des Ss Peres & de la droite raiſon. Si je ſuis un ignorant , je le ſuis avec bien d'honnêtes

gens

gens, de ſçavans hommes & ſur d'excellens Témoignages ; & mes Parties ſont ſçavantes, comme Julien le Pelagien, comme Luther, & enfin comme tous les Rebelles à l'autôrité du Trône de Pierre, qui l'ont toûjours été à l'autôrité de l'Egliſe univerſelle.

Si je ſuis Heretique, j'ay la conſolation de l'être comme tous les grands hommes qui ont brillé dans l'Egliſe par la grandeur de leur foy, leur érudition ſublime & l'éminence de leur ſainteté. C'eſt avec S. Jerôme que je me fais honneur de dire " Je ſuis uni de Communion à vôtre Beatitude ; c'eſt à dire avec le Trône de Pierre ; c'eſt ſur cette Pierre que l'Egliſe eſt fondée, je le ſçay ; & quiconque mange l'Agneau hors de cette Egliſe eſt un prophane. " *Beatitudini tua : id eſt Cathedræ Petri, communione conſocior ; ſuper illam Petram ædificatam Eccleſiam ſcio. Quicumque extra hanc domum agnum comederit prophanus eſt.* C'eſt avec S Auguſtin que je dis T. S. P. " Si j'ay avancé quelque choſe qui puiſſe vous déplaire, voilà ce que j'ay écrit pour la défenſe de la verité, je vous le ſoumets pour le corriger. ,, *Ubi forſan aliquid diſplicuerit, emendanda conſtitui.* C'eſt avec le Concile de Calcedoine que je dis " Pierre a parlé par la bouche de Leon, *Petrus per Leonem locutus eſt.* C'eſt avec l'Egliſe répanduë par toute la terre avec tous les Evêques du Monde Chrétien, que je dis, *Pierre a parlé par la bouche de Clement XI.*

Mais un Novateur auroit-il les mêmes avantages ? ſe juſtifieroit-il également du reproche d'ignorance & d'Hereſie, Je puis en juger par une regle également certaine, ſimple & conſtante ; je la trouve dans la définition de l'Egliſe du Catechiſme de Montpelier, où il eſt dit, que, C'eſt la ſocieté des Fidéles qui ſont réünis dans la profeſſion d'une même foy... ſous l'autorité des Paſteurs legitimes, dont le Chef eſt le Pape, Evêque de Rome, ſucceſſeur de S Pierre, Vicaire de J. Ch. en terre. En conſequence je dis, quiconque ne ſçait point cela eſt un Ignorant ; Quiconque le ſçait & ne le croit pas, eſt un Heretique : Je ne puis être démenti dans mes conſequences que par un Proteſtant, par un Calviniſte, ou par tout autre qui luy reſſemble, & qui n'auroit pas plus d'honneur que ces Heretiques à les diſputer ou à les nier. Je dis encore avec la même certitude : L'Egliſe eſt la ſocieté des Fidéles qui profeſſent une même foy : Or les Appelans ne profeſſent plus une même foy avec nous : Ils s'inſcrivent en faux contre un Jugement dogmatique donné par le Chef de l'Egliſe, à la face de l'Egliſe univerſelle, accepté de toutes les Egliſes particulieres, conformément à ce qu'ils ont exigé ; Jugement qui proſcrit cent une fauſſetez qu'ils reclament & ſoûtiennent comme autant de veritez : Donc les Appelans ne ſont plus de la ſocieté des Fidéles : Donc ils ſont Heretiques. Je dis encore : L'Egliſe eſt la ſocieté des Fidéles ſous la conduite des

legitimes Pasteurs , dont le Pape Evêque de Rome , Successeur de Pierre , & Vicaire de J. Christ en terre est le Chef : Or les Appelans ne sont plus soumis à la conduite des legitimes Pasteurs, qui reconnoissent le Pape pour leur Chef. Ils se sont revoltez contre l'Autôrité du Successeur de Pierre & du Vicaire de J. Christ : Ils l'ont pris à partie , ils se sont separez de sa Communion , luy même les en a exclus. Ils sont privés en consequence de toute Jurisdiction, de tout droit dans l'Eglise quant à la participation des Sacremens dont ils ne font que des actes nuls ou des sacrileges : Donc les Appellans sont des Schismatiques : Donc les Appellans sont des Heretiques. Je dis enfin que les Appellans qui se sont retirés dans la societé des Payens par leurs resistances à l'Eglise, ont encore moins de sens commun que leurs Confreres, les Lutheriens & les Calvinistes, je le démontre ; Reconnoître & confesser une Tradition constante dans les Conciles , dans les Ecrits des SS. PP. & des SS. DD. qui s'accordent à enseigner avec uniformité l'obéïssance humble , profonde & parfaite que l'on doit au Trône, à la Chaire de Pierre dans les Jugemens Dogmatiques , rendus par les Successeurs à son Souverain Ministere, à ses Prérogatives ; & refuser cette obéïssance, c'est avoir moins de raison que les Heretiques leurs Confreres, qui ont nié toute la Tradition, qui ont pris ce party, ne pouvant accorder leur revolte avec ce qu'elle enseigne : Or les Appellans reconnoissent l'autôrité des Conciles, leur Appel en est un aveu , ils reconnoissent l'autôrité des SS. PP. ils prétendent ne soûtenir que la doctrine de Saint Augustin, & ils n'écoutent ni les Conciles ni Saint Augustin dans la soûmission qui est düe aux Jugemens rendus par les Chefs de l'Eglise, assis sur la Chaire de Pierre , ils ne veulent point avoüer à l'exemple du Concile de Calcedoine que cet Apôtre a parlé par les souverains Pontifes qui ont condamné la doctrine de Jansenius; comme Saint Augustin que la cause est finie : Donc les Appellans ont moins de sens commun que les Calvinistes & les Lutheriens.

Pour juger de la bonté d'une raison, il ne faut point que celuy qui croit l'avoir de son côté en juge sur sa prévention , il faut la confronter avec les regles constantes de l'Eglise ; je viens de confronter les miennes avec ces regles, elles s'y accordent, donc elles sont bonnes ou les regles que l'Eglise me donne sont fausses, ce que je ne puis dire sans impieté ; celles de mon Adversaire ne s'accordant point avec les miennes, elles ne peuvent s'accorder avec les regles de l'Eglise, j'en ai fait l'épreuve , & j'ay trouvé qu'ils avoient moins de raison & de sens commun que les Heretiques du 16 siecle ; toute raison contradictoire à elle même ne peut jamais passer pour bonne , ou il faut que le sens commun ait changé de nature depuis qu'on a pris le party de changer de Religion.

Vivons comme nos Peres ont vécu, laissons la dispute pour les Ecoles, hors delà n'agitons rien, de crainte de herisser ceux avec lesquels nous avons à converser.

C'est à la Foi & à la croyance de nos Peres que je rapelle celui qui s'en écarte. Nos Peres ont vecû dans la Foi de l'Eglise, dans l'obéïssance aux Vicaires de Jesus-Christ qui la gouvernent, les Catéchismes qu'ils nous ont laissés rendent ce témoignage à leur Religion. Si vous prétendiez par ces mots *Nos Peres* entendre ceux qui ont suivi le dereglement de l'apellantisme, j'aurois ces Peres en horreur; j'aurois honte d'être le Fils des Pelagiens & des Lutheriens, je rougirois de dire nos Peres Julien & Luther : Voila les Peres des Apellans, mais non pas ceux des enfans de l'Eglise Catolique, qui disent nôtre saint Pere Clement XI. nôtre saint Pere Innocent XIII. ainsi appellent-ils les successeurs de l'Apôtre, les Vicaires de Jesus-Christ.

Si les questions ne sont que d'Ecole, pourquoy les en arracher pour les traduire au Concile futur ? cette forme est inusitée, la premiere Ecole qui l'ait suivie de nos jours est l'Ecole du Jansenisme, puisqu'elle en est venuë au dernier tauxfuyant des Heretiques, il faut certainement qu'il y ait plus que jeu d'Ecole. Les decisions du Concile de Trente conformes aux Jugemens de Leon X. ont fait voir clairement que les opinions de l'Ecole de Luther étoient de monstrueuses Heresies. Si l'obéïssance dûë au S. Siége n'est qu'opinion d'Ecole on a eu grand tort en France de répan're tant de Sang à l'occasion du Calvinisme; il falloit donner conger à l'Evangile, à la Tradition, à la doctrine de toute l'Antiquité jusqu'à nos jours, & nous renfermer dans l'Ecole de Calvin, toute la France seroit devenuë Huguenotte avec une charmante tranquilité, avec ce conseil nous reparerons la faute, & nous renfermans tous dans l'Ecole du Jansenisme, nous dirons de concert adieu au Pape, à l'Eglise Romaine, à l'Eglise Universelle, & le General Rib*** à nôtre tête, nous ferons main basse sur les Images, les Autels, les Temples, les Catechismes; afin de n'avoir plus rien qui nous reproche. Mais je trouve un obstacle qui me paroît invincible, c'est que J. Christ a parlé, il a dit que tout passeroit, que ses paroles demeureroient eternellement qu'il ne s'en échaperoit pas un *iota*, c'est un Dieu il doit être crû; Quel horrible scandale seroit ce donc de tourner toutes ses promesses en Problêmes, en Opinions d'Ecole ? & d'oser avancer que la Pierre sur laquelle il a fondé son Eglise a manqué dans les successeurs de sa Foy & de sa Confession comme de son Ministere, par consequent que son Eglise est en ruine, qu'elle est du tout perie: Nos Peres & nous avons fremi au bruit de ce Blasphême de Calvin; l'Ecole du Jansenisme a t'elle trouvé un secret pour le rendre moins execrable ? Son hipocrisie feconde en expediens auroit elle inventé un

Bb ij

vernis propre n'a fait pour en cacher les horreurs ? aura t'elle quelque subtilité pour nous faire entendre plus adroitement que n'a fait l'Ecole du Calvinisme que J. C. a été un Imposteur qui n'a pas tenu sa parole? malheur à l'Ecole qui masque le Blasphême ou qui le livre à visage découvert !

La verité doit s'annoncer par tout & en tout temps, sur tout lorsqu'elle trouve des ennemis qui la combattent, c'est l'heritage le plus précieux que nous ayons reçû de nos Peres, c'est être perfide à leur pié-té que de l'abandonner en proye à ceux qui nous le contestent ou qui veulent le dissiper ; Je répons dans l'Ecole à celuy qui attaque mes O-pinions ou ma croïance dans l'Ecole ; mais je pourfuivrai par tout à la face de l'Eglise celuy qui attaque la Foy de l'Eglise, c'est mon bien que je vange ; car je n'en reconnois qu'une qui fait le fondement de mon esperance ; c'est l'Eglise Romaine, hors de laquelle il n'est point de falut étant la feule Catholique, la feule Univerfelle. Je n'ay point à converfer avec ceux qui s'en font féparez par leur Apel, Je les fuis comme des Apostats, qui étans rentrez par leur rebellion dans la socié-té des Payens, ne meritent plus d'être honorez du commerce des Chrétiens ; Ainsi je ne crains point de Heriffer des gens que je ne frequente point ; je ne ménage pas davantage ceux qui ont le malheur d'époufer ce mauvais party ; je ne leur épargne rien de tout ce que j'aprens pour la défence de la Foy & la conviction de l'Imposture. Si Jefus-Christ nôtre Maître & nôtre Modele avoit fuivi vôtre leçon les Juifs ne l'auroient pas Crucifié ; ils n'auroient point lapidé Saint E-tienne s'il avoit eu cette moderation à leur égard ; en un mot nous ne ferions dans l'Eglise l'Office d'aucun Martyr ; Saint Cyprien, Saint Athanafe, Saint Ambroife, Saint Auguftin & tous ces illuftres défen-feurs de la Foy Catholique, pafferoient aujourd'huy pour des broüillons, qui ont heriffé & irrité tant d'Heretiques contre lefquels ils ont eu à combattre.

Donnez vous de garde de réduire en pratique dans vôtre famille la maxime que vous établiffez. Si fous pretexte de craindre d'Heriffer vos Enfans vous vous abfteniez de l'inftruction ou de la correction que vous leur devez & qu'ils ont droit d'exiger de la charité paternelle, vous en feriez le premier puni : si fous ombre de ne point troubler la paix domeftique vous lâchiez les rennes aux paffions naiffantes d'une adolefcence incapable de fe conduire, vous ne tarderiez pas à devenir la duppe de vôtre timidité, vous verriez croître autour de vous une multitude de petits fcelerats qui deviendroient vos premiers bourreaux, qui par l'Ordre de la Juftice de Dieu fe vengeroient par les perfecu-tions les plus cruelles de l'injuftice d'un filence meurtrier de leur Re-ligion, homicide de leur honneur & de leur vertu, avec ce filence on fera aujourd'huy des Janfeniftes de tous les peuples du Royaume, & demain des Mahometans, dans chaque famille on fera naître autant de Religions que de têtes, c'eft l'Evangile de l'Angleterre. *Crois tout ce que tu voudras & laiffe croire ton Voifin.* Communiquez je vous prie ces reflexions....

On s'eft plaint à l'Auteur de ce qu'il traitoit des Payfans & des Manans de Meffieurs : Qu'il paroiffoit que ces Qualitez n'étoient point convenables. Il a répondu : " Qu'étans réconnus dans le Party pour des Juges Souverains de la Doctrine de la Tradition & de la Foy ; Il auroit dû à la verité les qualifier de Meffeigneurs, meritans ce tître à meilleur droit que les Prélats qui reconnoiffoient leur Tribunal fuperieur au leur, les rendoient les Juges de leurs expofitions de Foy, demandoient leurs fuffrages pour aprouver ce qu'ils prenoient la liberté de leur propofer, foumettroient leurs avis & leurs motifs à leur Jugement. Si l'on donne la qualité de Meffeigneurs aux Prélats : Comment ceux de P**. de B**. de C**. qui reconnoiffent leur Villageois pour leurs Souverains la leur refuferont-ils ? Que parlant dans le goût de ces Meffieurs, faifant répondre l'Enfant élevé dans les Principes de leur Religion, il étoit en droit d'employer en leur nom les prérogatives de Grandeur & Tîtres d'Honneur ; cependant que n'étant point accoutumé à ce nouveau Ceremonial, la chofe lui faifant trop de répugnance il les avoit fuprimez fe contentant avec affez de peine du Tître de Meffieurs ; Que comme il ne vouloit pas neanmoins que fon exemple fervoit de Prefcription ; fi ceux qui s'intereffoient pour fes petits Ouvrages préfumoient qu'il eut fait une injuftice, n'ayant aucun deffein d'en faire à perfonne, il les laiffoit les maîtres abfolus de rectifier tout ce qu'ils jugeroient à propos. ,, Cette Réponfe nous ayant paru décifive, nous n'avons pas crû pouvoir changer rien dans le difpofitif Original de l'Auteur.

Il eft étonnant que dans nos jours on enfeigne fans pudeur des Erreurs & des Herefies, dont on rougiffoit dans le fiecle paffé : qu'elles ayent pris l'air & le goût de la verité, de telle maniere qu'entreprendre de les attaquer, de les refuter, c'eft infulter à la doctrine de la Nation, qui l'emporte fur la foy de nos Peres & la doctrine de la Religion. Pour diminuer ce qu'elles ont d'odieux on a trouvé le fecret de leur donner un vernis brillant en les honorant du tître fpecieux de libertez de Privilege de l'Eglife Gallicane. Cette idée, toute fauffe qu'elle foit, a tellement prévalu, que l'on fe fait un point de Religion d'agir en conformité, les uns avec plus de temerité, les autres avec plus de modeftie. Ceux qui pour la gloire & l'honneur de leur Miniftere devroient fuivre conftamment les routes tracées par leurs Prédeceffeurs, qui fçûrent démêler les droits de l'Eglife des droits de la Politique : font les premiers a laiſſer enveloper ce que ceux là ont de plus iuconteſtable & de plus ſacré , ſous le manteau des libertez de celle-cy , que chacun amplifie & taille à ſa façon.

La Nouveauté, qui dans tous les tems a toûjours fait les delices de l'inconſtance, n'a jamais manqué de trouver des Défenſeurs auſſi bien que des Auteurs. Le Docteur Emond Richer , pouſſé par cet eſprit de ja-louſie , qui a toûjours regné dans la Sorbonne contre les Moines, com-poſa vers les commencemens du 17 ſiecle un petit Traité *De la Puiſ-ſance Eccleſiaſtique & Politique* , à l'occaſion d'une Theſe des Jacobins de ce tems là , dans laquelle ils ſoûtenoient l'infaillibilité du Pape dans les déciſions de Foy , conformément à la croyance de l'Egliſe , enſei-gnée par S. Thomas. Ce Docteur qui prévit qu'il ne pouvoit entre-prendre de renverſer une doctrine ſi conſtante ſans revolter les eſprits, ſe mit en garde contre l'orage qui alloit ſe former contre luy ; à l'exem-ple de tous les Novateurs il ſe menagea artificieuſement des protections en mettant aux priſes les deux Puiſſances par ſon ſiſtème ; afin qu'étant attaqué par l'une il fut ſecouru de l'autre , ce qui ne manqua pas de réüſſir comme il ſe l'étoit propoſé.

Les chefs du tiers état , tentez depuis long tems du deſir de la ſou-veraineté , voyant par ce plan nouveau tomber agreablement entre leurs mains les droits & les prerogatives de la Monarchie , les Monar-ques dans leur dépendance , aſſujettis à leur autôrité , avec le droit de les porter ſur le Trône ou de les en faire deſcendre à leur gré , de diſ-penſer les Couronnes ſelon leurs volontez ; prirent fait & cauſe pour la doctrine d'un Livre ſi favorable à leurs deſſeins. Sur les premiers remuemens de la Sorbonne il partit un Arreſt , portant deffenſe d'in-quietter l'Auteur , ni de cenſurer ſa Doctrine , on s'embaraſſoit peu de l'atteinte énorme qu'on donnoit à la Religion en attaquant l'eſſence de ſon gouvernement , pourvû que par le renverſement de celle ci on pût réüſſir a établir des droits ſur l'autôrité des Monarques , qui n'au-roient plus été regardez que comme les Miniſtres du Peuple , dont il ſe ſeroit paſſé dans le beſoin.

Les Cardinaux & les Evêques qui étoient alors à Paris , s'étans ap-perçûs de ce double piege , pour ôter tout pretexte aux Novateurs d'attenter par la Religion ſur l'indépendance abſoluë de nos Roys, qui ne tiennent leurs Couronnes que de Dieu ſeul , s'aſſemblerent pour ſecourir l'une & l'autre , animez de la ferveur de ce zele Catholique ſi relâché dans nos jours , ne croyant point que l'exercice de leur Mi-niſtere pût être lié par aucune puiſſance ſeculiere , ni que leurs ſujets en fait de Religion fuſſent en droit de regler le dépoſt de la Foy qui leur étoit confié , s'aſſemblerent en Concile Provincial ; le Cardinal du Perron Metropolitain de la Province de Sens Preſident , les Evêques de Paris, d'Auxerre, de Meaux, Orleans, Troye, Nevers & de Chartres, Suffragans, ils condamnerent folemnellement le Traité du Docteur Richer, comme contenant plufieurs *Propofitions*, *Expofitions*, *& Allegations fauffes*, *erronées*, *fcandaleufes*, & comme elles fonnent *Heretiques & Schifmatiques*.

En vain reclama-t-il contre la condamnation de ce Concile, & de celuy de la Province d'Aix dont il appella, on n'eut aucun égard à fon appel. Le Càrdinal de Richelieu également éclairé dans les droits de la Couronne & de l'Eglife, qui ne fût pas moins zelé pour la défenfe de l'une & de l'autre, n'oublia rien pour engager Richer à fe retracter de fes erreurs. Ce Docteur y confentit enfin, & declara par un Ecrit figné de fa main, qu'il foumettoit fon Livre au Jugement de l'Eglife Catholique & Romaine & du S. Siege Apoftolique, qu'il reconnoiffoit *pour Mere & Maîtreffe de toutes les Eglifes*, *& Juge infaillible de la verité*. Cét Ecrit fut remis entre les mains du Cardinal premier Miniftre le 7 Decembre 1629.

Richer ayant reçû quelques reproches fur ce qu'il ne s'étoit pas fuffifamment expliqué fur plufieurs points importans, touché d'un veritable repentir travailla à une nouvelle Retractation, qui fut trouvée dans fon Cabinet aprés fa mort. J'en ferai ici un abregé en nôtre Langue. L'on trouvera enfuite la piece entiere en langue Latine, telle qu'elle a été composée par l'Auteur.

I. PROPOSITION. Page 8. *Jefus-Chrift en fondant fon Eglife, a premierement plus immediatement & plus effentiellement donné les Clefs ou la Jurifdiction à toute l'Eglife qu'à Pierre & aux autres Apôtres* Page. 1. num. 1.

RETRACTION " J'avoüe que cette Propofition eft abfolument „ contraire à la doctrine de l'Eglife Catholique, fidélement expliquée „ par les SS. PP. Car ils affurent que Jefus-Chrift a premierement „ donné, immédiatement, effentiellement & non pas par accident, les „ Clefs à Pierre, & enfuite par S. Pierre aux Prélats de l'Eglife. Il le prouve 1°. par l'autôrité de Saint Optat de Mileve Livre 7. *de bono unitatis*, qui enfeigne *que Pierre a merité d'être preferé à tous les Apôtres, & que lui feul a reçû le privilege de communiquer aux autres les Clefs du Royaume des Cieux.* 2°. Par le témoignage de l'Ecole de Sorbonne, & cite S. Thomas, in 4°. fent. diftin. 14. Quæft. 3. art. 3. *quoique*, dit il *la puiffance de lier & de delie' ait été donnée en commun à tous les Apôtres, cependant afin qu'il y eut quelqu'ordre reglé dans cette puiffance, elle a premierement été donnée au feul Pierre, afin de demontrer que cette puiffance defcend de lui aux autres.*

II. PROPOSITION. Page 2 *Toute la Jurifdiction Ecclefiaftique, convient à l'Eglife premierement, proprement & effentiellement : Mais elle ne convient au Pontife Romain & aux autres Evêques qu'instrumentallement, Ministeriellement, & seulement quant à l'execution, comme la faculté de voir convient à l'œil.* Page 1. num. 1.

RETRACTATION. " Je ne desavoüe point que j'ay puisé cette
" proposition ou plûtôt cette Heresie dans les fontaines bourbeuses de
" Luther & de Calvin, qui prétendent faussement tous les deux &
" avec impieté, que la Jurisdiction n'a point été donnée proprement &
" immediatement à Saint Pierre, aux autres Apôtres & aux Evêques ;
" mais seulement par accident instrumentalement & au nom de l'Eglise. Il cite 1°. l'autôrité de Gerson, (dont on a voulu fort mal dans
nos jours ressusciter l'esprit.) *La Plenitude de la Puissance Ecclesiastique* ;
" dit ce fameux deffenseur de l'Ecole de Paris ; *étant ainsi prise selon
les loix ordinaires, ne se trouve que dans le seul souverain Pontife formellement & subjectivement : sans cela le gouvernement de l'Eglise ne seroit point
Monarchique, il pourroit y avoir plusieurs chefs égaux en puissance, ce qui est
manifestement Heretique.* Lib. de Potest. Ecclef. Conf. 8. & 10. Ensuite
infirmant la comparaison de l'œil qu'il avoit aportée en aide de preuve ; il avoüe qu'elle fait plus contre lui qu'elle ne donne de faveur à
sa cause : Et que s'il n'apartenoit pas en propre au Pontife Romain &
aux autres Evêques de conduire le peuple fidéle dans ce qui regarde
la Religion, la dignité Pontificale & la dignité Episcopale, n'auroient rien de propre & d'essentiel, qui les distinguât des autres fon-
ctions ou offices de la vie humaine.

III. PROP. page 10 *Jesus Christ n'a pas tant donné la puissance infaillible des clefs au seul Pierre, qu'à l'Unité.* C'est à dire au Corps de
l'Eglise, page 2. Num. 2.

RETR. " Je deteste en gemissant cette Erreur qui est de moy. ,,
Il a detesté 1°. avec Saint Bernard qui parlant au Souverain Pontife
(Eugene) lui dit *Vous êtes celui à qui les Clefs ont été données, à qui les
Oüailles ont été commises. Il y a à la verité d'autres Portiers du Ciel, d'autres Pasteurs du Troupeau : mais vous en avés herité le nom avec d'autant
plus de gloire, que l'un & l'autre vous a été donné avec une plus grande difference. Ceux ci ont des Troupeaux particuliers qui leur sont assignés, mais
chaque Pasteur & chaque Troupeau vous est confié, tous ensemble ne font
qu'un sous un seul. Car vous n'êtes pas simplement Pasteur des Ouailles, vous
êtes encore le seul Pasteur de tous les Pasteurs. lib. 3. cap. 8.* 2°. Par le
principe de Gerson, qui met entre les erreurs Heretiques & les Heresies
manifestes cette Proposition, sçavoir : *Que les Clefs étoient données à l'u-
nité & non pas à un seul* Tract. de Schism. Col. 228. Gerson.

IV. PROP. Page 2. n. 3. *L'Etat de l'Eglise est distingué de son propre
Gouvernement, car l'Etat est Monarchique, &c. Mais le Gouvernement est
Aristocratique, &c. parceque c'est le meilleur de tous, & celui qui est le*
plus

plus convenable à la nature. Page 5. num. 2.

R E T R. " Je confesse que j'ay griévement péché en admettant cette
" proposition, en disant beaucoup de choses tout à fait ridicules & He-
" retiques. 1°. Parceque l'Etat de quelque chose que ce puisse être soit
" particuliére, soit publique, est réellement la même avec son gou-
" vernement, que l'un est inséparable de l'autre : Car qui est ce qui
" oseroit entreprendre de distinguer l'Etat Monarchique de son Gou-
" vernement sans se rendre coupable du crime de leze Majesté, qui at-
" tribueroit l'Etat au Roy, & le gouvernement ou l'exercice de la
" Puissance aux Grands du Royaume ; de sorte que la Majesté de
" l'Empire appartiendroit plûtôt aux Conseillers & aux Ordres du
" Royaume qu'au Roy. ,, Il faut donc avoüer que l'Etat & le gouvernement de l'Eglise consiste ou reside dans la personne du souverain
Pontife, à qui tous les Chrétiens sont obligez par le Droit Divin
d'obéïr en matiere de Religion. 2°. Il le prouve par l'authorité de
Gerson, qui dit : *Que la Puissance Ecclesiastique a été établie sur tout par
J. Christ, & fondée dans un seul Monarque souverain. J. Christ n'a point
institué d'autre police qu'une Monarchie immuable & Royale en quelque façon;
ceux qui sont d'un sentiment contraire, &c. s'ils y perseverent avec obstination, il faut les condamner comme Heretiques.* Lib. de Auferib. Consid. 8.

3°. Il condamne sa Proposition avec la Sorbonne, qui avoit déja
condamné celle de Marc-Antoine de Dominis faux Archevêque de
Spalatro en 1618, qui prétendoit que *J. Christ n'avoit point institué
immediatement la forme Monarchique dans l'Eglise, &c. Que tous les
Apôtres ensemble, & en principal solidairement, avoient avec une égale puissance gouverné l'Eglise Aristocratiquement, & que tous les Evêques gou-
vernoient l'Eglise avec pleine puissance.* " Je déclare, dit il, ainsi que
" cet Oracle (la Sorbonne) l'a declaré, que ces Propositions sont he-
" retiques, schismatiques, tendantes à renverser l'ordre de la Hierar-
" chie, & à troubler la paix de l'Eglise. Et la Sorbonne témoigne que
" l'Archevêque de Spalatro luy en a faussement imposé, quand il a
" osé écrire que la Faculté de Paris s'étudioit à démontrer le gouver-
" nement Aristocratique, & non pas Monarchique de l'Eglise.

Si Marc-Antoine de Dominis étoit revenu il y a six ou sept ans il
auroit trouvé les choses bien changées, puisque l'on n'a pas cessé depuis ce tems de rendre publiquement homage à ses impostures.

V. P R O P. pag. 18. *Pierre n'a pas reçû de J. Christ les Clefs de la Jurisdiction pour luy ; mais pour l'Eglise, & au nom de toute l'Eglise. il ne
les a pas reçûs comme un Pasteur Oecumenique, ni comme un Prince;
mais seulement comme Ministre & comme Executeur des Decrets de l'Eglise.*
page 2. nomb. 2.

R E T R. ' Certainement cette Proposition sent l'heresie de Jean Hus ;

Qui a eu la preſomption d'aſſurer " que le Pape n'étoit point le Chef „ de l'Egliſe , & qu'il n'avoit point reçû les Clefs ſi ce n'eſt en ſon nom: „ ce qui a été condamné par le Concile de Conſtance , & ce que je „ condamne auſſi à preſent. „ Il le démontre , 1°. Parceque quoi que Pierre à raiſon de ſon Office Paſtoral & de ſa Primauté ait repreſenté toute l'Egliſe en recevant les Clefs de J. Chriſt , il ne les a point reçûës comme Vicaire de l'Egliſe , ou comme ſimple Miniſtre ; mais comme le Paſteur ſouverain , le Gouverneur , le Monarque , l'Univerſel & ſuprême Moderateur ou Conducteur de l'Egliſe. 2°. Quoi qu'il n'ait pas reçû les Clefs pour luy ; mais pour l'Egliſe & pour la gouverner ſalutairement , ou pour ſon gouvernement ſalutaire : il les a reçûës neanmoins proportion gardée de la même maniere qu'un Monarque qui porte l'Epée au nom du Peuple , l'a reçûë de Dieu , ſans qu'il ait pour cela aucun raport à d'autre Superieur dans les choſes purement temporelles qu'à Dieu ſeul dont il dépend , comme le Pape de Jeſus-Chriſt. Il cite S. Auguſtin , pour démontrer qu'il eſt des choſes qui ont été dites perſonnellement à Pierre , qui ne peuvent être bien entendues ſi on ne les explique de l'Egliſe , dont cet Apôtre a exprimé la figure dans ſa perſonne à raiſon de la Primauté qu'il a euë ſur les autres Diſciples. Pſal. 108. Il démontre l'ortodoxité de ſa doctrine par l'autorité de la Sorbonne. *C'eſt au ſeul Pierre* , dit ſaint Thomas *que Jeſus-Chriſt a promis les Clefs du Royaume des Cieux , afin de démontrer que c'étoit par lui que les Clefs devoient paſſer aux autres , pour conſerver l'unité de l'Egliſe. ib. cont. Gent. Cap. 70. 40.* Par le Concile de Calcedoine dont les Peres reconnurent la puiſſance ſuprême du Souverain Pontife , il preſida au deſſus d'eux comme la tête au deſſus des membres. 5°. Par l'autorité de ſaint Jean Chriſoſtome qui appelle le Souverain Pontife le fondement de l'Egliſe. Enfin il conclut que les Chrétiens ne doivent point rougir de penſer avec autant de pieté du Chef Souverain de l'Egliſe , que faiſoient les Payens au raport de Tacite Liv 3. de ſes Annales , à l'égard de celui qui dans la ſuperſtition étoit revêtu du même tître de Souverain Pontife *Celui qui maintenant eſt Dieu par ſon office , le plus grand de tous les Pontifes , le plus grand de tous les hommes , ne doit point être ſujet à nôtre jalouſie , à nôtre haine , à nos affections dereglées.* C'eſt un ancien Payen qui inſtruit bien des Chrétiens de nos jours de leur devoir; " mais s'il parloit ainſi du Chef de leur Religion „ continue Richer , " que ne devons nous pas penſer du Pontife établi non par les hommes mais de Dieu même , qui tient le gouvernail ou l'ancre de la nacelle de Pierre dans nos jours , puiſqu'il eſt le modèle de toutes les vertus. „ (Paul V.)

VI. Prop. page 18. *Le Pape eſt le Chef Simbolique , miniſteriel , accidentel , non eſſentiel de l'Egliſe , Chef viſible ſous Jeſus-Chriſt le Chef Eſſen-*

tiel & Principal , l'Eglise peut se separer du Pape , parce que ce Chef simbolique figuratif , peut-être ou n'être pas pour un tems; sans que l'Eglise perif-
se. page. 5. Num. 3.

Rᴇᴛʀ. " Il est évident que cette proposition s'accorde trés fort
" avec la doctrine de Plessy-Mornay qui enseigne dans le Livre impie
" qu'il a composé , du Mistere d'iniquité , sçavoir que l'Eglise de Christ
" peut facilement se passer du Pontife Romain ; Doctrine qu'il avoit aprise
" d'un autre fameux Heresiarque condamné au feu : (Jean Hus) Il n'est
" pas , disoit celuy-ci : la moindre bluette d'aparence qu'il faille un chef dans
" l'Eglise pour la gouverner dans les choses spirituelles , qui soit toûjours en
" commerce ou conservé avec cette même Eglise Militante.

" Certainement , j'avoüe qu'il n'est sorti de ma plume rien de plus
" extravagant , que lorsque j'ai écrit Que le Pape étoit le Chef Simboli-
" que de l'Eglise ; comme s'il n'étoit Chef qu'en peinture & en effigie ,
" comme sont les enseignes qui pendent aux Cabarets où l'on vend du
Vin. Je n'ay pas avancé avec moins de ridicule : Que le Pape étoit un Chef
Ministeriel , comme s'il n'étoit que simple Ministre de l'Eglise ; de même
" maniere que les Huissiers sont Ministres de la Justice. Mais ayant
" maintenant chassé de mon esprit tous ces tenebres Jᴇ ʀᴇᴄᴏɴɴᴏɪs
" 1°. Que le Souverain Pontife Romain est le vray Chef Ministeriel de
" l'Eglise, identifié avec Jesus-Christ , le Chef essentiel & principal , de
" qui il dépend; Parce que quoique Jesus-Christ se soit dit le Roy des
" Roys , le Seigneur des Seigneurs , cependant pour donner l'exem-
" ple de l'humilité à ses Disciples , il leur témoignoit Qu'il n'étoit pas
" venu pour être servi ; mais pour servir. 2°. Comme le Pontife Romain
" est de droit Divin le Prince & le Chef Souverain de l'Eglise , il ne
" peut jamais être séparé d'elle ; ni elle faire divorce avec luy ; si ce-
" la pouvoit être l'Eglise seroit un Corps monstrueux qui n'auroit point
" de tête. Et quoique le Pape defunt l'Eglise semble n'avoir point
" de Chef , Cependant comme parlent les Jurisconsultes , le Vif saisit le
" Mort , & l'Eglise ne reste pas moins saine & sauve qu'un Royaume
" à la mort de son Roy , ou qu'un Diocese à la mort de son Evêque.

Ensuite il conclud que le Pape étant de l'essence de l'Eglise comme
son membre principal , à sçavoir son Chef , il ne peut être Chef accidentel , ni Chef simbolique ; sans cela " Je renverserois , dit-il , en-
" tierement la Definition du Nom de l'Eglise , que les Catholiques
expriment en ces termes. L'Eglise est l'assemblée des Fideles faisant prof-
sion de la même Foy Chrétienne , réünie dans la participation des mêmes Sacremens sous la conduite des Pasteurs legitimes , principalement du Pontife
Romain seul Vicaire de Jesus-Christ. Bellar. Libr. 3. de Eccles. Cap. 3. Il
conclud en dernier lieu avec le Docteur de Sorbonne (Gerson) " que
" le Vicaire de Jesus-Christ Epoux de son Eglise, restera jusqu'à la con-

" fommation des fiécles , que l'un ne peut manquer qu'un autre uni-
" que & certain ne foit intronifé à fa place. Que fi l'on pouvoit affurer
" le contraire, l Eglife demeureroit alors imparfaite jufqu'à la confom-
" mation de fiecles, qu'elle ne jouiroit point de l'integrité de fes mem-
" bres , fur tout du membre principal , qui eft le Souverain Pontife
" en qualité de Chef de l'Eglife le Corps Myftique de Jefus Chrift.

VII. PROP. Page 14. *Toute l'Efcence ou l'étenduë de la Jurifdiction de l'Eglife quant au Fore exterieur , ne paffe pas les bornes du pouvoir d'Excommunier.* Page 4. Num. 2 & 23.

RETR. " J'avouë librement que cette Propofition eft abfolument contraire à la Doctrine des Conciles Oecumeniques , des facrez Canons & des SS. PP. 1°. Parce que la Jurifdiction exterieure outre l'Excommunication renferme encore le droit , ou la force Coactives ou directive. Car quoique le Concile de Trente recommande aux Juges Ecclefiaftiques de s'abftenir autant qu'il fera poffible des Cenfure Ecclefiaft ques & des Interdits; il déclare cependant qu'il leur eft permis d'agir à l'égard des Laïques foit par des Amendes précuniaires , foit par prifes de Gages , foit même par privation de Benefices. Mais que l'on ne pourra avoir contr'eux aucune execution par faifie ou par corps à raifon defdites impofitions de peine , que la contumace apartient au Juge , & qu'alors le Juge pourra outre les autres peines les fraper d'Anathêmes à fon arbitre. Sect. 25. Decret de la Reform. Chap. 3. Le même Concile decrete en outre contre les Prêtres & autres Ecclefiaftiques qui refiftent aux avertiffemens de leurs Superieurs ou qui n'obéiffent point aux Canons , qu'ils foient privez de leurs Benefices, portions & penfions Ecclefiaftiques pour toûjours, & rendus indignes & inhabiles à tous Honneurs, Dignitez, Offices, & Benefices... Il avoüe qu'il ne peut nier que fa Propofition fufdite donne faveur aux Erreurs de l'Archevêque de Spalatro. Car il prétendoit qu'il n'y avoir dans l'Eglife aucune vraye Jurifdiction de Droit Divin ? mais qu'elle étoit feulement gouvernée par la Charité. " Ce que la Facul-té de Paris a déclaré être Heretique , & ce que je déclare avec elle.

" Afin donc , continue t'il ; que je ne fois pas davantage accufé
" de vouloir renverfer le Tribunal de l'Eglife ; Je demanderai avec
" Saint Auguftin aux Critiques les plus feveres : *Pourquoi l'Eglife ne contraindroit pas fes Enfans perdus à revenir , fi ces Enfans perdus en ont eux mémes contraints d'autres à fe perdre ?* Le Saint Docteur avoit dit un peu auparavant. *Celle là , fçavoir l'Eglife , pourfuit, perfecute par charité ; Ceux là , fçavoir les Heretiques ; en feviffant , Celle la pour corriger , Ceux-cy, pour tout perdre : Celle là pour ramener de l'erreur , Ceux cy pour y precipiter.* Epift. 50. ad Bonif Comitem de Moderatè Coërcend. Heret. Pag. 81. & 83. Edit. Lovan. Tom. 2.

" Si l'Eglise avec les foudres de l'Excommunication n'avoit point
" d'autres traits à lancer, de quel frein, de quelles armes pouroit-elle
" user pour réprimer la ferocité des Heretiques, qui comme des San-
" gliers enragez ravageroient la vigne du Seigneur, & qui é-
" tant retranchez du Corps de Christ comme des membres pourris,
" mepriseroient & regarderoient comme rien l'Ordre de la Discipline
" Ecclesiastique, toutes les Censures, & tout Anatheme ? J'avoüerai
" ingenument que nous avons sur cela non seulement le Temoignage
" des Peres & des Conciles ; mais que les Catholiques ont encore la
" pratique commune de l'Eglise Universelle ; les Annales Ecclesiastiques
" en rendent un Témoignage si autentique, que si quelqu'un vou-
" loit entreprendre de le contester, il faudroit auparavant qu'il rédui-
" sit en cendres toutes les Bibliotéques de tout le monde Chrétien.

" Mais quoique par l'Indulgence des Roys, & que pour le bien de
" la paix l'execution des Canons soit quelques fois suspenduë. Elle ne
" peut nuire cependant à l'autôrité de l'Eglise, ni former aucune Pres-
" cription contre ses droits, C'est par ces raisons qu'étant rentré en moy
" même j'efface avec mes larmes, Je retracte de cœur & d'esprit, &
" penetré d'une extrême componction du scandale que j'ay donné à
" l'Eglise & aux ames pieuses, ces sept Propositions que j'ay écrites au-
" trefois contre le S. Siege Apostolique. Car comme dit S. Prosper,
Celuy là est un LOUP *qui attaque le* Pasteur. Et comme l'a dit Saint
Bernard, *Un Catholique simulé fait beaucoup plus de mal que s'il se décla-*
roit manifestement Heretique.

" Je me repens de plus d'avoir égalé les CUREZ aux Evêques en
" coulant la Doctrine qui suit, *Nous appellons Senat ou Concile né de l'E-*
glise, institué par le Seigneur, l'Assemblée non seulement des Evéques, mais
encore de tous les Prêtres qui ont charge d'ames. " J'avoüe franchement
que cette Proposition est Heretique & Schismatique.

" Je ne suis pas tombé dans l'Erreur moindre contre la PUISSAN-
" CE DES ROYS, lorsque j'ay écrit reciproquement *Que toute Principau-*
" té ne tiroit sa Force Coactive que du consentement des Hommes, &c. Je
" ne cele point que j'ay puisé cette Doctrine dans les Lacunes des
" Heretiques, que je confesse combattre contre la parole de Dieu.
" *Que toute ame soit soumise aux Puissances suréminentes, car il n'est point*
" *de Puissance qui ne soit établie de Dieu.* aux Romains Chap. 13.

Il termine son ample Retractation par ces Paroles de l'Apôtre aux
Philippiens. Chap. 2. tirées du Texte Grec. *Comblez mes desirs, afin*
que vous ne pensiez qu'une même chose, que vous n'ayez qu'une même Chari-
té, que vos sentimens soient uniformes, rien par dispute ni par une vaine
gloire, &c. Vous étudians à conserver l'Unité du Saint Esprit dans le lien
de la paix. Il cite en dernier lieu ces paroles du Concile de Tyr. Chas-

fez dehors les AGEPHALES. Si cette PESTE remporte la Victoire, il faut que nous mourions, Ejice foras Acephalos Si vicerint, morimur.

Telle eſt la Doctrine qu'Emond Richer a enſeignée & qu'il a deteſtée comme Heretique & Schiſmatique, que l'on profeſſe aujourd'hui tête levée. Le Parti déclaré ne s'en cache plus, les Livres pernicieux qu'il ſeme ſans ceſſe dans le Public, pour la défenſe de ce Livre fatal où tous ces principes ſont formellement contenus, en eſt une preuve bien demonſtrative, qui ne ſouffre aucun ſoubçon; Ce qu'il y a de plus déplorable c'eſt de voir de faux Catoliques ſe déclarer eux mêmes contre eux mêmes, fraper d'une playe honteuſe un Miniſtere Sacré, aprés lequel ils ſemblent n'avoir couru que pour le deshonorer & l'avilir, en abandonnant le plan du gouvernement de l'Egliſe établi par Jeſus-Chriſt, pour ſe former des maximes nouvelles de conduite ſur les principes d'un Docteur ſeduit, qui revenu à lui même les a effacées de ſes larmes, confeſſé ingenuement les ſources empoiſonnées d'où il les a puiſées, qui en a témoigné ſes regrets & ſa douleur, déclarant avec la même ingenuité que ſa Doctrine pernicieuſe étoit une conſpiration qui n'étoit pas moins formée contre le Trône de la Monarchie, que contre celui de la Religion.

Le fameux ſaint Cyran qui avoit concerté le projet de faire revivre le Calviniſme dans le Royaume à pur & plein, ne trouva pas de meilleur ſecret que de reünir les principes du Richeriſme à ſes deſſeins, auſſi n'a t'il fait aucune difficulté de ſoutenir que jamais homme ſage n'accuſa les Richeriſtes d'Heretiques & de Schiſmatiques. Mais il eſt évident que tout inſenſé qui raiſonne comme lui eſt auſſi ſage qu'il le fut C'eſt le Docteur Richer qui le convainc lui même d'impoſture & d'extravagance, en avoüant que ſa Doctrine renfermée dans les ſept Propoſitions qu'il retracte, eſt non ſeulement Heretique, Schiſmatique contraire à tous les témoignages de l'Egliſe, de la ſainte Ecriture, des Conciles, des SS. PP. des plus ſçavans Docteurs, de la Sorbonne même; mais qu'elle eſt encore inepte, ridicule, extravagante, inſenſée, également criminelle de leze Majeſté Divine & Humaine, préjudiciable à l'autorité de l'Egliſe & à la puiſſance des Rois; enfin qu'il l'a puiſée dans Jean Hus, Luther, Calvin, Marc Antoine de Dominis, du Pleſſy-Mornay & autres fameux Heretiques.

Les Calviniſtes ſe plaignoient que l'on cherchoit à les rendre odieux par ces mêmes accuſations, que les Catoliques formoient contre eux ſur leurs principes & ſur leur conduite; pour ſe purger de ces prétenduës calomnies, ils ſemerent beaucoup d'ancre ſur du papier; mais tandis que d'une main ils s'occupoient à écrire, l'autre armée du glaive ſaccageoit le Royaume, en renduiſit la plus belle partie ſous leur domination; partageans la Monarchie entre eux & nos Rois, contre leſ-

quels ils 'e revolterent pour preuve de leur soumission & de leur attachement. On se repend aujourd'hui d'avoir employé tant de sommes
pour soudoyer des Apostats efféminés ou gens inutiles, on s'en corrigera à l'avenir, on étudiera les mécontens, on formera des rebelles,
on mettra dans ses interêts quelque bon Pensionnaire en credit & en
faveur, avec de l'argent on vient à bout de tout, c'est une force mou-
vante à laquelle rien ne resiste.

Ejuratio altera Errorum EMUNDI RICHERII *Doctoris Sacræ Facultatis Theologiæ Parisiensis in mu-sæolo ejus reperta post obitum suum.*

LECTORI.

CUM mihi perlatum fuerit, me non omnibus satisfecisse,
& quosdam ægrè ferre, non satis clarè ac dilucidè errores
meos abjurasse in illâ, quam anno superiori cecini, pali-
nodiâ; nunc aporæ pretium dixi ex libello à me conscri-
pto septem dumtaxat propositiones in sanctam Sedem Apostolicam contumeliosas excerpere; quò paulò fusiùs execrer ea, quæ
ψυχικῶς abjeci. Ideò luce tenebris oppositâ, omnem cavillationis
vel tergiversationis ansam calamo linguaque expungam, sicuti olim
ense suo nodum Gordianum Alexander excidit. Quod tibi, Lector,
non in integram solutionem debiti, nec in omnium errorum meorum
piaculum erit, sed tantummodò pro pignore majoris lucubrationis
accipies. Nam antehac œstro percitus schismaticis favi, orthodoxam
doctrinam pro virili in posterum me tueri, ac protegere velle testificor, ut
cum fratribus meis juxta Apostoli concilium ἐν τῷ αὐτῷ νοῒ καὶ ἐν τῇ αὐτῇ
γνώμῃ in eadem mente & sententiâ vivam & moriar. (Ad Cor. 1.)

I. PROPOSITIO. Pag. 8.

*CHristum suam fundando Ecclesiam, priùs, immediatiùs, & essentialiùs
claves seu jurisdictionem toti dedisse Ecclesiæ, quàm Petro, & aliis
Apostolis.* (Pag. 1. n. 1.)

HANC propositionem doctrinæ Ecclesiæ Catholicæ, à sanctis vetustis-
que Patribus fideliter expositæ adversari liberè fateor. Asserunt enim
Christum claves jurisdictionis Ecclesiasticæ primò, immediatè & essentialiter, non per accidens, Petro dedisse, deinde per Sanctum Petrum
Ecclesiæ Prælatis contulisse. Quod inter ceteros Optatus Milevitanus
testatur, (Lib. 7.) *Bono unitatis,* inquit, *Beatus Petrus cui satis erat,*

si postquàm negavit solam veniam consequeretur, & praeferri omnibus Apostolis meruit, & claves regni coelorum communicandas ceteris solus accepit. Huic quoque veritati schola Parisiensis assentit, in quâ tamquam sydus D. Thomas olim fulsit. *Quamvis* (ait ille Angelicus Doctor) *omnibus Apostolis data sit communiter potestas ligandi & solvendi, tamen ut in hac potestate aliquis ordo significaretur, primo soli Petro data est, ut ostendatur, quod ab eo in alios debet ista potestas descendere.* (In 4. sent. dist. 24. quest. 3. art. 2.)

II. PROPOSITIO Pag. 2.

Tota jurisdictio Ecclesiastica, primariò, propriè & essentialiter Ecclesiae convenit; Romano autem Pontifici atque aliis Episcopis instrumentaliter, ministerialiter, & quoad executionem tantùm, sicut facultas videndi oculo competit. (Pag. 1. n. 1.)

HANC Propositionem, seu potiùs haeresim, exputridis Lutheri & Calvini fontibus me hausisse non diffiteor, qui ambo impiè falsoque contendunt propriè & immediatè jurisdictionem Ecclesiae fuisse datam à Christo non S. Petro, aliis Apostolis & Episcopis nisi per accidens, instrumentaliter & nomine Ecclesiae. *Plenitudo potestatis Ecclesiasticae* (inquit Gersonius ejusdem scholae Parisiensis egregius defensor) *sic propriè sumpta de lege ordinariâ, non est nisi in unico summo Pontifice formaliter & subjectivè ? alioquin ecclesiasticum regimen non esset monarchicum & habere posset multiplex caput ex aequo, quod est apertè haereticum.* (De potest. Ecclel. Conf. 19. 1606. Edit Par) His verbis asserit Christum jurisdictionem ecclesiasticam essentialiter & propriè dedisse omnibus Apostolis, atque aliis praelatis Ecclesiae, sed eminentiori modo & principaliter D. Petro, & ejus successoribus. Quod ad similitudinem, quam ego produxit, ipsamet auctorem suum convincit, nam sicut facultas videndi est in oculo formaliter & subjectivè, solusque oculos essentialiter videt & immediatè, homo verò mediatè tantùm, nimirum per oculum, ita ut benè quadret reductio similitudinis ad similitudinem : Romanus Pontifex & alij Episcopi, quos oculo comparavi, jurisdictione ecclesiasticâ formaliter essentialiterque potiuntur. Nam si proprium & essentiale non sit Pontifici Romano & aliis Episcopis populum fidelem in spiritualibus regere, quid erit Pontificiae & Episcopali dignitati proprium & essentiale, quo ab aliis humanis vitae muneribus officiisque distinguantur ?

III. PROPOSITIO. Page. 10.

Christum non tam uni Petro, quàm unitati, infallibilem clavium potestatem detulisse. (pag 2. n. 2.)

HUNC

Hunc meum errorem cum D. Bernardo (Lib. 3. C. 8. ad Eugen. Pap.) mœrens deteſtor. *Tu es* (inquit , alloquens ſummum Pontificem) *cui claves tradita , cui oves commiſſæ ſunt. Sunt quidem alij cæli janitores & gregis paſtores : ſed tu tantò glorioſiùs , quantò & differentiùs utrumque præ ceteris nomen hereditaſti. Habent illi ſibi aſſignatos greges ſinguli ſingulos , tibi univerſi crediti ſunt , uni unus. Nec modò ovium , ſed & paſtorum tu unus omnium paſtor.* Illud etiam Sorbonæ ornamentum , quod ſuperiùs citavi , inter errores hæreticos , hæreſeſque manifeſtas hanc propoſitionem repoſuit : *Quod claves ſint datæ unitati , non uni.* (Gerſ. tract. de ſchiſm. col. 228.)

IV. PROPOSITIO. Pag 2 n. 3.

STatus Eccleſia ab ejuſdem regimine diſtinguitur , ſtatus enim monarchicus eſt , &c regimen verò Ariſtocraticum , &c. quia omnium optimum & natura convenientiſſimum. (page 5. n. 2.)

Ego quidem in hac propoſitione me graviter erraſſe fateor , multa inepta planéque hæretica dicendo. Status enim cujuſque rei ſive privatæ ſive publicæ atque regiminis ejuſdem realiter idem ſunt , nec à ſe invicem divelli poſſunt. Nam quis niſi læſæ majeſtatis reus ſtatum Monarchicum ab illius regimine ita vellet diſtinguere , ut ſtatus quidem penes Regem eſſet , regimen verò & poteſtas in actum redacta , penes primates regni ; ita ut majeſtas imperii non tam Regi , quàm conſiliariis vel ordinibus regni competeret. Fatendum eſt igitur in Ecclefià & ſtatum & regimen ejuſdem in perſonâ ſummi Pontificis conſiſtere , cui omnes Chriſtiani jure divino in ſpiritualibus parere tenentur. *In uno Monarchâ ſupremo,* inquit Gerſonius, (Lib. de Auferib. Pap.) *per univerſum fundata eſt à Chriſto Eccleſiaſtica poteſtas , præter quam nullam aliam politiam inſtituit Chriſtus immutabiliter monarchicam , & quodam modo regalem , oppoſitum ſentientes , &c. ſi pertinaces maneant judicandi ſunt hæretici.* Eandem peſtiferam doctrinam ſuperioribus annis celeberrima Sorbona ſchola exploſit, (Ann. 1618.) cùm Spalatenſis pſeudo-archiepiſcopus in ſuis ſcriptis monarchiæ formam non fuiſſe immediatè in Eccleſià à Chriſto inſtitutam aſſeruiſſet , &c. Apoſtolos ſimul & in ſolidum Ariſtocraticè curam Eccleſiæ geſſiſſe cum æquali poteſtate omneſque Epiſcopos regere Eccleſiam cum plenâ poteſtate. Quas propoſitiones hæreticas , ſchiſmaticas , ordinis hierarchici ſubverſivas , & pacis Eccleſiæ perturbativas oraculum illud declaravit , & ego etiam declaro. Teſtificaturque Sorbona meram contra facultatem Pariſienſem impoſturam eſſe quod ipſemet Spalatenſis auſus eſſet ſcribere ſcholam illam ſuam eſſe & reipſa poteſtati ſtudere Ariſtocraticæ, non monarchicæ.

D d

V. PROPOSITIO. Pag. 18.

PEtrus claves jurifdictionis accepit à Chrifto Domino, non pro fe fed pro Eccle-fiâ & nomine totius Ecclefiæ, non ut paftor œcumenicus & princeps, fed ut minifter tantùm & executor decretorum Ecclefiæ. (pag. 2. n. 2.)

H æ c fanè propofitio redolet hærefim Joannis Hus, qui afferere præfumpferit Papam non effe caput Ecclefiæ, nec claves accepiffe nifi nomine illius. Quod à Concilio Conftantienfi condemnatum fuit, & nunc etiam condemno. Quamvis enim D. Petrus propter primatum & officium paftorale, perfonam totius Ecclefiæ fuftinuerit in accipiendis à Chrifto clavibus, eas tamen accepit non tanquàm Ecclefiæ vicarius atque fimplex minifter, fed tamquam fupremus paftor, rector & princeps, fummufque univerfalis Ecclefiæ moderator. Licet non profe, fed propter Ecclefiam, ejufque falutare regimen eas acceperit, non fecusquam Monarcha, qui in perfonâ populi fui gladium quem portat, à Deo accepit, fine tamen ullo refpectu in merè temporalibus ad alium fuperio-rem nifi Deum, à quo folo dependet ficut Papa à Chrifto. Hoc fenfu claves Petrum nomine Ecclefiæ à Domino accepiffe Sanctus Auguftinus (in Pfal. 108.) clariffimè fignificat his verbis : *quædam dicuntur quæ ad Apoftolum Petrum propriè pertinere videntur, nec tamen habere illuftrem in-tellectum, nifi cùm referentur ad Ecclefiam, cujus ille agnofcitur in figurâ geffiffe perfonam propter primatum quem in difcipulos habuit.* Huic quoque orthodoxæ doctrinæ fchola Parifienfis minimè diffentit. *Soli Petro,* inquit D. Thomas, (lib. contra Gent. c. 70.) *promifit Dominus claves re-gni cælorum, ut oftenderetur poteftas clavium per eum ad alios derivanda, ad confervandam, Ecclefiæ unitatem.* Denique, ut rem altiùs evocem, fancti Patres Concilij Chalcedonenfis nihil detraxerunt fupremæ poteftati fummi Pontificis, quem eis præeffe, ὡς κεφαλὴ μελῶν, ficut caput membris agnoverunt, eumque D. Chryfoftomus, τὴν κρηπίδα τ᾽ ἐκκλησιὰς fundamentum Ecclefiæ prædicat. Numquid nos puderet, qui religionem Chriftianam profitemur, fi de fummo Pontifice noftro minùs piè crede-remus, quam olim pagani, de eo qui apud illos fimilem titulum fibi arro-gabat ? *Nunc Deûm munere* refert hiftoria Romana, (Tac. l. 3. annal.) *fummum Pontificum fummum hominum effe non æmulationi, non odio, aut priva-tis affectionibus obnoxium.* Majora quidem credenda funt de fummo Pon-tifice, qui naviculæ Petri clavum hodie tenet, cum omnium virtutum fit exemplar.

VI. PROPOSITIO. Pag. 18.

*P*Apa *est caput Ecclesiæ symbolicum , ministeriale , accidentarium non essen-tiale , visibile sub Christo capite principali & essentiali , cum quo potest Ecclesia facere divortium , quia hoc caput simbolicum , seu figurativum potest adesse & abesse ad tempus sine Ecclesiæ interitu.* (pag. n 53.)

LIQUET hanc propositionem valdè consonam esse doctrinæ Plessei Mornei, cùm asserit in impio suo *Iniquitatis mysterio*, Ecclesiam Christi facilè Romano Pontifice carere posse , juxta quod didicerat ab alio insigni hæresiarchâ flammis damnato ; (Joan. Hus.) *Non est, aiebat scin-tilla apparentiæ, quód oporteat in spiritualibus esse unum caput regens Ecclesiam, quod semper cum ipsâ Ecclesiâ militante converfetur & conservetur.* Sanè fateor nihil ineptiùs à me scriptum fuisse, quàm Papam caput symbolicum Ecclesiæ esse, quasi verò in picturâ & nudâ repræsentatione dumtaxat esset , sicut hedera ad venditionem vini suspensa. Nec minùs mihi ridiculum fuit dicere, eumdem Papam esse caput ministeriale, ac si esset simplex Eccle-siæ minister, quemadmodùm Apparitores sunt ministri justitiæ. At nunc discussis è cerebro tenebris , agnosco Pontificem Romanum esse vere ministeriale caput Ecclesiæ identificatum cum essentiali ac principali capite Christo , à quo dependet quia licet Christus ipse se dixerit Re-gem Regum & Dominum dominantium , suis tamen discipulis ad humi-litatis exemplum ministrare non ministrari venisse testabatur. Proptereà cùm Romanus Pontifex sit summus princeps atque caput Ecclesiæ de jure divino, ab illo ipsa numquam divelli potest, nec cum eo divortium facere , alioqui Ecclesia sine suo capite monstruosum esset corpus. Et quamvis defuncto Papâ videatur Ecclesia ipso capite carere, tamen, ut loquuntur Jurisconsulti, *'Vivus apprehendit mortuum*, nec tunc minùs subsistit Ecclesia incolumis , quàm regnum rege suo mortuo, aut diœce-cesis suo Episcopo. Igitur cum Papa sit de essentiâ Ecclesiæ ut membrum præcipuum , nempe caput, accidentarium nec symbolicum caput esse poterit : alioqui prorsus everterem definitionem nominis Ecclesiæ, quam omnes Catholici his verbis concipiunt : *Ecclesia est cœtus hominum ejus-dem Christianæ fidei professione & eorumdem sacramentorum communione colligatus sub regimine legitimorum pastorum , præcipuè verò unius Christi vicarij Romani Pontificis.* (Bellarm. lib. 3. de Ecclef. cap. 3.) Tandem cum Doctore Sorbonico concludam : "Auferibilis non est usque ad con-summationem sæculi Christi vicarius Sponsus Ecclesiæ , quin aliquis certus & unicus pontificiatur quod si daretur oppositum, tunc Ecclesia maneret imperfecta usque ad consummationem, nec suorum gauderet integritate membrorum , & præsertim membri principalis, quod est summus Pontifex ut caput Ecclesiæ corporis mystici Christi. ,,

D d ij

VII. PROPOSITION. Page. 14.

SUmma totius externæ jurifdictionis Ecclefiaſticæ in facultate excommu-nicandi conquiefcit. (pag. 4. n. 223.)

CONCILIIS œcumenicis, Canonibus facris, & fanctorum Patrum do-ctrinæ hanc propofitionem penitùs contrariam effe libenter fateor. Exterior enim Ecclefiæ jurifdictio præter excommunicationem vim coactivam, ac directivam complectitur. Nam etfi Concilium Tridentinum jubeat Judicibus, ut quantùm ab ipfis fieri poffit,à cenfuris Ecclefiafticis feu interdicto fe abftineant ; declarat tamen eis licere in quofcumque etiam laïcos animadvertere, *feu per mulctas pecuniarias, feu per captionem pignorum, perfonarumque diſtrictionem , five per fuos proprios aut alienos executores, five etiam per privationem beneficiorum, &c.* fect. 25 dec. de refor. c. 3. *Sed fi execucutio realis vel perfonalis adverfus reos hac ratione fieri non poterit, fitque erga judicem contumacia judex ipfe tunc eos etiam anathematis mucrone arbitrio fuo præter alias pœnas ferire poterit.* (Ibid.) Idemque Concilium ſtatuens leges contra Presbyteros vel alios Ecclefiafticos , qui à fuis fuperioribus moniti refragantur ; nec facris Canonibus obediunt , decernit , *ut tunc beneficiis, portionibus, & penfionibus quibufcumque Eclefiafticis perpetuo priventur , atque inhabiles ac indigni quibufcumque honoribus , dignitatibus, beneficiis, & officiis in poſterum reddantur, &c.* (Ibid. c.14.) Hanc tandem propofitionem meam fuffragari erroribus prædicti Archiepifcopi Spalatenfis haud negare poffum. Afferebat enim " De jure divino veram jurifdictionem in Ecclefiâ nullam effe ; fed charitate regi. „ Quod quidem hæreticum effe facra Facultas Theologiæ Parifienfis déclaravit, & ego pariter cum illâ. Ne igitur Ecclefiæ tribunal ampliùs fubvertere videar, à rigidioribus criticis cum D. Auguſtino (Epiſt. ad Bonif. Comitem quæ eſt 50.) petam : (Pag 83. T. 2. Edit Lovan.) *Cur ergo non cogeret Ecclefia perditos filios ut redirent, fi perditi filij coëgerunt alios ut perirent?* Dixerat etiam paulò antè : *Iſta, fcilicet Ecclefia, perfequitur diligendo ; illi, nempe hæretici, faviendo. Iſta ut corrigat, illi, ut evertant : iſta, ut revocet, ab errore ; illi, ut præcipitent in errorem.* (Pag. 81. ejufd. Edit.) Si enim Ecclefia præter fulmen excommunicationis nullum aliud haberet telum, quo freno , & quibus armis ferocitatem hæreticorum coërcere poffet, qui tamquàm apri rabiofi vineam Domini devaftarent, & qui à corpore Chriſti præcifi ut membra putrida, omnem difciplinam Eccle-fiafticam, omnes cenfuras, quodcumque anathema afpernarentur , & pro nihilo facerent ? Ita ut præter fanctorum Patrum Conciliorumque testimonia communem universalis Ecclesiæ praxim habere Catholicos ingenuè fatear : & de hac re annales Ecclesiastici tam locupletem fidem faciunt, ut qui ista negare vellet omnes totius orbis Christiani bibliothecæ priùs comburendæ forent. Quamvis autem indulgentiâ Regum, & pro bono pacis sacrorum Canonum executio interdum suspensa sit, hoc tamen nihil auctoritati Ecclesiæ neque officit, nec juribus suis præscriptionem affert. Propterea ad æquiorem mentem reversus has septem propositiones, quas contra Sedem Apostolicam olim impiè scripsi, nunc lachrymis meis, deleo, corde & animo abjuro, cum summâ compunctione scandali, quod Ecclesiæ & piis animabus attuli, nam, ut ait Prof. per, *Lupus est, qui pastorem aggreditur.* & ut D. Bernardo videtur, *plus nocet falsus Catholicus, quàm si verus appareret hæreticus.* Insuper pœnitet me parochos Episcopis æquasse hæc effutiendo : *Senatum aut Concilium nativum Ecclesiæ à Domino institutum vocamus non modo Episcopos, sed omnes presbyteros curam animarum habentes ; quod hæreticum & schismaticum lubens confiteor,* nec in minorem errorem incidi adversus Regum potestatem, cùm perperam scripserim *omnem principatum, quo ad vim coactivam ob hominum consensu pendere, &c.* quod quidem ab hæreticorum lacunis exhausi, & quod etiam contra Dei verbum luctari non diffiteor. πᾶσα ψυχὴ ἐξυσίαις ὑπερεχύσαις ὑποτασσέθω, *omnis anima potestatibus supereminentibus subjecta esto,* ἃ γάρ ἐστιν ἐξυσία εἰ μὴ ὑπὸ Θεῦ. *non est enim potestas nisi à Deo.*

Paul. ad Philipp. 2.

Πληρώσατέ με τὴν χαρὰν , ἵνα τὸ αὐτὸ φρονῆτε , τὴν αὐτὴν ἀγάπην ἔχοντες ; σύμψυχοι, τὸ ἓν φρονῦντες· μηδὲν κ̄ ἐείθεαν, ἢ κενοδοξίαν. &c. σπυδ ζοντες τηρεῖν τὴν ἑνότητα τῦ πνεύματ☉ ἐν τῷ συνδέσμω τ̄ εἰρίνης. Implete gaudium meum, ut idem sapiatis, eamdem charitatem habentes, unanimes idipsum sentientes, nihil per contentionem, neque per inanem gloriam, &c. studentes servare unitatem Spiritus in vinculo pacis

Concil. Tyr.

Ejice foras Acephalos. si vicerint, morimur.

FINIS

* Les Fautes qui se sont glissées dans l'impression étant peu importantes, le Lecteur pouvans y supléer, on se contente de remarquer
celles qui pourroient faire quelque difficulté.

A la page 5. *ling.* 2. *I faut lire*, Qui s'applaudit 24 & 13. Je distin-
guai sa Majeure. 55. 36. Mais encore avec lequel on ne peut pas
ne pas perseverer. 67. 26. & 27. Chirographe du Decret. 86 14 Se
haïr. 92. 17. Ni à nôtre puissance. 94. 4. Que le puisse. 96. 21. Il avoit été
arrêté. 108. 37. Il recompense. 110. 6. Proportion gardée. 114. Au mauvais riche. 117. 17. Souverain Ministere. 119. Tradition, Erudition. 120.
Caractere. Richelet. Monumens. 128. 22. & 23. lui reprocherent ils que
c'étoit... qu'il chassoit... 133. 25. La nubileuse chicane dont l'Ecole avoit
obscurci.... 134. 1. Sur ces deux points importans. 135. Ce sçavant
Maître. 136. 28. Ils decrient. 137. 41. Ceux même qui se trouvent...
147. 28. Pour l'éclaircir, que pour les examiner & les corriger. 177.
24. Les Decrets de Dieu, ce qui n'est.. 196 38. Qu'il avoit moins de
raison. 198. 1. Vernis propre pour en cacher... 199. 24. servît de
Prescription. Pag. 209. de l'avertissement de la Retractation lig. 4.
Operæ pretium duxi. 2. Proposition lig. 13. Ex æquo.

* Les premiers Nombres sommaires n'ayant pas étez suivis reguliere-
ment dans les commancemens, pour supléer à ce défaut on a fait une
Table des sommaires & des principales matieres avec la Cotte des
Pages.

TABLE

Des Sommaires & des Matiéres.

tion